DE

LA GARANTIE

ET

DES VICES REDHIBITOIRES

DANS

LE COMMERCE DES ANIMAUX DOMESTIQUES ;

Par J.-B. Huzard fils,

Médecin vétérinaire, Membre de la Société royale et centrale d'Agriculture, de la Société Philomathique de Paris, du Conseil de Salubrité ; Correspondant de l'Académie royale des Sciences de Turin et de plusieurs Sociétés d'agriculture des départements ; de la Légion-d'Honneur.

Quatrième Édition.

A PARIS,
CHEZ MADAME HUZARD, IMPRIMEUR-LIBRAIRE,
RUE DE L'ÉPERON-SAINT-ANDRÉ-DES-ARCS, N. 7.

1837.

F

36630

DE LA GARANTIE

ET

DES VICES REDHIBITOIRES

DANS

LE COMMERCE DES ANIMAUX DOMESTIQUES.

Ouvrages de M. Huzard *fils, qui se trouvent chez le même Libraire.*

—

Des assemblées agricoles en Angleterre, 1819, in-8. 30 c. et 35 c.

Notice sur les Chevaux anglais et sur les Courses en Angleterre, in-8. 1 f. 50 c. et 1 f. 75 c. franc de port.

Notice sur quelques races de Chevaux, les Haras et les Remontes dans l'empire d'Autriche, in-8. 1 fr. 50 c. et 1 fr. 75 c.

Notice sur les Courses de Chevaux en France, etc., in-8. 1 fr. 25 c. et 1 fr. 50 c.

Esquisse de Nosographie vétérinaire, ou Abrégé de médecine vétérinaire, in-8. 5 fr. et 6 fr.

Notice sur la fabrication du Fromage Parmesan et sur la culture des prairies appelées *marcites* (dans l'ouvrage intitulé : *Art de faire le beurre et les meilleurs fromages*), in-8, fig., 2ᵉ édition. 4 fr. 50 c. et 5 fr. 25 c.

Notice sur la culture en rayons des turneps ou gros navets, telle qu'on la pratique en Angleterre, in-8, fig. 2 fr. et 2 fr. 50 c., franc de port.

Chevaux anglais de pur sang; ce que l'on doit entendre par ces mots, in-8. 1 fr. franc de port.

Des haras domestiques en France (ouvrage destiné à montrer aux cultivateurs les moyens d'élever, avec profit, les races de chevaux les plus convenables à leur exploitation), in-8. 6 fr. et 7 fr. 50 c., franc de port.

—

DE LA GARANTIE

ET

DES VICES REDHIBITOIRES

DANS

LE COMMERCE DES ANIMAUX DOMESTIQUES;

Par J.-B. Huzard fils,

Médecin vétérinaire, Membre de la Société royale et centrale d'Agriculture, de la Société Philomathique de Paris, du Conseil de Salubrité; Correspondant de l'Académie royale des Sciences de Turin et de plusieurs Sociétés d'agriculture des départements; de la Légion-d'Honneur.

Quatrième Édition.

A PARIS,
CHEZ MADAME HUZARD, IMPRIMEUR-LIBRAIRE,
RUE DE L'ÉPERON-SAINT-ANDRÉ-DES-ARCS, N. 7.

1837.

A

MESSIEURS LES PRÉSIDENT ET JUGES

COMPOSANT LE TRIBUNAL DE COMMERCE DU
DÉPARTEMENT DE LA SEINE.

*HOMMAGE RESPECTUEUX
DE L'AUTEUR.*

J.-B. Huzard fils.

INTRODUCTION.

Le vétérinaire n'est pas consulté seulement pour guérir les animaux domestiques, les tribunaux réclament aussi le secours de ses lumières lorsqu'il s'élève des contestations relatives soit au commerce des animaux, soit à des blessures qui leur sont faites par accident ou par méchanceté ; enfin l'Administration a recours à lui pour des précautions à prendre ou à prescrire lorsque des maladies épizootiques, et surtout lorsque des contagions viennent porter la crainte et la désolation dans des cantons et quelquefois dans des pays entiers. La branche de la Vétérinaire qui s'occupe de ces objets est la *science du droit vétérinaire.*

Comme on vient de le voir, elle embrasse quatre parties : 1° les contestations qui s'élèvent dans le commerce des animaux ; 2° les contestations relatives à des demandes d'indemnités pour des blessures accidentelles faites aux animaux ; 3° les affaires en matière de police correctionnelle, par suite de blessures faites méchamment ; 4° les mesures administratives de police municipale et d'hygiène publique. Ces quatre parties, quoique ayant des rapports entre elles, peuvent former quatre divisions, auxquelles on peut donner les noms suivants : *droit vétérinaire commercial ; droit vétérinaire en matière civile ; droit vétérinaire en matière de police correctionnelle,* et *police médicale vétérinaire.*

Le *droit vétérinaire commercial* est ce qui occupe le plus souvent les tribunaux et le praticien vétérinaire, et c'est de cette partie seule qu'il s'agit dans cet ouvrage (1) ; mais comme *la garantie et les vices redhibitoires* sont les principales matières du droit vétérinaire commercial ; comme ces mots *garantie* et *vices redhibitoires* indiquent mieux peut-être le sujet que je traite, j'ai cru devoir les faire entrer dans le titre.

J'ai profité des travaux de mon père sur ces

---

(1) On peut consulter, pour les autres branches de la science du droit vétérinaire, l'ouvrage de MM. Toggia et Rodet, intitulé, *Traité analytique de Médecine légale vétérinaire,* etc. (in-12, 1827, chez Mme Huzard, libraire), et plusieurs articles de M. Delafond *sur la police sanitaire des animaux domestiques,* — dans le *Recueil de médecine vétérinaire pratique,* années 1836 et 1837.

matières, j'ai mis son expérience à contribution, et c'est à lui qu'on devra rapporter ce qu'on trouvera de bon dans cet écrit. Je remercierai aussi M. *Delachapelle*, ancien avoué près le Tribunal civil de la Seine, des bons conseils qu'il m'a donnés et des améliorations qu'ils ont produites dans mon travail.

L'accueil que lui ont fait le public et quelques tribunaux, l'approbation que lui a donnée M. le ministre des travaux publics, de l'agriculture et du commerce, en le conservant au nombre des ouvrages élémentaires des Écoles royales vétérinaires, me font croire qu'il n'a pas été sans résultat avantageux, et qu'il a été digne du patronage du Tribunal de commerce du département de la Seine, sous lequel j'ai obtenu la permission de le placer.

Je dirai cependant que les principes de droit qui y sont émis ont trouvé des contradicteurs. Toute manière nouvelle d'envisager un objet, en matière de droit surtout, ne peut manquer d'exciter des réclamations; elle tend à changer des habitudes, quelquefois à faire trouver fautif ce qu'on avait regardé comme bon jusqu'alors : il n'en faut pas davantage pour lui trouver des opposants parmi les personnes qui ont peine à renoncer à ce que le temps paraît avoir consacré.

Je pense, au reste, que ces oppositions n'ont fait que confirmer les principes de droit que j'ai cherché à établir : ils ont déjà été admis dans beaucoup de cas, et comme je les crois fondés sur ce qui est juste, et que ce qui est juste finit toujours par prévaloir, j'espère que plus ils seront examinés et appréciés, plus ils trouveront de partisans.

La principale objection qui ait été faite est que je cherchais à démontrer l'abolition absolue des anciens usages. D'abord, en s'énonçant ainsi en termes généraux, on a faussé ce que j'ai avancé : les personnes qui ont eu mon ouvrage entre les mains savent très bien qu'il n'y est parlé que des coutumes et usages relatifs au commerce des animaux; qu'il n'y est pas question de ceux qui ont rapport à d'autres branches de commerce ou à d'autres intérêts : il me sera très facile de prouver en son lieu, mieux encore que je ne l'ai fait dans les précédentes éditions, que ces coutumes et usages ont été abolis par le Code civil par rapport au point principal, celui du *nombre des vices redhibitoires*, et que, quant au second, celui relatif à la *durée de la garantie*, le législateur avait tellement senti l'inconvénient des coutumes et usages anciens qui se rapportent à cette durée de garantie, qu'il avait donné possibilité aux Tribunaux de ne pas se conformer à ces coutumes et usages toutes les fois qu'ils pouvaient blesser ce qui, était juste. Malheureusement, en posant le principe général qui donnait cette possibilité, le législateur n'a pas donné de moyens sûrs d'appliquer ce principe; en sorte que les Tribunaux, qui, dans des localités, éprouvent de grandes difficultés à modifier la durée de la garantie déterminée par les anciens usages, aiment mieux encore, sous ce rapport, s'en rapporter à ces usages anciens que de risquer de se tromper. J'ai ajouté, et je le répète, qu'il est à désirer que le législateur vienne au secours des Tribunaux sous ce rapport.

On a encore dit que les vétérinaires n'étaient point jurisconsultes; qu'ils étaient, par leur profession, étrangers à toute discussion sérieuse sur la loi. Cette espèce de fin de non-recevoir est si insignifiante, qu'elle ne frappera personne; il suffit de dire seulement, pour la combattre, qu'on n'a pas besoin d'être bien versé dans la connaissance de la loi pour savoir si une chose est juste ou injuste, et que cette vérité est tellement reconnue, que l'institution des tribunaux de commerce et celle du jury n'en sont qu'une conséquence. C'est parce que j'ai été souvent nommé par le Tribunal de commerce de Paris pour des expertises relatives à des ventes d'animaux, que j'ai vu combien la législation ancienne était fautive, injuste même à cet égard : je n'ai pu croire alors que le Code civil fût resté muet, et c'est parce que j'ai vu qu'il avait, en partie, aboli et en partie modifié cette législation ancienne en s'appuyant sur ce qui était juste, que j'ai cru devoir attirer particulièrement l'attention sur les articles de ce Code. Les vétérinaires, par suite de leurs études et de leurs connaissances, pouvaient plus que tous autres reconnaître les vices des coutumes et usages anciens relatifs aux vices redhibitoires des animaux ; et sans eux, peut-être, ces coutumes et usages anciens auraient prévalu plus longtemps et auraient continué à entraîner les Tribunaux dans une mauvaise route. Au reste, n'est-il pas constant que les bonnes lois sont l'application des faits que *l'expérience* a consacrés, et n'est-il pas absurde d'en revenir toujours aux coutumes et usages lorsque l'expérience a démontré qu'ils étaient nsuffisants et injustes, et lorsqu'une loi nouvelle a donné, sinon, dans tous les cas, la facilité, du moins, dans le plus grand nombre, la possibilité de ne plus s'en tenir à ces anciens usages?

On a dit encore qu'en adoptant les principes émis dans mon ouvrage, on *rendrait des experts plus ou moins habiles entièrement juges, quand ils ne doivent qu'émettre un avis dont les tribunaux peuvent s'écarter*, aux termes de l'article 323 *du Code de procédure civile*. Cette objection est aussi mal fondée que la précédente. Dans tous les cas, les experts ne sont point juges; c'est un avis que le Tribunal leur demande, et qu'il ne suit qu'autant qu'il le croit bien basé. La preuve, c'est que le Tribunal fait souvent procéder à plusieurs expertises, pour voir si les avis sont différents ou unanimes, afin ensuite d'adopter celui qui lui paraît le mieux basé; et quand un vétérinaire, en terminant son procès-verbal, dit qu'il pense que tel défaut est dans le cas prévu par l'article 1641 du Code civil, que ce défaut peut être redhibitoire par conséquent, ce n'est pas un jugement qu'il prononce, mais une opinion personnelle seulement qu'il émet et qu'il a motivée.

Enfin on a objecté que le commerce de bestiaux, celui des chevaux en particulier, en deviendrait plus difficile. Et d'abord ce n'est point nuire au commerce que de mettre des entraves à la fraude ; et si, de tous les genres de commerce, c'est celui des chevaux qui met l'acheteur le plus à la merci du vendeur, et si cependant c'est celui où il serait le plus nécessaire peut-être que le contraire existât, n'est-ce pas un véritable service rendu que d'avoir trouvé le moyen de parvenir à ce but? Un mot sur la manière dont se fait le commerce des chevaux fera voir combien il est nécessaire de prémunir l'acheteur contre les spéculations et les manœuvres de certains marchands.

Les marchands achètent la plupart de leurs chevaux en foire, et ils les achètent jeunes : il leur est impossible, dans ce cas, de connaître leurs qualités, ils ne considèrent guère que leur tournure, leur taille, leur démarche ; et comme sur le nombre qu'ils achètent ils s'attendent à en avoir de bons, de médiocres et de mauvais, ils ne les paient qu'en raison de la chance qu'ils ont à courir. Si, plus tard, arrivés au moment de revendre ces animaux, ils les classaient par catégories de bons, de médiocres et de mauvais, ils ne feraient que ce qui serait rigoureusement juste ; mais ils n'agissent point ainsi : ils vendraient à trop bas prix ceux de la seconde qualité, et ils ne vendraient point du tout ceux de la troisième ; ils les revendent donc presque tous comme s'ils devaient être bons, sans avoir cherché, sans avoir pu s'assurer s'ils l'étaient réellement. Déjà donc, dans le cas où l'acheteur désire de jeunes chevaux, il peut être trompé soit par un vendeur qui ne connaît pas bien lui-même sa marchandise, soit par un vendeur qui peut être de mauvaise foi : combien davantage n'est donc pas exposé à être trompé l'acheteur qui s'adresse à un de ces marchands qui font le métier d'acheter des chevaux usés, tarés, et qui, après les avoir *refaits*, abusant de leur bon état factice, les revendent comme s'ils étaient bons !

Répétons-le donc, le législateur ne saurait trop, dans ce genre de commerce, défendre l'acheteur contre le vendeur, surtout lorsque le premier, comme c'est presque toujours le cas, veut un bon cheval, et lorsque le second le lui garantit toujours bon, verbalement au moins. Ce n'est de la faute de personne si le commerce des chevaux est un commerce très difficile à faire, si l'acheteur peut, plus que dans tout autre, être trompé par le vendeur, et si, par conséquent, le premier a besoin d'être défendu davantage par la loi. En diminuant ces entraves pour les marchands de mauvaise foi, on ferait d'un marché de chevaux une véritable place de voleurs, qu'on me pardonne l'expression. La législation adoptée par le Tribunal de commerce de Paris et par les Tribunaux de quelques autres villes a diminué sensiblement la facilité de tromper les acheteurs, et, en donnant plus de confiance à ceux-ci, a facilité le commerce loyal. Au reste, les personnes qui font leur état de vendre des chevaux n'embrassent cette condition qu'après une espèce d'apprentissage, qui leur en a fait connaître toutes les difficultés : elles ne doivent donc pas s'étonner des entraves que la mauvaise foi doit y trouver.

J'aurai occasion de revenir sur les objections dont je viens de parler, je demande seulement pardon des répétitions auxquelles je ne pourrai peut-être pas échapper.

DE LA GARANTIE
ET
DES VICES REDHIBITOIRES
DANS
LE COMMERCE DES ANIMAUX.

PREMIÈRE PARTIE.

CHAPITRE PREMIER.

GÉNÉRALITÉS SUR LA GARANTIE ET LES VICES REDHIBITOIRES.

Dans le commerce de toute denrée, le vendeur, qui presque toujours a possédé la marchandise quelque temps avant de s'en défaire, doit en connaître le bon ou le mauvais état; tandis que l'acheteur, qui ne l'a vue qu'un instant, qui quelquefois même l'a achetée sans la voir, sur des écrits ou d'après des promesses, peut être trompé par un vendeur imprévoyant ou de mauvaise foi.

Dans le commerce des animaux, plus que dans tout autre, l'acheteur a ces chances défavorables à courir : souvent l'animal qui paraît dans le meilleur état est affecté de vices et de maladies que l'œil de la personne la plus exercée ne peut reconnaître, à moins qu'elle n'ait étudié la médecine vétérinaire : il est même des circonstances où le vétérinaire le plus instruit ne peut juger de suite de l'existence de ces vices ou maladies ; enfin, quelquefois le vendeur lui-même les ignore et se trompe le premier sur l'état de l'animal : combien donc, à plus forte raison, peut se tromper sur cet état quelqu'un qui n'est ni vétérinaire ni marchand, et qui achète l'animal, parce qu'il en a besoin ?

Aussi, tandis que les difficultés, dans les autres branches de commerce, sont le plus ordinairement relatives aux *conditions de la vente,* c'est presque toujours, au contraire, sur la *qualité de la marchandise* que s'élèvent des contestations dans le commerce des animaux domestiques.

Pour faciliter toute espèce d'achat et par

conséquent le commerce en général, en diminuant la crainte que l'acquéreur peut avoir d'être trompé sur la *qualité de la marchandise*, même lorsqu'il a à traiter avec un vendeur de bonne foi, le législateur a presque partout, et de tout temps, imposé au vendeur certaines obligations : ce vendeur a été obligé, par exemple, de garantir à l'acheteur qu'il ne serait point troublé dans la jouissance de la chose vendue, ensuite que la chose vendue n'avait pas certains défauts.

Il s'ensuit que si l'acheteur est troublé dans la possession de son acquisition, ou s'il reconnaît dans la chose achetée les défauts que le vendeur est tenu de garantir, il peut faire annuler le marché ou demander une diminution dans le prix de la marchandise, et, même dans certains cas, exiger du vendeur des dédommagements pour les pertes qu'il a éprouvées par suite du marché. Ce droit de l'acheteur a été appelé *garantie*, et les vices ou défauts que le vendeur est tenu de garantir ont été appelés *vices redhibitoires*, c'est à dire vices qui donnent lieu à la résiliation du marché ou à la *redhibition*. Comme l'on sait, ces mots *redhibition, redhibitoire* viennent du verbe latin *redhibere*, qui signifie rendre le prix d'une chose vendue et la reprendre, et *résiliation*, du verbe *resilire*, qui, dans une de ses acceptions, signifie se dédire.

La garantie relative à la possession de la chose vendue n'a et ne peut avoir de terme; elle existe tant que la possession doit durer. La garantie pour les vices redhibitoires a toujours eu un temps limité, c'est ce temps qui forme la *durée de la garantie*. Il devait être en effet limité, pour que l'acheteur ne pût pas détériorer la chose vendue, et ensuite dire qu'elle était détériorée avant la vente. C'est sur les *vices* de la chose vendue, qui doivent être regardés comme *redhibitoires*, et sur la *durée de la garantie*, que roule presque tout le *droit vétérinaire commercial*.

CHAPITRE II.

USAGES ANCIENS QUI AVAIENT FORCE DE LOI RELATIVEMENT AUX VICES REDHIBITOIRES DES ANIMAUX DOMESTIQUES ET A LA DURÉE DE LA GARANTIE DE CES VICES.

Chaque province, dont la France se composait autrefois, avait, à l'égard des vices redhibitoires, une coutume spéciale à elle, bien différente souvent de celle de la province limitrophe : chacune avait *ses vices redhibitoires particuliers*, déterminés cependant d'une manière à peu près invariable : il en résultait que telle maladie, qui n'était point vice redhibitoire dans une province, donnait lieu à la redhibition dans une autre. Dans la Normandie, pour les chevaux, les ânes et les mulets, la *morve*, la *pousse* et la *courbature* étaient redhibitoires; pour les vaches, la *pommelière* et l'*hydropisie de poitrine*; pour les moutons, le *claveau*. A Cambrai, la *morve* et la *pousse* étaient seules dans ce cas à l'égard du cheval; et il paraît qu'il n'y avait pas de vices redhibitoires pour les autres animaux. A Douai, on y joignait le cheval *rebous* et *felle* de la dent, c'est à dire qui mord. Enfin, autant il y avait de provinces, autant il y avait de coutumes différentes à cet égard.

La même variation se rencontrait à l'égard de *la durée de la garantie*, qui était dans un lieu bien plus longue, double, même triple de ce qu'elle était dans un autre. Ainsi, dans la Normandie, la garantie, par les anciennes coutumes, est fixée à trente jours pour les chevaux, et à neuf jours seulement pour les vaches et les moutons; à Cambrai et à Douai, elle est de quarante jours; dans la Bretagne, elle est de quinze pour les chevaux comme pour les porcs, elle est de neuf seulement dans l'Ile-de-France.

L'origine de quelques unes de ces coutumes ou usages se perd dans des siècles reculés, et la tradition est encore le seul signe de leur existence; quelques uns se trouvent relatés dans les coutumiers des provinces; enfin, le plus petit nombre doit sa naissance à des actes des parlements (1).

Je citerai ici un motif encore connu de ceux qui avaient guidé, dans la fixation d'une longue durée de garantie par rapport aux vices redhibitoires des chevaux : on verra par là combien ils pouvaient être injustes.

Les marchands qui amenaient des chevaux de selle et de carrosse à Paris étaient tenus, à leur arrivée, avant de vendre aucun animal, et cela sous peine d'amende, de prévenir le grand et le premier écuyer, qui avaient le droit de choisir, avant toute autre personne, les chevaux qui leur paraissaient propres à entrer dans les écuries du roi; celui

---

(1) Voyez, à ce sujet, *Instructions et observations sur les maladies des animaux domestiques;* par MM. Chabert, Flandrin et Huzard, 6 vol. in-8º, Paris ; *Des lois sur la garantie des animaux*, ou *Exposé des cas redhibitoires;* par P. Chabert et C.-M. Fromage, in-8, Paris, an XII (1804); *Tableau synoptique des coutumes suivies dans la plupart des ci-devant provinces de France, à l'égard des cas redhibitoires des animaux;* par J.-B. Gohier.

de les garder et de les essayer pendant trois jours, et ensuite de rendre aux marchands ceux qui ne leur convenaient point ou qu'ils trouvaient attaqués de vices redhibitoires. (*Ordonnance du roi, du 10 mai 1782, qui renouvelle les lettres-patentes du 30 avril 1613, à cet égard, et les réglements des 14 février et 28 mars 1724.*) Le temps de faire la route et ensuite ces formalités demandaient un laps de temps pendant lequel la garantie se serait écoulée, si sa durée n'avait pas été longue; et c'était, en partie, pour conserver aux marchands de Paris, qui allaient chercher des chevaux dans les provinces, leur recours en garantie contre le vendeur, que cette durée avait été fixée à trente et même à quarante jours dans quelques unes de ces provinces. Un pareil motif n'existe plus aujourd'hui.

On comprend combien des coutumes d'origine si ancienne, en supposant même que quelques unes aient été basées sur les principes de justice qui, à cette époque, pouvaient être les meilleurs, ont dû se trouver peu à peu en contradiction avec des connaissances, des mœurs, des usages nouveaux. C'est ce qui est arrivé; et avant le Code civil il était difficile de trouver des coutumes ou usages plus absurdes, comme on va le voir, que ceux relatifs *aux vices redhibitoires et à la durée de la garantie* relativement au commerce des animaux.

Ainsi le peu d'accord des jurisprudences adoptées dans les provinces, à cet égard, apportait des entraves au commerce, en lésant, dans beaucoup de circonstances, ou le cultivateur qui élevait les animaux, ou le marchand qui les achetait pour les revendre, ou enfin, la personne qui les achetait pour son usage:

1°. Par rapport au cultivateur qui élevait les animaux.

La durée de la garantie était beaucoup trop longue dans quelques provinces. Par exemple, dans la Normandie, ainsi que nous l'avons déjà dit, la durée de la garantie, pour les chevaux, était de trente jours à l'égard de la morve, de la pousse et de la courbature (1):

---

(1) Voyez, dans la seconde partie, les articles qui traitent de ces vices.

or, il est de fait qu'un cheval peut devenir poussif, morveux même dans cet espace de temps, et le vendeur se trouver garant d'un vice qui a pris naissance après la vente. — Le pissement de sang chez le gros bétail, dans l'Armagnac, aujourd'hui le département du Gers, était garanti quarante jours : or, pendant ce temps, plusieurs causes, particulièrement un mauvais régime de quelques jours, peuvent donner lieu à cet accident.

Dans le Languedoc, outre la morve et la pousse, garanties pendant quarante jours chez les chevaux, la pourriture, dans le mouton, était aussi garantie le même espace de temps. On sait à présent qu'un mauvais régime pourrait développer cette maladie sur une partie des animaux d'un troupeau pendant la durée de cette garantie, tandis qu'un régime convenable la préviendrait certainement. Eh bien ! la durée de la garantie pour cette même maladie des moutons était de trois mois dans la Provence. Cette même maladie dans le gros bétail, appelée *autée* dans le Bigorre, était garantie quatre mois dans cette province. Pendant cet espace de temps, l'acheteur pourrait, par sa faute, mettre tout le troupeau dans le cas de périr et s'en faire rendre ensuite la valeur par le vendeur. Dans la Franche-Comté, l'étranguillon ou esquinancie, qui est une maladie aiguë, d'une date très récente, était garanti pendant quarante jours. Pendant cette durée de la garantie, un mauvais régime, et surtout une étable mal aérée et humide, peut causer plusieurs fois la maladie, par suite la mort, aux risques et périls du vendeur, qui cependant en est tout à fait innocent. On voit, d'après ces citations, combien ces coutumes ou usages relatifs à la *durée de la garantie* pouvaient léser le vendeur le plus loyal (1).

---

(1) Parmi tous les dénis de justice auxquels ces usages peuvent donner lieu, j'en citerai un qui m'a été signalé dernièrement, et qui peut malheureusement se renouveler quelquefois encore.

Un nourrisseur de Normandie s'est plaint à moi de l'accident suivant : il avait vendu à un marchand un bon cheval de cinq ans ; il fut fort étonné, après plus de vingt jours de vente, d'être appelé en résiliation du marché pour cause de la *pousse*, dont son cheval était attaqué, disait le marchand : il se rend à la

2º. Relativement au marchand qui achetait les animaux pour les revendre.

La diversité des vices redhibitoires, dans les provinces, n'était pas un moindre inconvénient. Ainsi un marchand de chevaux ache-

---

visite du vétérinaire commis pour constater l'état de l'animal, qu'il trouve en assez bon état, avec appétit, et néanmoins avec le mouvement du flanc d'un cheval poussif. Le vétérinaire juge le cheval attaqué de la pousse, et le cultivateur, pour éviter des frais, reprend l'animal et en rend le prix. Etonné cependant de voir poussif assez fortement un cheval qui avait toujours été bon chez lui, il fait prendre des renseignements, et il apprend qu'à la suite d'une course forcée au cabriolet, quelques jours après l'achat, l'animal avait eu *une forte courbature* (probablement une affection inflammatoire de la poitrine); que cette courbature avait cédé, en trois ou quatre jours, à un traitement d'un vétérinaire, mais que le cheval était resté avec le mouvement respiratoire d'un cheval poussif. Malheureusement pour le nourrisseur, il avait repris son cheval et terminé l'affaire.

Des injustices semblables peuvent arriver tous les jours dans le Gers, relativement au pissement de sang dans le gros bétail, dans la Franche-Comté, relativement à l'esquinancie dans le même gros bétail; dans la Provence, relativement à la pourriture dans les bêtes à laine, etc.

tait à Cambrai un cheval affecté de cornage (1), il ne s'apercevait point de l'affection ; il venait revendre l'animal à Paris. Le Parisien acheteur, en l'essayant plus fortement, s'apercevait du vice, et il forçait son vendeur à reprendre la bête, parce que le cornage était vice redhibitoire à Paris ; mais, comme le cornage n'était pas un vice redhibitoire à Cambrai, le marchand se trouvait chargé d'un animal de nulle valeur, qu'il était forcé, s'il ne voulait pas éprouver de perte, d'aller revendre dans le pays où il l'avait acheté, et cela en trompant comme il avait été trompé lui-même.

Un marchand achetait un cheval à Caen ou à Mortagne, il le mettait en route pour Paris et le vendait dans cette ville ; l'acheteur s'apercevait que l'animal était atteint de l'*immobilité* (2), vice redhibitoire à Paris, il forçait le vendeur à reprendre l'animal ; mais, comme l'affection n'était pas vice redhibitoire en Normandie, le marchand se trouvait forcé

(1-2) Voyez, dans la seconde partie, l'article qui traite de ce vice.

de faire revendre l'animal dans quelque pays où l'immobilité n'était pas vice redhibitoire, en trompant comme il avait été trompé lui-même, ou bien en perdant, non seulement le bénéfice qu'il espérait, mais encore une partie du prix qu'il avait payé l'animal.

Bien des fois les marchands de chevaux de Paris ont été condamnés à Paris à reprendre des chevaux immobiles qu'ils avaient achetés en Normandie, et condamnés en Normandie à garder ces chevaux, parce que l'immobilité n'était pas vice redhibitoire en Normandie (1).

Le défaut d'uniformité dans ces usages était, comme on le voit, une occasion de pertes et

---

(1) Vouziers, 16 juin 1830.

« Monsieur, il y a deux ans, j'ai rédigé un procès-verbal constatant que le cornage est un vice redhibitoire. Le tribunal de Réthel (Ardennes), ne consultant que la coutume du département, débouta Pillard, le demandeur, de sa demande; celui-ci, fort du jugement du tribunal de Réthel, vendit le même cheval, avec la croyance qu'il ne serait pas inquiété. Peu de temps après, on lui fait sommation d'un procès-verbal pour reprendre ce cheval : il s'y refuse, fort du premier jugement. Alors on l'assigne au tribunal de Reims (Marne), où il est condamné à reprendre l'animal et à

de fraudes pour les marchands de chevaux, qui, dans un marché public, n'ont souvent pas le moyen d'examiner à fond les animaux qu'ils acquièrent.

3°. Relativement à la personne qui achetait l'animal pour son service.

L'inconvénient de ces anciens usages était de ne pas garantir assez l'acheteur contre la mauvaise foi du vendeur, puisqu'à l'exception des vices consacrés redhibitoires par les coutumes ou usages, l'acheteur pouvait être trompé sur tout autre vice sans recours contre le vendeur. Ainsi, un cheval méchant, dangereux à approcher, ou à employer au service pour lequel il paraissait propre, et maté momentanément ou enivré par le marchand, était vendu comme facile à manier ; mais, peu après l'achat, il redevenait intraitable et mettait quelquefois la vie de l'acheteur en danger. Celui-ci avait été trompé d'une manière

---

payer les frais ; ainsi voilà Pillard condamné comme acheteur et comme vendeur, etc. »

Signé PIRE,
Vétérinaire départemental de l'arrondissement de Vouziers.

manifeste, et cependant ni les coutumes, ni les usages, ni la jurisprudence des parlements ne lui donnaient de prise sur son vendeur pour se faire rendre justice.

Ainsi un cheval attaqué de la pierre pouvait être vendu avec garantie, et l'acheteur ne reconnaître le vice que quelques moments après la vente, sans que celui-ci eût recours contre son vendeur. Ainsi, dans les lieux où la phthisie pulmonaire n'était point redhibitoire, on pouvait vendre impunément tout animal attaqué de cette maladie mortelle, qui le rend de nulle valeur, sans que l'acheteur pût revenir sur le marché. Ainsi, dans tous les lieux où les boiteries de vieux mal intermittentes, qui rendent souvent les chevaux presque de nulle valeur, n'étaient point redhibitoires, l'acheteur pouvait être impunément trompé par un vendeur de mauvaise foi. Ainsi, partout où le cornage et l'immobilité, affections qui rendent les animaux de nulle valeur, n'étaient point redhibitoires, tant pis pour l'acheteur qui avait acquis un cheval atteint de l'une ou de l'autre de ces défectuosités. Ainsi une vache laitière, mais que l'on avait laissée quelques jours sans être traite, pour que son pis pût s'emplir et paraître celui d'une bonne vache à lait, pouvait être impunément vendue comme vache bonne laitière. Ainsi des bêtes à laine sortant d'un troupeau claveleux et attaquées, d'une manière encore latente, de cette maladie éminemment contagieuse, pouvaient être vendues dans tout lieu où cette maladie n'était point redhibitoire : tant pis pour l'acheteur.

Je crois qu'il suffit de ces citations pour prouver combien, avec les coutumes anciennes, l'acheteur était à la merci du vendeur.

4°. Par rapport à tous.

Enfin, encore un autre inconvénient non moins grave se faisait quelquefois sentir dans ces coutumes et usages anciens : la médecine vétérinaire n'étant pas encore aussi avancée qu'elle l'est maintenant, des maladies bien différentes étaient désignées par le même nom, et des noms différents étaient assignés à la même maladie, en sorte que souvent il n'y avait pas moyen de s'entendre. En effet, il arrivait que de deux experts nommés pour constater la maladie d'un animal, l'un donnait à l'affection le nom d'un vice redhibitoire, tandis que l'autre donnait le nom d'une maladie non regardée comme vice rédhibitoire.

Il arrivait encore souvent qu'on donnait un nom de vice redhibitoire, celui de *courbature* par exemple, à diverses maladies aiguës inflammatoires, que l'on sait maintenant pouvoir se développer en très peu de temps par des causes tout à fait indépendantes du vendeur; et il en résultait que les tribunaux étaient amenés ainsi à condamner le vendeur à reprendre un animal qu'il avait livré en bon état, et qui était tombé malade par la faute de l'acheteur.

Il y avait même des noms de vices redhibitoires qui avaient été employés si momentanément, qu'on ne savait quelle maladie ou quel défaut ils avaient désigné : tels étaient ceux de *fait* à l'égard du gros bétail, de *pian* et de *tat* à l'égard de porcs, de *corbe* à l'égard des chevaux.

Ces coutumes ou usages étaient donc non seulement insuffisants sous tous les rapports, mais, le plus souvent encore, en contradiction avec ce qui est juste, soit par rapport aux vices redhibitoires, soit par rapport à la durée de la garantie (1).

CHAPITRE III.

LOI NOUVELLE SUR LA GARANTIE ET LES VICES REDHIBITOIRES.

Dans le commerce, la garantie que le vendeur doit à l'acquéreur est une chose si naturelle, tellement de droit, qu'elle existera partout où il y aura des hommes policés ; le Code civil ne dit même pas qu'elle doit exister,

---

(1) M. Renault, professeur à l'Ecole royale vétérinaire d'Alfort, a bien mieux fait voir encore, dans un discours spécial, les inconvénients des anciennes jurisprudences locales relatives à la garantie et aux vices redhibitoires dans le commerce des animaux. Ce discours, prononcé dans la séance de distribution des prix et des diplômes aux élèves du 28 août 1833, est inséré dans le *Recueil de médecine vétérinaire pratique*, numéro de septembre 1833. Nous regrettons que son étendue ne nous ait pas permis de l'insérer dans cette nouvelle édition.

il dit qu'elle a deux objets : voici comme il s'explique à cet égard :

> Art. 1625. La garantie que le vendeur doit à l'acquéreur a deux objets : le premier est la possession paisible de la chose vendue ; le second, les défauts cachés de cette chose, ou les vices redhibitoires.
>
> *Livre III, titre VI, chapitre IV, section III*, DE LA GARANTIE.

Les deux objets qui font le sujet de cet article, la *possession paisible de la chose vendue*, et les *vices redhibitoires*, font ensuite la matière de deux paragraphes.

Dans le premier, il est traité des obligations auxquelles le vendeur est tenu envers l'acheteur dans le cas où celui-ci serait évincé en totalité ou en partie de la possession de la chose vendue : cet objet n'offrant rien de spécial à la matière dont nous nous occupons, nous passerons au second paragraphe, celui qui traite *de la garantie des défauts de la chose vendue, ou des vices redhibitoires*.

Comme la législation nouvelle a apporté ici un grand changement dans les coutumes et usages anciens; comme aussi c'est sur la *garantie des défauts de la chose vendue* ou *vices redhibitoires*, que s'élèvent presque toutes les contestations relatives au commerce des animaux, le paragraphe du Code qui traite de cet objet mérite de fixer spécialement notre attention.

En s'occupant de la *vente*, comme contrat, le législateur ne pouvait entrer dans tous ses détails, il devait seulement poser des principes, des bases de justice propres à remédier aux vices des anciennes lois et capables de garantir les droits de l'acheteur et ceux du vendeur. Par rapport à la garantie des défauts de la chose vendue, le législateur ayant reconnu, d'une part, que les vices redhibitoires, fixés pour certains objets, étaient insuffisants; d'autre part, que, suivant la manière dont s'opérait la vente, le même défaut ou vice pouvait être tantôt redhibitoire, tantôt non redhibitoire, il s'est occupé, dans des préceptes généraux, à définir et à indiquer, mais sans les spécifier, les défauts ou vices qui devaient être réputés redhibitoires, et ensuite dans quelles circonstances : il a laissé l'application de ces préceptes, à l'égard de chaque objet de vente, aux tribunaux compétents.

Ces préceptes sont clairs, sont justes; ils conservent et spécifient bien les intérêts des deux parties par rapport aux *vices* qui doivent être *redhibitoires*; et peut-être que si l'on voulait changer quelque chose aux termes employés, on ne ferait qu'en affaiblir le sens. Il n'en est malheureusement pas de même relativement à la *durée de la garantie*. Je transcris ici en entier le paragraphe second de la garantie qui traite de ces deux objets.

§ II. *De la garantie des défauts de la chose vendue.*

Art. 1641. Le vendeur est tenu de la garantie à raison des défauts cachés de la chose vendue, qui la rendent impropre à l'usage auquel on la destine, ou qui diminuent tellement cet usage, que l'acheteur ne l'aurait pas acquise, ou n'en aurait donné qu'un moindre prix, s'il les avait connus.

1642. Le vendeur n'est pas tenu des vices apparents et dont l'acheteur a pu se convaincre lui-même.

1643. Il est tenu des vices cachés, quand même il ne les aurait pas connus, à moins que, dans ce cas, il n'ait stipulé qu'il ne sera obligé à aucune garantie.

1644. Dans le cas des articles 1641 et 1643, l'acheteur a le choix de rendre la chose et de se faire restituer le prix, ou de garder la chose et de se faire rendre une partie du prix, telle qu'elle sera arbitrée par experts.

1645. Si le vendeur connaissait les vices de la chose, il est tenu, outre la restitution du prix qu'il en a reçu, de tous les dommages et intérêts envers l'acheteur.

1646. Si le vendeur ignorait les vices de la chose, il ne sera tenu qu'à la restitution du prix et à rembourser à l'acquéreur les frais occasionnés par la vente.

1647. Si la chose qui avait des vices a péri par suite de sa mauvaise qualité, la perte est pour le vendeur, qui sera tenu envers l'acheteur à la restitution du prix et aux autres dédommagements, expliqués dans les deux articles précédents; mais la perte arrivée par cas fortuit sera pour le compte de l'acheteur.

1648. L'action résultant des vices redhibitoires doit être intentée par l'acquéreur dans un bref délai, suivant la nature des vices redhibitoires, et l'usage du lieu où la vente a été faite.

1649. Elle n'a pas lieu dans les ventes faites par autorité de justice.

Telle est la loi nouvelle, nous trouvons dans son texte et dans son esprit les bases du droit vétérinaire commercial.

Des vices redhibitoires d'après le Code civil.

Il n'était guère possible de mieux spécifier quels étaient les vices qui dorénavant seraient redhibitoires, qu'on ne l'a fait dans l'article 1641. Maintenant *sont vices redhibitoires tous les défauts cachés de la chose vendue, qui la rendent impropre à l'usage auquel on la destine, ou qui diminuent tellement cet usage, que l'acheteur ne l'aurait pas acquise, ou n'en aurait donné qu'un moindre prix, s'il les avait connus.*

Rien n'est plus clair, n'est plus en rapport avec ce qui est juste, et ne garantit mieux les droits de l'acheteur : il ne sera grièvement lésé que par son imprévoyance, ou par ces accidents que toute la sagesse humaine ne peut deviner.

Malgré la précision et la clarté de cet article 1641, on a prétendu cependant qu'il ne devait y avoir de vices redhibitoires que ceux que les coutumes et les usages anciens avaient reconnus pour tels. Je le demande, si telle avait été l'intention du législateur, aurait-il rédigé ainsi le texte ? Je demande même si ce texte pouvait être d'une manière plus précise et en même temps plus concise en contradiction avec les coutumes et usages anciens ? Le législateur avait vu les vices de ces anciens usages ; il avait remarqué en particulier ceux que les progrès récents de la médecine vétérinaire avaient dévoilés dans ces coutumes et usages relatifs au commerce des animaux domestiques et il avait senti la nécessité de les faire disparaître ; il avait vu en outre qu'il était mis chaque jour dans les autres branches de commerce des produits nouveaux étrangers aux coutumes et usages, et il avait jugé qu'il devait poser une nouvelle législation. c'est ce qu'il a fait par l'article 1641, et il ne pouvait pas mieux faire, surtout relativement au commerce des animaux. Plus loin, je donnerai les raisons qu'on a mises en avant pour dire que les *usages anciens* (on n'a pas osé dire les *coutumes*) n'étaient point abolis par la loi nouvelle. Je pouvais, je pense, ne pas entrer dans de tels détails pour faire comprendre une chose si claire; mais les hommes de loi ayant souvent plaidé dans le sens opposé, ayant rapporté des paroles ou des écrits qui n'étaient que des généralités applicables peut-être avec justesse à d'autres intérêts, mais évidemment erronés par rapport au commerce des animaux, j'ai cru devoir m'appesantir un peu davantage que dans les précédentes éditions, ainsi qu'on le verra plus loin, sur le sens de l'article 1641.

Autant il paraît juste que les défauts cachés soient redhibitoires, autant il aurait été injuste de placer les défauts apparents dans la même catégorie : le vendeur se serait trouvé alors à la merci de l'acheteur. En effet, comme il y a toujours quelque défaut dans les objets même les plus précieux, l'acheteur, par le moindre caprice, se serait trouvé dans la possibilité de faire résilier le marché ; et le vendeur ne trouvant aucune garantie dans la loi, ou aurait cessé de commercer, ou l'aurait fait avec des précautions soit illicites, soit au moins entièrement au désavantage de l'acheteur. L'article 1642 prévient cet abus et donne même plus de force à l'article 1641, en spécifiant bien les droits de l'acheteur. Dans la seconde Partie de cet ouvrage, je discuterai quels sont les défauts, vices et maladies de nos animaux domestiques qui peuvent se trouver dans le cas prévu par l'article 1641, et alors être placés parmi les vices redhibitoires.

En rendant le vendeur garant de tous les vices cachés, on devait présumer qu'il y aurait de ces vices que le vendeur lui-même n'aurait pas ou prétendrait n'avoir pas connus dans le but de se soustraire à la garantie : comme dans tous les cas, l'acheteur ne doit pas être lésé, et comme c'est toujours la faute du vendeur s'il ne connait pas sa marchandise, l'article 1643 a rendu le vendeur garant de tous les vices cachés, *quand même il ne les aurait pas connus*; il ne l'exempte que dans le cas où il aurait spécifié par une convention qu'il ne s'obligeait à aucune garantie.

Il peut arriver en effet que, dans quelques cas, le vendeur ne veuille pas se soumettre à la garantie accordée par l'article 1641 à l'acheteur, et qu'il en prévienne celui-ci, soit parce qu'il a reconnu quelque vice redhibitoire à l'objet dont il désire se défaire, soit parce qu'il craint qu'il en existe dont il ne se soit pas aperçu, et parce qu'il ne veut pas courir la chance de voir résilier le marché. Il n'aurait pas été juste, dans ce cas, qu'il fût astreint à la garantie, puisqu'il prévenait l'acheteur qu'il ne le voulait pas. C'était alors à ce dernier à acheter la marchandise en conséquence des risques qu'il avait à courir ou à ne pas l'acheter s'il ne voulait pas courir ces risques. L'article 1643 ne laisse aucun sujet de doute à cet égard.

Ce n'était pas tout de rendre la fraude difficile, il fallait encore, autant que possible, prévenir tous autres sujets de contestations : dans ce but, il ne suffisait pas d'indiquer les cas où il devait y avoir résiliation du marché, il fallait encore fixer la manière précise dont cette résiliation devait avoir lieu. Par l'art. 1644, l'acheteur est resté entièrement le maître de l'opérer comme il voudrait : il peut ou rendre la chose et se faire restituer le prix qu'il en a donné, ou garder cette chose en se faisant restituer une partie du prix; mais, dans ce cas, il n'est plus le maître de juger du montant de la restitution : ç'aurait été une injustice criante; ce sont des experts qui terminent la contestation.

En donnant à l'acheteur, de préférence au vendeur, la facilité de choisir le genre de résiliation du marché, il paraîtrait non seulement qu'on a pris pour guide l'axiome que *le vendeur doit connaître la marchandise qu'il vend ou porter la peine de son ignorance*, mais surtout qu'on a eu en vue de prévenir les pertes que l'acheteur pourrait éprouver si le vendeur restait maître du mode de faire la résiliation du marché.

Ainsi on a voulu empêcher, par exemple, qu'un marchand *B* qui se serait engagé à fournir cinquante chevaux, à une époque donnée, sous dédit, à un entrepreneur de messageries, et qui aurait acheté d'un marchand *A* et reçu les cinquante chevaux quelques jours seulement avant l'époque de sa livraison à l'entrepreneur, pût être obligé, par le marchand *A* son vendeur, pour quelques chevaux entachés de vices rédhibitoires, à rendre les cinquante chevaux, à manquer sa fourniture par conséquent, et à payer son dédit; ou, s'il ne voulait pas manquer sa fourniture et payer son dédit, à perdre la moins-value des animaux affectés de vices redhibitoires.

Ainsi on a voulu empêcher peut-être qu'une personne qui aurait acheté un nombre de chevaux ou d'autres animaux, dont quelques uns seraient atteints de maladies contagieuses, redhibitoires, pût être obligée par le vendeur à garder les animaux qui ne paraîtraient pas malades, mais qui, ayant communiqué avec les malades, pourraient le devenir plus tard et occasionner des pertes.

L'article 1644 a prévu ces causes de perte pour l'acheteur.

S'il arrive souvent que le vendeur connaisse les vices de sa marchandise, il peut arriver aussi qu'il les ignore. Dans le premier cas, il est coupable de fraude; dans l'autre, il n'est qu'ignorant: il y a une différence. Pour faire peser davantage le poids de la justice sur le vendeur de mauvaise foi, on a obligé celui qui connaissait les vices de la chose non seulement à la restitution du prix et des frais, mais encore à des dommages-intérêts envers l'acheteur; on n'a obligé, au contraire, qu'à la restitution du prix et des frais celui qui ignorait les défauts de la chose vendue. Les articles 1645 et 1646 distinguent et règlent ces deux cas. (Voyez quelques développements de plus à ce sujet, par rapport au commerce des animaux, dans la troisième Partie, au chapitre XVIII, § 9.)

Tous les jours, il peut arriver qu'une chose, après avoir été vendue, périsse, et cela dans deux cas différents : dans l'un, parce qu'elle était viciée avant la vente; dans l'autre, par une circonstance fortuite étrangère à la vente. Dans le premier cas, il était tout simple que le vendeur fût responsable de la chose; dans le second cas, la perte de la marchandise étant indépendante du vendeur, pouvant arriver une demi-heure, comme une année, après la vente, et n'étant pas de son fait, il ne devait pas en être responsable. Quoique le premier cas rentre évidemment dans l'art. 1641, et quoique le second en soit une conséquence, cependant, pour enlever tout sujet de contestation, pour laisser le moins de prise aux discussions, on a ajouté l'art. 1647, qui ne laisse plus la moindre incertitude.

Quant aux dédommagements que, dans le premier cas, le vendeur doit à l'acheteur, ils rentrent dans la classe de ceux qu'il doit pour une simple résiliation de la vente, et pour cet objet l'article 1647 renvoie aux articles 1645 et 1646, où ces dédommagements sont fixés selon que le vendeur ignorait ou connaissait le vice redhibitoire.

De la durée de la garantie d'après le Code civil.

Quand le législateur eut fixé d'une manière positive, par l'art. 1641, quelles espèces de vices devaient être redhibitoires, il eut encore à déterminer le laps de temps pendant lequel l'acheteur pouvait reconnaître ces vices, et se mettre en mesure de faire résilier le marché.

Mais la nature de la chose vendue, la nature du vice qui donnait lieu à la redhibition, la manière dont le marché s'était conclu, enfin les différences de localités commerciales, étaient autant de causes capables d'apporter des variations dans la durée de ce temps.

Il aurait été difficile, par conséquent, que le législateur pût spécifier cette durée de garantie pour tous les objets de vente et pour les circonstances diverses de la vente ; et en supposant même que cela lui eût été possible relativement aux objets de commerce déjà en circulation, son travail fût resté encore incomplet, puisque des objets nouveaux se créent tous les jours : il fallait donc qu'il donnât une règle ou principe général ; il a établi ce principe dans l'art. 1648, ainsi conçu :

> L'action résultant des vices redhibitoires doit être intentée par l'acquéreur dans un bref délai, suivant la nature des vices redhibitoires et l'usage du lieu où la vente a été faite.

Quoique cet article soit bien positif, quand on l'étudie sans prévention, quelques personnes ont persisté à dire qu'il avait rapport aux *vices redhibitoires* eux-mêmes aussi bien qu'à *la durée de la garantie*, et elles en ont tiré la conséquence que les anciens vices redhibitoires consacrés par l'usage des lieux étaient conservés par cet article.

Mais, je le demande au for intérieur, y a-t-il dans cet article quelque chose qui dise que les anciens vices rédhibitoires sont conservés? qui dise que les articles 1641, 1642 et 1643, qui ont défini la nature des vices redhibitoires, ne doivent plus être pris en considération; qu'ils ne sont dans le Code que pour la forme? et quand l'article 1648 se termine par ces mots : « *et l'usage des lieux où la vente a été faite,* » ces mots peuvent-ils se rapporter à autre chose qu'à la durée de la garantie? Tout, en effet, dans l'article n'est-il pas positivement relatif au délai dans lequel l'action résultant des vices redhibitoires doit être intentée, ou autrement, à la durée de la garantie : s'il y est parlé de la nature des vices rédhibitoires, n'est-ce pas pour rappeler que l'action à intenter doit l'être dans *un délai bref, suivant la nature de ces vices ?* et tout l'article n'est-il pas régi par ces mots : *l'action résultant des vices redhibitoires doit être intentée, etc.?* C'est une évidence qu'on ne peut nier.

Le législateur, après avoir bien défini quelle

était la nature des vices redhibitoires, quels ils étaient, n'avait plus besoin de s'en occuper, il n'avait plus qu'à traiter du temps dans lequel l'action résultant de ces vices devait être intentée, et tout l'article 1648, de quelque manière qu'on l'envisage, ne peut être relatif qu'à ce temps.

Cet article fixe donc la durée de la garantie, et cela d'abord *suivant la nature du vice*, et ensuite *suivant l'usage des lieux*.

Mais si l'application par les tribunaux des articles 1641, 1642 et 1643 au commerce des animaux est assez facile, malheureusement il n'en est pas de même de l'application de l'article 1648; en effet, cet article, en disant :

> L'action résultant des vices redhibitoires doit être intentée par l'acquéreur dans un bref délai, suivant la nature des vices redhibitoires,

et en ajoutant :

> Et l'usage du lieu où la vente a été faite,

paraît en quelque sorte impliquer contradiction, puisque, comme nous l'avons déjà vu (page 25), *les usages des lieux* relatifs à la durée de la garantie n'étant souvent pas en rapport avec *la nature du vice*, on est exposé ou à ne pas suivre *l'usage du lieu où la vente a été faite*, si l'on ne consulte que *la nature du vice*, ou à n'être pas en harmonie avec la *nature du vice*, si l'on ne consulte que *l'usage du lieu où la vente a été faite*.

Cet article se prête donc à des commentaires, à des explications : je crois cependant qu'elles deviennent assez faciles, assez sûres même si l'on ne veut que rechercher l'intention du législateur.

Par l'article 1641, il a décidé d'une manière générale quels seraient dorénavant les vices qui donneraient lieu à la redhibition, et il a suppléé à l'insuffisance des lois anciennes ; mais en généralisant les défauts et les maladies des animaux domestiques qui devaient être vices redhibitoires, il en a retranché quelques uns des anciens, et en a ajouté beaucoup plus de nouveaux : il a ainsi augmenté considérablement le nombre de ces vices.

Or, comme, d'une part, il avait reconnu que la durée de la garantie déterminée par les usages anciens était, dans beaucoup de cas, particulièrement dans le commerce des animaux, une source d'injustices; comme, d'une autre part, il ne pouvait spécifier les vices redhibitoires pour toutes les espèces d'objets d'échange, et que cependant il lui fallait donner une base pour fixer la durée de la garantie des vices qu'il conservait ou qu'il plaçait nouvellement et à juste titre dans le cas de la redhibition, il n'avait qu'un parti à prendre, celui de poser un principe général d'après lequel on peut fixer dorénavant la durée de la garantie; il l'a donné en disant : *L'action résultant des vices redhibitoires doit être intentée par l'acquéreur dans un bref délai, suivant la nature des vices redhibitoires.*

Cette partie de l'article 1648 du Code civil est clair; elle ne laisse pas le moindre doute, elle est basée sur ce qui est juste; elle est surtout applicable aux vices redhibitoires des animaux domestiques, dont la nature est extrêmement variable, et pour lesquels, par ce motif, la durée de la garantie doit varier. Le législateur, qui connaissait cette circonstance, a donc eu parfaitement raison de rédiger ainsi l'article 1648.

Mais pourquoi donc, dira-t-on, le législateur a-t-il ajouté *et l'usage du lieu où la vente a été faite.*

C'est là le véritable point de la difficulté, c'est là que les interprétations commencent. Voici celle qui me paraît une des plus probables :

Comme, dans certains cas et dans certaines maladies des animaux, le tribunal peut être embarrassé pour décider positivement si l'action en garantie a été intentée dans un délai en rapport avec la nature du vice, parce que, par exemple, pour les animaux, le temps écoulé depuis la vente, si ce temps a été long, peut permettre à l'expert le plus instruit de douter si telle maladie est antérieure ou postérieure à cette vente ; comme aussi les usages locaux relatifs à la durée de la garantie pouvaient être, dans quelques circonstances, en harmonie avec la nature du vice, enfin comme le législateur fondait la loi pour tous les objets de commerce, il a, pour trancher ces difficultés et pour donner aux tribunaux un moyen de sortir des cas douteux, terminé l'article 1648 par ces mots *et l'usage du lieu où la vente a été faite* : ce qui laisse les juges, lorsqu'il y a incertitude de savoir si l'action a été intentée en temps opportun, maîtres de juger par l'usage du lieu où la vente a été conclue.

On dira peut-être que ce n'est là qu'une interprétation de l'article et qu'elle peut être fausse.

Écoutons donc, à ce sujet, l'*exposé des motifs de la loi.*

La loi proposée veut que l'action soit intentée dans le plus court délai ; elle ne pouvait établir, à cet égard, un délai commun : L'USAGE DES LIEUX ET LA PRUDENCE DES JUGES Y SUPPLÉERONT.

Voilà comme *Faure* s'est exprimé au Tribunat, dans la séance du 12 ventose an XII (2 mars 1804), lorsqu'il fut chargé d'y exposer les motifs du titre VI du livre III du Code civil, relatif à la *vente* (1).

---

(1) Code civil, suivi — de l'exposé des motifs sur chaque loi, présenté par les Orateurs du Gouvernement ; — des rapports faits aux tribunaux au nom de la Commission de législation ; — des opinions émises dans le cours de la discussion ; — des discours pro-

En entendant *Faure* s'exprimer ainsi, on ne doute pas qu'il n'eût compris parfaitement toute la difficulté que le législateur avait rencontrée à donner une règle limitée de la durée de la garantie; il prévoyait les difficultés qui devaient en résulter, et il s'adressait déjà *à la prudence des juges* pour les lever. Malheureusement le législateur n'a pas fait entrer dans la loi ces paroles : *la prudence des juges y suppléera*. Malheureusement il n'a pas donné aux tribunaux un moyen sûr de faire l'application du principe posé dans le commencement de l'article 1648.

Mais au lieu de cette interprétation assez plausible, faudra-t-il, comme on l'a conseillé, « *ne pas s'arrêter à ces expressions* SUIVANT » LA NATURE DES VICES REDHIBITOIRES, *qui,* » *a-t-on ajouté, ne présentent qu'un sens* » *vague, pour recourir à l'usage seul des* » *lieux non seulement pour la durée de la ga-*

―――――

noncés au Corps législatif par les Orateurs du Tribunat; — et d'une table analytique et raisonnée des matières tant du Code que des discours. 12 vol. in-12. Paris, 1820, chez Firmin Didot, imprimeur du Roi.

» *rantie, mais encore pour les vices redhi-*
» *bitoires ?* »

Nous ne pouvons pas le penser : il n'est pas possible, nous le répétons, que le législateur, en ajoutant les mots *et suivant l'usage des lieux*, ait voulu abolir non seulement les articles 1641, 1642 et 1643 qu'il venait d'établir, et qui sont si féconds en conséquences pour établir les vices redhibitoires d'après de vrais principes d'équité, mais encore qu'il ait pu annuler aussi le premier paragraphe de l'article 1648, si plein lui-même de moyens d'asseoir la durée de la garantie sur ces mêmes principes d'équité.

Le discours de *Grenier* au Corps législatif, sur le même titre VI du Code civil (séance du 15 ventose an XII, 6 mars 1804), est moins clair que celui de *Faure*, et il a donné lieu à des interprétations variées de l'article 1648; je le rapporterai cependant :

« Quelques personnes regretteront peut-
» être que le projet de loi ne contienne pas le
» détail des vices redhibitoires qui concernent

» principalement les ventes de certains ani-
» maux et de quelques denrées.

» Mais le législateur a sagement fait de s'in-
» terdire, à cet égard, une disposition géné-
» rale. Quelquefois la loi, dans son action,
» doit prendre le caractère de l'administra-
» tion. Il existe des différences qui tiennent
» aux localités, et la loi, pour vouloir être uni-
» forme, deviendrait souvent injuste. Il faut
» donc, *dans ces cas*, que la loi respecte les
» usages antiques et invariables, qui sont eux-
» mêmes devenus une espèce de loi vivante.

» Il a donc suffi de dire, comme on le voit
» dans l'article 1648, que l'action résultant
» des vices redhibitoires doit être intentée par
» l'acquéreur dans un bref délai, suivant leur
» nature et l'usage des lieux où la vente a été
» faite. »

On voit encore, par ces paroles, que si Grenier a pensé que, *dans certains cas*, la loi devait respecter les usages antiques, il n'a pas dit que les articles 1641, 1642 et 1643 du Code, et le premier membre de phrase de l'article 1648 : *l'action résultant des vices redhibitoires doit être intentée par l'acquéreur dans un bref délai, suivant la nature des vices redhibitoires,* dussent être regardés comme d'une moindre importance que les mots *et l'usage des lieux où la vente a été faite.*

Il résulte donc évidemment, selon moi, du texte de la loi, que si, dans certains cas, les tribunaux peuvent, en vertu du dernier membre de phrase de l'article 1648, avoir recours à l'usage des lieux pour la durée de la garantie, dans le commerce des animaux, ils ont néanmoins la faculté de ne pas prendre cet usage en considération, lorsqu'il est contraire à ce qui est juste. Est-il possible de supposer qu'en ajoutant ces mots, *et l'usage du lieu où la vente a été faite,* le législateur ait voulu consacrer une foule d'injustices criantes? Ce n'est pas possible. Ces mots : *l'action résultant des vices redhibitoires doit être intentée dans un bref délai, suivant la nature des vices redhibitoires,* doivent donc être regardés, je le répète encore, comme le principe du droit, la règle générale à suivre, autant que cela est facile, pour la durée de la garantie; tandis que les autres mots, *et l'usage des lieux où la vente a été faite,* doivent être considérés comme une exception, comme une dérogation au principe général dans les cas particuliers où il y a impossibilité ou difficulté d'appliquer ce principe général.

Dans les lieux où la durée de la garantie n'était pas trop longue pour la généralité des vices redhibitoires, à Paris, par exemple, le texte de l'article 1648 n'a pas occasionné de difficultés; la nature de la plupart des vices se trouvant en rapport avec la durée de la garantie, les experts et les tribunaux n'ont pas éprouvé d'embarras.

Mais dans les lieux où la durée de la garantie était de trente ou de quarante jours, de trois mois même, pour quelques maladies des animaux, ce terme est loin d'être en rapport avec la nature de la plupart de ces vices, et les tribunaux et les experts se trouvent dans l'embarras de savoir s'ils doivent consulter, pour la durée de la garantie, *la nature des vices redhibitoires,* ou bien *l'usage du lieu où la vente a été faite.*

Cependant, comme l'un est tout à fait en rapport avec ce qui est juste, tandis que l'autre n'y est souvent pas, je dis que *la na-*

ture du vice est la condition qui devrait toujours être prise d'abord en considération, et que, lors d'une demande en garantie pour un vice redhibitoire chez un animal, le premier point à examiner serait si la demande a été faite dans un temps opportun.

Si les auteurs du Code civil avaient terminé l'article 1648 aux mots *suivant la nature des vices redhibitoires*, et qu'ils n'eussent pas ajouté, *et l'usage du lieu où la vente a été faite*, les tribunaux auraient été obligés de consulter des experts pour savoir si l'action en garantie avait été intentée en temps opportun eu égard à la nature du vice, comme ils les consultent maintenant pour savoir si le vice reproché à l'animal doit être classé parmi les vices redhibitoires; ou bien ils auraient sollicité un réglement ou même une loi qui aurait fixé la durée de la garantie pour certains vices redhibitoires des animaux domestiques. Les progrès récents de la médecine vétérinaire permettent, en effet, de fixer maintenant d'une manière précise la durée de la garantie pour la plupart des vices qui peuvent être redhibitoires chez les animaux.

Une mesure législative serait le moyen le plus simple de remédier à l'incertitude dans laquelle l'article 1648 peut laisser les tribunaux relativement à la durée de la garantie : cette loi est sollicitée depuis longtemps; on espère qu'elle fera partie du Code rural. Il suffirait de retrancher de l'article 1648 les mots qui le terminent, *et l'usage du lieu où la vente a été faite*, et ensuite de fixer, à l'égard des vices redhibitoires des animaux domestiques, une durée de garantie générale pour toute la France; de neuf jours, par exemple, pour les vices et maladies non intermittents, et de vingt ou vingt-cinq jours pour les vices et maladies qui se manifestent par accès fugitifs. La science vétérinaire et nos lois commerciales sont tout à fait en rapport avec cette donnée (1).

Il me semble que ce qui précède est bien

---

(1) Voici, dans ce cas, comme l'article 1648 pourrait être modifié :

> 1648. L'action résultant des vices redhibitoires doit être intentée par l'acquéreur dans un bref délai, suivant la nature des vices redhibitoires.
>
> Ce délai, pour les vices redhibitoires qui,

positif, et que tout esprit non prévenu ne pourra balancer maintenant à se ranger de l'opinion que l'article 1641 n'est relatif qu'aux

> dans les animaux domestiques, résultent de maladies à symptômes continus non intermittents, est de neuf jours.
>
> Pour les vices qui résultent de maladies à accès fugitifs et intermittents, il est de vingt-cinq jours.

Plusieurs vétérinaires ont pensé que le délai de neuf jours et de vingt-cinq jours était trop court. Je persiste à croire que celui de neuf jours est suffisant. Quant au délai de vingt-cinq jours, mon opinion est moins arrêtée et je crois que ce délai peut être augmenté de quelques jours.

Il est une addition, réclamée par Bouley jeune, vétérinaire à Paris, qu'un arrêt de la Cour de Cassation (arrêt du 18 mars 1833, sur lequel nous reviendrons au chapitre de la manière de procéder devant les tribunaux) a rendue tout à fait nécessaire; cette addition devrait être à peu près ainsi conçue :

> Quand l'acheteur, par suite de ses besoins, aura emmené l'animal loin du lieu de la vente, la durée de la garantie s'augmentera conformément à l'article 5 du Code de procédure civile, d'un jour par trois myriamètres de distance.

(*Voyez*, à l'égard d'un autre projet de loi, l'appendix, à la fin de cette édition.)

vices redhibitoires, tandis que l'article 1648 n'est relatif qu'à la durée de la garantie, et qu'ainsi le législateur a traité d'une manière spéciale, sans les confondre, les deux objets principaux de la garantie, *les vices redhibitoires* et *la durée de la garantie;* il peut donc paraître inutile d'insister davantage sur cette démonstration : j'y reviendrai, cependant, dans le chapitre IV et suivants, pour combattre des objections que je n'ai pas cru devoir réfuter ici.

La garantie n'a pas lieu dans les ventes faites par autorité de justice.

L'article 1649 du Code est positif à cet égard. Il ne résulte pas cependant de cet article que l'on puisse vendre, par autorité de justice, toute espèce d'animaux. Ceux qui sont attaqués de maladies contagieuses ne peuvent être mis en vente. (Voyez chapitre VII.)

CHAPITRE IV.

ABOLITION DES COUTUMES.

Quand il eut été établi un nouveau Code réglant, autant qu'il était possible à la sagesse humaine de l'époque de le faire, tous les intérêts matériels de la société, on devait nécessairement, pour ne pas compliquer la législation, abolir par une loi tout ce qui avait précédé. Cette loi a été sanctionnée, et c'est peut-être faute de la connaître que des personnes se dirigent encore dans beaucoup de cas, et entre autres dans les transactions relatives au commerce des animaux domestiques, par les usages et les coutumes : cette loi est celle *sur la réunion des lois civiles en un seul corps, sous le titre de code civil, décrétée le 30 ventose an* XII, *et promulguée le 10 germinal suivant.*

Voici ce que dit cette loi, article 7 et dernier :

> A compter du jour où ces lois sont exécutoires, les lois romaines, les ordonnances, les coutumes générales ou locales, les sta-

tuts, les réglements cessent d'avoir force de loi générale ou particulière dans les matières qui sont l'objet desdites lois composant le présent Code (1).

Rien n'est plus clair et plus positif. La vente et la garantie à laquelle est assujetti le vendeur sont des matières qui sont l'objet des lois composant le Code civil; les lois romaines, les ordonnances, les *coutumes générales ou locales*, les statuts, les réglements qui concernent ces matières et qui ne sont pas conservés par le Code, sont abolis, et le Code seul est désormais en vigueur.

Or, comme les vices redhibitoires et la durée de la garantie sont des objets de la vente, comme ils étaient régis par des coutumes générales ou locales, tout ce qui se trouve en opposition, dans ces coutumes, avec le Code se trouve aboli.

Comment donc, d'après l'article 1641 et suivants jusqu'à l'article 1648, et d'après cet

---

(1) Cette loi se trouve en tête de quelques éditions du Code civil, entre autres, de l'édition stéréotype, in-18, de Pierre Didot l'aîné et de Firmin Didot an XII (1804); elle devrait se trouver en tête de toutes.

article 7 si formel de la loi sur la réunion des lois civiles en un seul corps, sous le titre de Code civil, des personnes ont-elles prétendu que les vices redhibitoires anciens ainsi que la durée de la garantie d'après les anciennes coutumes étaient conservés? C'est ce dont nous allons nous occuper dans ce chapitre.

On s'est fondé, pour dire que cet article 7 de la loi du 30 ventose an XII n'abrogeait pas les usages, sur ce que le mot *usages* n'étant pas mis dans le texte de l'article 7, le législateur, en abolissant les lois romaines, les ordonnances, les coutumes générales ou locales, les statuts, les réglements, avait conservé les usages : on s'appuyait, pour avancer cette opinion, de ce que le Code civil avait sanctionné quelques uns de ces usages, et surtout de ce que, dans quelques circonstances, il avait renvoyé aux usages locaux d'une manière générale, sans les spécifier comme dans l'article 1648.

En raisonnant dans ce sens, il n'y aurait toujours que des *usages* de conservés et non des *coutumes*. Or, si l'on recherche si ce sont des coutumes ou des usages qui, dans les anciennes provinces de France, régissent les vices redhibitoires et la durée de la garantie relativement au commerce des animaux, on verra que c'étaient autant des coutumes que des usages; il se trouvera alors, à cet égard, peu de l'ancienne jurisprudence conservée par le dernier membre de phrase de l'article 1648.

Mais, de plus, l'article 1648 ne se rapportant qu'à la durée de la garantie, il ne pourrait y avoir, parmi les usages conservés, que ceux relatifs à cette durée de garantie, et non les usages relatifs aux vices redhibitoires eux-mêmes.

Aussi les personnes qui ont prétendu que les usages étaient conservés n'ont-elles d'abord fait aucune distinction entre les usages et les coutumes, pour pouvoir laisser de côté l'article 7 de la loi du 30 ventose an XII; et ensuite ont-elles voulu que, nonobstant les articles 1641, 1642 et 1643 du Code, les anciens vices redhibitoires aussi bien que la durée de la garantie aient été conservés par l'article 1648; elles ont dit :

« Il ne peut y avoir d'abrogation virtuelle

» ou tacite d'une loi ancienne qu'autant qu'elle
» est contraire à la loi nouvelle : or, le Code,
» n'ayant déterminé aucun vice redhibitoire
» qualifié, n'a pu abolir *de plano* les anciennes
» coutumes qui les ont spécifiés dans certains
» cas et pour certaine espèce d'objets. »

Comme je crois avoir prouvé, par rapport aux animaux domestiques, que les vices spécifiés par les anciens statuts, par les coutumes, étaient la plupart en opposition avec les articles 1641, 1642 et même 1648, puisque les uns ne pouvaient pas exister au moment de la vente sans être apercevables, tels que la courbature, l'esquinancie, etc., et puisque, pour la plupart, les anciens statuts ou coutumes, en donnant une durée de garantie trop longue, permettent à ces vices de se développer pendant cette durée de garantie, et par conséquent les mettent en opposition, d'abord avec l'article 1641 et ensuite avec cette partie si sage de l'article 1648, qui veut que l'action redhibitoire soit intentée dans un bref délai *suivant la nature du vice*, je suis fondé à croire, sans même avoir besoin d'invoquer l'article 7 de la loi du 30 ventose an XII, que l'article 1641 a aboli pleinement tout ce qui était contraire à son texte, mais même aussi que l'article 1648 a aboli en partie l'ancienne jurisprudence relativement à la durée de la garantie, c'est à dire tous les cas où cette durée de garantie n'était point en rapport avec la nature du vice redhibitoire, et devenait, dans l'espèce, contraire à l'équité.

Mais l'argument le plus spécieux élevé contre l'abolition de ces anciennes coutumes était celui-ci :

« Mais il n'est pas rationnel de prétendre
» que le Code civil aurait tacitement abrogé
» les anciens statuts quant à la nature des vi-
» ces redhibitoires, et ne les aurait maintenus
» que relativement à l'action de sa durée ; car
» il faudrait admettre que le législateur aurait
» scindé les coutumes, rejeté le droit et admis
» la forme, en un mot qu'il aurait, par des
» généralités, détruit les vices redhibitoires
» nommément désignés.

» Un pareil système est évidemment er-
» roné : soutenir que le délai de l'action est
» seul conservé, ce serait reconnaître que ce
» délai, spécial pour les vices qualifiés par les

» statuts et conséquemment inséparable de
» ces vices, pourrait s'étendre à tous les au-
» tres vices cachés non prévus, ou subsister
» sans l'objet pour lequel il a été établi.

» Comment l'appliquer si la cause n'existe
» plus? car l'effet n'existe pas sans cause. »

Il n'est pas encore difficile de répondre à ces arguments tout à fait spécieux.

En effet, le législateur avait lui-même si bien senti « qu'il ne pouvait scinder des cou-
» tumes, — qu'il ne pouvait rejeter le droit
» et admettre la forme, — qu'il ne pouvait
» appliquer cette forme si la cause n'existait
» plus, » qu'après avoir rejeté le droit, il a continué dans la même voie en rejetant aussi la forme, et tout le commencement de l'article 1648 est employé à rejeter cette forme, à abolir cette ancienne jurisprudence relative à la durée de la garantie, pour y en substituer une autre *en rapport avec la nature des vices redhibitoires*. La durée de la garantie, déterminée d'après cette nouvelle base, pourra seule faire cesser tous les vices de l'ancienne jurisprudence locale; vices nombreux que je pense

avoir suffisamment fait ressortir au commencement de cet ouvrage.

Si le législateur a donc ajouté dans l'article 1648, *et l'usage des lieux où la vente a été faite*, faut-il en conclure qu'il a annulé les principes d'équité si clairs, si positifs et si bien établis dans les articles 1641, 1642 et 1643, et même dans le commencement de l'art. 1648? non, certes; car alors le législateur aurait été bien plus inconséquent encore qu'en scindant les coutumes, qu'en écartant le droit et qu'en conservant la forme; puisque, dans deux membres de phrase de l'article 1648 qui se suivent, il se serait trouvé en contradiction d'abord, et puisque le dernier membre de phrase aurait annulé trois articles qui précèdent presque immédiatement celui où il se trouve.

Si l'on n'adopte pas ma manière de voir sur l'article 1648, je n'en vois pas d'autre possible, et il faut regretter que le législateur n'ait pas mieux exprimé sa pensée : c'est un de ces nuages comme il y en a toujours dans un travail aussi volumineux, aussi compliqué que notre Code.

Ce que l'on devra remarquer encore dans les discussions qui s'élèvent à ce sujet, c'est que ceux qui défendent la cause des anciennes coutumes, des anciens usages, ont presque tous le soin de ne point parler de l'article 1641, ou de glisser rapidement sur cet article ; c'est toujours à l'article 1648 qu'ils ont recours, c'est sur lui qu'ils insistent fortement.

En l'isolant ainsi, et en le lisant rapidement sans l'analyser, on peut croire, en effet, qu'il traite aussi bien de la nature des vices redhibitoires que de la durée de la garantie relativement à ces vices ; et c'est en effet ce qui arrive aux personnes qui le lisent pour la première fois sans approfondir le sujet.

Cela est si vrai, que des personnes, en le transcrivant pour le citer, l'ont changé sans s'en douter, lui ont donné ainsi une tout autre portée que celle qu'il a dans le Code, tant il est vrai que l'esprit une fois prévenu est un guide peu sûr dont il faut se méfier ! Ainsi on a transcrit et imprimé la dernière partie de l'article 1648 de la manière suivante :

Dans un bref délai, suivant l'usage du lieu où la vente a été faite, ou suivant la nature du vice redhibitoire.

Au lieu de transcrire :

Dans un bref délai, suivant la nature du vice et suivant l'usage du lieu où la vente a été faite.

En mettant ainsi *l'usage des lieux* avant la *nature des vices*, l'usage des lieux devient alors l'objet premier que l'on doit consulter, et parce qu'il est placé le premier, il devient aussi le principal ; la nature du vice n'est plus alors que l'objet secondaire, et en changeant la particule *et* en la particule *ou*, on peut conclure de la phrase que le législateur a pensé que la nature des vices redhibitoires était en rapport avec l'usage des lieux, et on peut dire que son intention a été de conserver ces usages des lieux par rapport à la durée de la garantie et par rapport aux vices redhibitoires eux-mêmes, et on a dit : « Du mo-
» ment que l'action doit être intentée *suivant*
» *la nature du vice*, elle est nécessairement

» subordonnée à l'*espèce de vice* dont l'objet
» est atteint et *à l'usage du lieu* de la vente,
» s'il existe un usage ; c'est donc l'usage du
» lieu qui détermine et la nature du vice et la
» durée de l'action qui en découle : *locus regit*
» *actum.* »

Mais, comme l'on voit, ce n'a été qu'en changeant le texte de l'article 1648 qu'on est arrivé à ce résultat, et s'il est vrai, bien vrai, et surtout bien juste que, du moment que l'action doit être intentée dans un bref délai, suivant la nature du vice, elle soit nécessairement subordonnée, pour ce délai, à l'espèce du vice, il n'est pas vrai qu'elle soit *conséquemment* subordonnée en même temps à l'usage du lieu de la vente, puisque le plus souvent cet usage, par le délai qu'il prescrit, n'est pas en rapport avec la nature du vice, et qu'au contraire il est tout à fait en opposition avec ce qui est juste : ce n'est donc pas le cas où *locus regit actum.*

Tous les jurisconsultes qui ont commenté le paragraphe *de la garantie des défauts de la chose vendue* n'ont pu méconnaître la justesse du principe suivant : *que la sûreté du commerce exigeait qu'on renfermât dans un bref délai l'exercice de l'action redhibitoire; que ce délai variait suivant la nature des vices et suivant la nature de la chose vendue.* Vouloir cependant que les usages anciens, évidemment en contradiction avec ce qui est juste sous ce rapport, fussent conservés, c'est une erreur.

Certainement, si le législateur avait voulu maintenir les anciens usages relatifs à la durée de la garantie, il aurait dit tout simplement : *L'action résultant des vices redhibitoires doit être intentée par l'acquéreur dans le délai voulu par l'usage du lieu où la vente a été faite.*

Il s'en faut bien qu'il se soit exprimé ainsi.

Si l'on a dit encore qu'*il fallait que les faits par lesquels la coutume s'établit fussent justes et raisonnables, qu'ils n'eussent rien de contraire au droit naturel et au droit public*, certes on peut en dire autant des usages; et est-il rien de plus injuste et de plus contraire au droit naturel et au droit public que les usages anciens relatifs aux vices redhibitoires et à la durée de la garantie dans le commerce des animaux ?

On s'est servi, contre l'opinion qui commence à prévaloir, des paroles de *Grenier*, que j'ai rapportées déjà : il *faut donc, dans ces cas, que la loi respecte des usages antiques et invariables, qui sont eux-mêmes devenus une espèce de loi vivante*. On n'a pas fait attention que les mots *usages invariables* étaient presque incompatibles ; il n'y a pas plus d'*usages invariables* que des coutumes, des statuts et même des lois. Les mots *usages invariables*, pris dans un sens général, sont échappés à *Grenier*. Tous les usages sont variables au bout d'un temps plus ou moins long ; il n'y a pas de doute à cet égard : et l'on voudrait cependant donner de l'invariabilité aux usages anciens relatifs à la vente des animaux domestiques, usages qui ont pris naissance dans des temps d'ignorance complète de la médecine des animaux, tandis qu'ils ne devraient, au contraire, avoir pour fondement que les données les plus positives de cette science.

On remarquera, à cette occasion, que ces

mêmes personnes qui ont soutenu l'opinion que les usages étaient conservés par le Code civil ont placé, parmi les vices rédhibitoires des animaux, des défauts et des maladies que ni les coutumes ni les usages n'y avaient pas placés, et se sont trouvées ainsi en contradiction avec elles-mêmes : pourquoi, par exemple, ces personnes ont-elles placé au nombre des vices rédhibitoires l'*amaurose* pour les chevaux, la boiterie dans les bêtes à cornes, la gale et le piétain dans les bêtes à laine, la rage dans tous les animaux, que ni les coutumes ni les usages n'avaient mis parmi ces vices?

Les jurisconsultes sont d'accord que tous les usages observés dans un pays ne doivent pas être admis indistinctement, mais qu'il faut la réunion des diverses circonstances suivantes pour constituer un usage : *uniformité dans les faits, publicité, multiplicité, observation générale par les habitants et pendant un long espace de temps* et enfin *tolérance constante par le législateur.* Dans la plupart des provinces, presque toutes les coutumes ou usages relatifs aux vices rédhibitoires des animaux étaient tellement *sans uniformité, sans pu-*

blicité, sans multiplicité, et *sans observation constante des habitants*, que c'est avec la plus grande peine que *Gohier* (déjà cité dans la note de la page 23) a pu les faire sortir de l'oubli où ils étaient tombés.

On a voulu aussi se servir de l'autorité de *Pothier* pour combattre l'opinion que, depuis le Code civil, les usages anciens, relatifs à la nature des vices redhibitoires, étaient abolis, parce que *Pothier* a dit (OEuvres de Pothier, nouvelle édition, Paris, Dabo jeune, 1825, in-8°, t. 3, p. 130, § 206) : *Pour qu'un vice donne lieu à la garantie, il faut, en premier lieu, qu'il soit du nombre de ceux qui, selon l'usage des lieux, passent pour redhibitoires.* On n'a pas fait remarquer que Pothier écrivait avant le Code civil, et que s'il a émis, dans beaucoup de cas, des préceptes qui sont devenus des articles du Code, dans beaucoup d'autres il s'est contenté de rapporter les règles de la jurisprudence du temps où il écrivait ; que c'est particulièrement ce qu'il a fait dans le paragraphe ci-dessus ; et la preuve, c'est qu'un peu plus loin il combat cette jurisprudence pour conseiller d'y en substituer une nouvelle qui est précisément celle déterminée par l'article 1641, ou plutôt qui est l'article 1641 lui-même. Ainsi, plus loin, il ajoute :

§ 209. *Telles sont les règles du for extérieur; mais, dans celui de la conscience, tout vice considérable qui aurait empêché l'acheteur d'acheter s'il l'eût su doit passer pour redhibitoire, le vendeur ne devant pas profiter du peu de soin qu'a eu l'acheteur à examiner la chose qu'on lui vendait* (POTHIER).

Aussi les personnes qui ont voulu s'autoriser de Pothier ne connaissaient-elles probablement pas ce paragraphe, qui donne des armes si puissantes contre leur opinion, et qui ne peut laisser aucun doute sur l'interprétation à donner aux articles 1641, 1642 et 1643 du Code civil.

Une raison qui doit encore faire admettre que le législateur n'a, dans l'article 1648, conservé que les usages qui ne pouvaient être remplacés par la législation nouvelle, c'est qu'il était impossible qu'il ignorât qu'une loi nouvelle, qui n'abrogeait pas toutes celles antérieures relatives au même objet, ne faisait que compliquer la matière, et mettre les juges chargés de l'application dans un dédale dont il ne leur était que très difficile de sortir.

Aussi beaucoup de personnes, ne pouvant penser que le législateur ne soit pas entré dans toutes ces considérations, ne pouvant penser surtout qu'en fixant, pour base de la durée de la garantie, d'abord *la nature des vices*, et qu'en conservant ensuite dans le membre de phrase suivant, pour la durée de cette garantie, *l'usage des lieux*, il se soit mis en contradiction avec lui-même, ont-elles interprété l'article 1648 de la manière suivante.

Elles ont dit : le législateur, par l'article 1641, ayant créé de nouveaux vices redhibitoires sans annuler pour cela les anciens, qui par leur nature rentraient dans l'esprit de cet article, il a dû prescrire une durée de garantie pour ces nouveaux vices redhibitoires, et c'est ce qu'il a fait d'une manière générale en disant : *l'action résultant des vices redhibitoires doit être intentée dans un bref délai suivant la nature des vices ;* mais il a ajouté *et l'usage des lieux* pour les anciens vices redhibitoires qui se trouvaient rentrer dans l'esprit de l'article 1641.

Cette interprétation peut être la véritable. Reste toujours la difficulté d'appliquer une durée de garantie aux nouveaux vices redhibitoires, en rapport avec la nature des vices.

Aussi tous les tribunaux ont-ils conservé la durée de la garantie d'après les coutumes et les usages ; et quand, en prenant en considération l'article 1641, ils ont admis de nouveaux vices redhibitoires, ont-ils appliqué cette ancienne durée de garantie à ces nouveaux vices.

C'est ce qu'il y a de moins mal peut-être à faire, sauf les cas patents d'injustice, jusqu'à ce que l'article 1648 du Code civil ait été modifié.

Avec le contact des choses et des hommes, les idées se modifient. On me pardonnera donc l'interprétation suivante de l'addition, à la fin de l'article 1648 du Code civil, des mots *et suivant l'usage des lieux où la vente a été faite.*

En voyant, dans un projet de loi soumis à un comité délibérant, des articles modifiés à l'improviste, dans une discussion à laquelle prennent part des hommes qui n'ont étudié qu'imparfaitement la question et qui ne peuvent deviner la portée d'un mot ajouté, j'ai pensé que ces mots *et suivant l'usage des lieux où la vente a été faite*, avaient été ainsi improvisés et adoptés pour satisfaire certains aperçus du moment et sans qu'on pût en deviner la portée éloignée. En effet, ces mots sont si peu en rapport avec tout ce qui précède dans les articles 1641 à 1648, qu'il me semble difficile de croire qu'ils puissent être sortis de la même plume qui a rédigé ce qui précède.

Avant de terminer, qu'il me soit permis cependant de présenter d'une manière plus vive encore l'inconvénient de ces anciens usages, par rapport à la fausse position dans laquelle ils placent les tribunaux, si, en refusant de faire l'application de l'art. 1641, ils veulent que les coutumes et usages aient été conservés par rapport au nombre des vices redhibitoires.

Jacques achète un cheval à Mortagne ou à Évreux; quelques jours après l'achat, il s'aperçoit que l'animal est immobile (voyez plus loin quelle est cette affection); il consulte le Code civil, il lit l'article 1641 et, fort de cet article, il attaque son vendeur en résiliation de la vente; mais le tribunal, relativement aux vices redhibitoires des animaux, s'en rapporte aux anciennes coutumes, et c'est d'après elles qu'il rend son jugement : quel en sera le considérant, si ce n'est à peu près celui-ci :

Attendu, d'une part, que *Jacques* a été trompé dans l'achat qu'il a fait, puisque le cheval ne peut pas rendre les services pour lesquels il a été acheté; que par conséquent sa demande est fondée en équité ;

Attendu que, par l'article 1641, elle est fondée en droit :

Mais, d'autre part,

Attendu que l'article 1648 est en contradiction avec l'article 1641, et que cet article 1648 conserve les anciens usages relatifs à la nature des vices redhibitoires, qu'il annule, par conséquent, ledit article 1641; et attendu que, d'après les anciens usages, l'immobilité n'est pas vice redhibitoire en

Normandie, quoiqu'elle le soit dans d'autres lieux;

Le tribunal, quoique dans l'espèce ce soit une grave injustice, déboute *Jacques* de sa demande.

Jean achète, à Grenoble, un cheval du sieur *Lefebvre*; il revend ce cheval, à Lyon, à *Baptiste*: celui-ci s'aperçoit que le cheval est *corneur*; il appelle *Jean* en résiliation de la vente, parce que le cheval étant impropre au service, il ne veut pas le garder. *Jean* demande son recours contre son vendeur de Grenoble. — Si le tribunal de Lyon s'en rapporte aux anciens usages, quel sera son jugement et quel devra être le considérant, sinon à peu près ce qui suit:

Quant à ce qui regarde la vente faite par *Jean* à *Baptiste*, attendu que le cornage est vice redhibitoire à Lyon, condamne *Jean* à reprendre le cheval.

Quant à la demande de *Jean* de recours en garantie contre *Lefebvre*, quoique le cheval soit impropre au service de *Jean*;

Quoique *Jean*, par l'article 1641 du Code civil, soit fondé en droit;

Attendu, néanmoins, que, d'après les anciennes coutumes, le cornage n'est pas vice redhibitoire à Grenoble,

Le tribunal, quoique ce soit une grave injustice, déboute *Jean* de sa demande de recours en garantie.

Et voilà *Jean* condamné comme vendeur et comme acheteur!

Je pourrais faire voir la possibilité de jugements semblables dans tous les départements; mais en voilà plus qu'il ne faut avec tout ce qui précède, pour faire voir dans quelle route vicieuse s'engagent les tribunaux qui suivent encore à la lettre les coutumes relativement aux vices redhibitoires dans le commerce des animaux. Heureusement, la plupart commencent à s'affranchir peu à peu des anciens usages et à ne plus consulter, dans leurs jugements relatifs aux vices redhibitoires, que l'esprit des articles 1641 et 1648 du Code civil; et le recueil de Médecine vétérinaire pratique de l'année 1835 contient une série nombreuse de jugements rendus en dérogation à ces anciens usages.

Je ne pousserai pas plus loin ces raisonnements, qui sont inutiles pour celui qui cherche ce qui est juste, et bien plus inutiles encore pour celui qui ne veut pas le trouver : je me contenterai d'en tirer les conclusions suivantes.

CHAPITRE V.

CONCLUSIONS DES CHAPITRES II, III ET IV.

Il résulte de ce qui précède :

1°. Que les coutumes ou usages anciens relatifs aux vices redhibitoires et à la durée de la garantie dans le commerce des animaux sont, dans la plupart des cas, en opposition directe avec ce qui est juste.

2°. Que l'article 1641 du Code civil donne une base pour fixer, *d'après ce qui est juste*, quels doivent être dorénavant les vices redhibitoires dans le commerce des animaux; qu'en conséquence, les vices que les coutumes ou usages ont consacrés redhibitoires pour les animaux ne doivent être tels qu'autant qu'ils rentrent dans le cas de l'article 1641 du Code, comme aussi doivent l'être tous les autres vices et défauts qui se trouvent dans le cas de cet article. On verra plus loin que l'application de cet article au commerce des animaux domestiques étant, pour la plupart des cas, facile dans l'état avancé de la science vétérinaire, il y a lieu, de la part des tribunaux, à ne consulter que cet article, par rapport à la nature des vices redhibitoires des animaux.

3°. Que l'article 1648 donne une base pour fixer également d'*après ce qui est juste*, c'est à dire d'après *la nature des vices*, la durée de la garantie pour tous ces vices en général.

4°. Que le législateur, dans ce même article 1648, en relatant ensuite l'usage des lieux où la vente a été faite, a donné une seconde base, d'après laquelle le juge, dans le cas où il n'y a pas injustice patente, peut, pour la durée de la garantie, se guider d'après l'usage ancien du lieu où la vente a été faite.

5°. Que l'article 7 de la loi du 30 ventose an XII, en abrogeant les règlements, les statuts, les coutumes, a ôté toute raison plausible de ne point suivre à la lettre le texte de l'article 1641 du Code civil par rapports aux vices redhibitoires des animaux domestiques.

6°. Enfin qu'il est à désirer, par rapport à la durée de la garantie pour les mêmes vices redhibitoires dans les animaux, qu'une loi vienne compléter l'article 1648 du Code, en donnant les moyens d'en faire l'application d'une manière rigoureuse, suivant la nature des vices redhibitoires.

CHAPITRE VI.

CIRCONSTANCE OU LA GARANTIE ACCORDÉE PAR LA LOI PEUT ÊTRE ÉTENDUE, OU DE LA GARANTIE CONVENTIONNELLE.

Dans le commerce des animaux domestiques, l'acheteur n'est pas toujours rassuré par la garantie légale relative aux défauts cachés; il craint qu'il n'y ait des défauts même apparents qui lui échappent, et il demande au vendeur de lui garantir particulièrement que l'animal n'a pas tel défaut; il lui demande souvent même de lui garantir qu'il a telle qualité. Par exemple :

Un acheteur (non connaisseur en chevaux) peut croire, sans en être sûr, qu'un cheval, qu'il marchande, boite, et il peut, dans cette crainte (le vice n'étant pas redhibitoire, puisqu'il est apparent), demander au marchand de lui garantir spécialement que le cheval ne boite pas.

Une personne peut demander à un marchand de vaches laitières de lui garantir que la vache donnera au moins huit litres de lait.

Dans le premier exemple, le marchand sera tenu de reprendre son cheval, s'il vient à boiter dans le temps fixé; dans le second, le marchand sera tenu de reprendre sa vache, si par jour elle ne donne pas les huit litres de lait convenus (1).

---

(1) Le tribunal de commerce de Paris a sanctionné ce droit de garantie conventionnelle dans une circonstance assez remarquable; il s'agissait de la garantie de la généalogie d'une pouliche.

M. C*** L*** désirait prendre part, en 1831, aux courses du Champ-de-Mars; il s'adressa, dans cette vue, à la veuve C*** aînée : la dame C*** offrit une fort belle pouliche, âgée de trois ans, qu'elle assura provenir de la saillie de l'étalon *Merlin*, cheval anglais re-

« Ces transactions ou conventions qui modi-

nommé. La pouliche se nommait *Scud*, et avait été vendue par M. S***, lequel la tenait originairement de lord S***. A l'appui de la prétendue filiation, on produisit deux certificats généalogiques de M. J***-C*** W***, directeur ou gérant du haras de M. S***.

M. C*** L***, d'après ces assertions, acheta la pouliche pour le prix de 3,000 francs, et la présenta aux courses. Un jockei anglais le tira de son illusion, en affirmant que *Scud* n'était pas la fille de *Merlin*: M. C*** L*** ne persista pas moins à prendre part aux courses; mais, comme l'avait prévu le jockei, il n'obtint aucun succès. On apprit alors que la pouliche n'avait eu pour père que l'étalon *Morisco*: or, il faut savoir que la saillie de *Morisco* ne se paie que 80 fr., tandis qu'on n'obtient pas à moins de 500 fr. celle de *Merlin*, ce qui est une preuve incontestable de l'immense supériorité de ce dernier étalon. Après cette découverte, M. C*** L*** se considéra comme trompé; il mit la pouliche en fourrière, et assigna la veuve C*** en nullité de vente. La défenderesse appela en garantie M. J***-G*** S***, et celui-ci lord S***.

L'affaire se présenta à l'audience du 11 novembre: Me Girard, agréé du demandeur, soutint la nullité de la vente, en se fondant sur ce que la pouliche n'étant pas, comme on l'avait dit lors du contrat, fille de *Merlin*, le consentement donné par l'acheteur n'était que le fruit de l'erreur, erreur qui avait porté sur une condition substantielle de la convention, et sur ce que la veuve C*** avait pratiqué des manœuvres fraudu-

fient la garantie légale sont appelées *garanties conventionnelles*.

---

leuses sans lesquelles la vente n'aurait pas eu lieu. Mᵉ Locard, agréé de M. S***, attesta effectivement que les certificats d'origine étaient faux, et que M. J***-C*** W*** les avait fabriqués de concert avec la veuve C***, après avoir été chassé des haras de Glatigny.

Mᵉ Auger prétendit que la veuve C*** n'avait pas contracté d'autres obligations que celles qui étaient mentionnées dans le reçu qu'elle avait expédié à M. C*** L***, au moment même de la vente; que, dans ce reçu, elle avait simplement garanti la pouliche *Scud* comme étant de pur sang anglais, sans énoncer de qui cet animal était issu; que les certificats de M. W*** n'avaient été remis que pour l'admission aux courses du Champ-de-Mars, et non pour constater une des conditions de la vente; qu'au surplus, la généalogie ne pouvait constituer qu'une qualité accidentelle, et que ce ne pouvait être une cause de nullité du contrat; que, d'un autre côté, l'acheteur avait fait acte de propriété, en faisant courir *Scud* au Champ-de-Mars, alors qu'il connaissait la fausseté de la généalogie; qu'en conséquence il devait être déclaré non recevable dans son action. Le Tribunal, avant de faire droit, renvoya les parties devant M. Yvart, de l'École vétérinaire d'Alfort, en qualité d'arbitre rapporteur. Cet arbitre pensa que les moyens de la veuve C*** n'avaient aucun fondement solide. Cette dame abandonna son recours en garantie, mais elle persista à soutenir la validité de la vente faite par elle. Le débat ne se trouva plus alors engagé

Dans ce cas, l'acquéreur, pour sa sûreté,

qu'entre elle et M. L***. Après le dépôt du rapport, Me Girard a requis l'adjudication de ses conclusions primitives, Me Auger a également reproduit son système de défense.

JUGEMENT.

Attendu que, dans le commerce des chevaux de luxe, l'origine de ces animaux est de nature à avoir sur leur prix une grande influence;

Attendu que des certificats remis par la dame C***, au moment même de la vente, il résulte pour le Tribunal la conviction que la pouliche a été vendue comme une provenance de l'étalon *Merlin*, et que c'est sur la foi de cette allégation que le sieur L*** a payé le prix de 3,000 fr.;

Attendu qu'il est aujourd'hui reconnu que ces certificats ne sont pas conformes à la vérité, et que l'animal provient d'un autre étalon que celui qui a été déclaré à l'acheteur;

Attendu que, si la pouliche dont s'agit a pris part aux courses, ce qui était sa destination, il n'est pas établi que l'avis donné à l'acheteur sur l'origine de cet animal lui soit parvenu à un autre moment que celui où les courses devaient avoir lieu; qu'il n'a pas eu le temps de faire aucune vérification, et qu'il a pu croire que c'était une ruse pour l'écarter du concours :

Par ces motifs,

Le tribunal déclare la vente nulle; ordonne que la veuve C*** reprendra l'animal vendu, et rendra les

doit exiger que la garantie conventionnelle soit écrite, parce qu'en général la preuve par témoins n'est plus admise quand le prix de l'objet vendu excède la somme de cent cinquante francs (1).

Cette garantie pour un vice ou un défaut en particulier n'exclut pas les autres vices rédhibitoires, elle vient augmenter, au contraire, la somme de ces vices.

La garantie conventionnelle a aussi lieu pour la *durée de la garantie ordinaire*, qu'elle peut prolonger. Ainsi un acheteur, craignant

---

3,000 fr. qu'elle a reçus pour le prix de la vente, et la condamne, en outre, aux dépens, dans lesquels seront compris les frais de fourrière. (*Moniteur du Commerce* du 28 décembre 1831.)

(1) Ceci résulte de l'article 1341 du Code civil, ainsi conçu : « Il doit être passé acte devant notaires, ou
» sous signature privée, de toutes choses excédant la
» somme ou la valeur de cent cinquante francs, même
» pour dépôts volontaires, et il n'est reçu aucune preuve
» par témoins contre et outre le contenu aux actes, ni
» sur ce qui serait allégué avoir été dit avant, lors ou
» depuis les actes, encore qu'il s'agisse d'une somme ou
» valeur moindre de cent cinquante francs.

» Le tout sans préjudice de ce qui est prescrit dans
» les lois relatives au commerce. »

qu'un vice redhibitoire ne se déclare après l'expiration d'un temps de garantie ordinaire, demande au vendeur de prolonger cette durée. Si celui-ci y consent, il est garant du vice si le vice se manifeste pendant l'époque convenue : dans ce cas, le vendeur doit même spécifier que la prolongation de la garantie est pour tel vice seulement, sinon elle s'entendrait pour tous les vices redhibitoires; et lui, vendeur, pourrait devenir responsable de ceux qui se manifesteraient pendant le délai fixé, sans même qu'ils eussent préexisté à la vente.

La garantie conventionnelle est une conséquence du principe, que tout individu est maître de disposer de sa propriété selon sa volonté, pourvu qu'il ne porte de préjudice à personne : elle n'avait pas besoin d'être sanctionnée spécialement.

Il existe une autre garantie conventionnelle, tacite, dans les marchés dits *de confiance*, c'est à dire où l'acheteur n'a pas vu l'objet du marché, et où il s'en est rapporté à la bonne foi du vendeur pour lui procurer un animal capable de remplir un but déterminé.

Dans un marché fait de cette manière, le vendeur devient responsable de tous les défauts ou vices visibles ou non visibles qui empêchent l'animal de remplir le but pour lequel il a été demandé ou qui diminuent beaucoup le prix qu'on était convenu d'en donner. Le vendeur a abusé de la confiance qu'on lui manifestait, il doit porter la peine de cet abus de confiance.

CHAPITRE VII.

LA GARANTIE A TOUJOURS LIEU POUR LES ANIMAUX ATTAQUÉS DE MALADIES CONTAGIEUSES, QUELLES QUE SOIENT LES CONDITIONS DE LA VENTE.

Nous avons déjà vu, page 43, que si le vendeur ne voulait pas se soumettre à la garantie, il en était le maître, en prévenant l'acheteur de son intention, et que l'article 1643 du Code civil confirmait cette convention.

Dans le commerce des animaux, une circonstance arrête l'effet de cette *non-garantie*, c'est dans le cas où les animaux vendus sont attaqués de maladies contagieuses. Une loi spéciale (*Arrêt du Conseil d'État du roi, pour prévenir les dangers des maladies des animaux, et particulièrement de la morve, du 16 juillet* 1784, § vii), dont quelques articles, nécessités par les connaissances du temps, ont excité depuis des réclamations, mais du reste rédigée d'après les plus louables vues d'utilité publique, défend de vendre des animaux *atteints* ou *seulement suspectés* de maladies contagieuses (1).

Cette clause ressortit encore des articles 459, 460 et 461 du Code pénal, qui prescrivent des peines correctionnelles non seulement contre ceux qui auraient laissé communiquer leurs animaux infectés de maladies contagieuses avec d'autres, mais encore

---

(1) Cette loi se trouve à la fin de la brochure intitulée : *Instruction sur les moyens de s'assurer de l'existence de la morve;* par Chabert et Huzard, et dans les *Instructions et observations sur les maladies des animaux domestiques* (ouvrages déjà cités).

5

qui n'auraient pas prévenu l'autorité ou le maire de là commune qu'ils avaient des animaux *soupçonnés d'être infectés* de ces maladies.

De ces lois, qui ont cherché à prévenir tout commerce d'animaux atteints et même seulement suspectés de maladies contagieuses, il résulte évidemment que si un vendeur, tel qu'il soit, vend des animaux sans garantie, cette *non-garantie* ne peut s'appliquer aux maladies contagieuses ; par conséquent, que les animaux qui en sont affectés sont toujours dans le cas de la redhibition.

Dans une vente faite par autorité de justice, l'officier chargé de l'opération ne peut vendre que par ignorance un animal que la loi défend même d'exposer en vente, et, dans ce cas, cette ignorance est une faute qui doit être réparée le plus tôt possible par la résiliation du marché, si cette résiliation est encore possible. Dans le cas contraire, il s'élève une série de questions qui ne sont plus de notre compétence. Notre but est de montrer qu'avant d'exposer des animaux en vente judiciaire, *le commissaire-priseur doit s'assurer qu'ils ne sont point affectés de maladies contagieuses et qu'ils peuvent être vendus.*

Nous avons vu comment l'article 1641 s'exprime à l'égard des vices redhibitoires; nous avons vu qu'il s'énonce on ne peut pas plus clairement, et qu'il met l'acheteur à l'abri de la mauvaise foi du vendeur, autant que cela est possible; nous avons expliqué le sens de l'article 1648, et nous avons démontré qu'en donnant la faculté d'augmenter ou de diminuer la durée de la garantie suivant la nature des vices redhibitoires, il laissait aux tribunaux celle de suivre encore l'usage des lieux sous le rapport de cette durée de garantie; nous avons vu que les lois, les ordonnances, les coutumes, les statuts antérieurs au Code civil et relatifs à la garantie et aux vices redhibitoires étaient abolis de droit; enfin nous avons montré comment la garantie conventionnelle pouvait étendre la garantie légale : il nous reste à examiner quels sont les défauts et les maladies des animaux domestiques qui doivent être au nombre des vices redhibitoires, et dans quelles circonstances; c'est l'objet de la seconde Partie.

DEUXIÈME PARTIE.

CHAPITRE VIII.

DES DÉFAUTS ET DES MALADIES DES ANIMAUX DOMESTIQUES QUI PEUVENT ÊTRE VICES REDHIBITOIRES, ET DES PRÉCAUTIONS A PRENDRE DANS L'EXAMEN DES ANIMAUX QU'ON EN SOUPÇONNE ATTAQUÉS.

Quelques personnes ont prétendu que peu des défauts et des maladies de nos animaux étaient vices redhibitoires, parce que peu étaient cachés pour les gens instruits, dont tout acheteur pouvait employer les lumières. C'est, je crois, une erreur qu'on peut combattre par de bonnes raisons. La première est que le vendeur a souvent des moyens d'en imposer aux yeux exercés, en sorte que le vétérinaire et même le marchand le plus habile sont quelquefois trompés. Une seconde est que dans certains marchés, surtout dans ceux aux chevaux, où la concurrence est considérable par le grand nombre d'acheteurs, ceux-ci donnent à peine le temps d'examiner un animal; ils se contentent de le faire trotter devant eux, et se hâtent de l'acheter, pour qu'un autre ne puisse pas le leur enlever.

D'autres personnes s'autorisant de ce que la garantie, toute favorable qu'elle est à l'acheteur, était encore insuffisante pour l'empêcher d'être trompé dans certains cas, ont avancé que, s'il n'avait pas cette garantie, il prendrait plus de précautions, choisirait mieux, serait moins trompé, et que par là le nombre des contestations, toujours défavorables au commerce, serait diminué.

En convenant que le grand nombre des contestations est nuisible, je crois que la méfiance que l'acquéreur, laissé sans garantie, mettrait dans ses marchés serait encore bien plus défavorable au commerce, et que la certitude que l'acquéreur reçoit, par la garantie, de ne pouvoir être trompé sur les défauts cachés facilite singulièrement les transactions.

Si la multiplicité des contestations en est résultée, leurs inconvénients retombent presque toujours à la charge des vendeurs de mauvaise foi, et le commerce loyal n'en souffre pas.

Enfin, si l'on fait attention que la garantie a été établie, dans les intérêts de l'acheteur, non seulement contre les fraudes, mais encore contre l'ignorance du vendeur, et que les fraudes sont d'autant plus fréquentes que le commerce roule sur des animaux de peu de valeur, achetés souvent par des ouvriers qui placent tout leur avoir pour se procurer un animal avec lequel ils espèrent augmenter leurs gains, tels que les voituriers des grandes villes et les petits cultivateurs, on jugera que la garantie ne saurait trop les protéger.

Combien de fois l'article 1641 ne nous a-t-il pas fourni, à mon père et à moi, le moyen de faire rendre justice à des journaliers qui voyaient enlever en un instant le fruit de plus d'une année d'industrie, lorsqu'ils espéraient la faire valoir davantage en plaçant le fruit de leurs épargnes dans l'acquisition d'un cheval qu'ils croyaient bon et qui était mauvais! L'opinion, *que ces acheteurs auraient pu avant l'achat se convaincre du mauvais état du cheval*, si elle avait été partagée par les tribunaux, aurait laissé les acheteurs dans la plus amère affliction.

Je ne crois même pas que la garantie, étendue à de nouveaux défauts, ait augmenté le nombre des contestations à Paris. En effet, s'il est vrai qu'au moment où les tribunaux ont commencé à faire l'application, au commerce des animaux, des articles du Code relatifs à la garantie, le nombre des contestations s'est augmenté, il ne faut attribuer cette augmentation qu'au changement lui-même dans la législation, changement qui produit toujours des moments d'incertitude et de tâtonnements. Bientôt les vendeurs et les acheteurs connurent leurs droits respectifs ; le nombre des contestations soumises aux tribunaux diminua, et ce nombre, relativement à la consommation d'animaux beaucoup plus forte actuellement qu'elle ne l'était avant la mise en vigueur du Code, est peut-être moins grand qu'avant le Code. Ce qu'il y a de bien positif, c'est que l'on voit peu de ces insignes tromperies, si communes autrefois dans le commerce des chevaux : les mauvais marchands, persuadés qu'elles ne peuvent que rarement leur être avantageuses, s'exposent moins souvent à les commettre.

D'un autre côté, il ne faut pas que le vendeur soit à la merci des caprices de l'acheteur, parce qu'alors ou il cesserait de vendre, ou il trouverait moyen d'éluder la loi par des précautions qui tourneraient certainement au détriment de l'acquéreur. C'est en ménageant ces deux intérêts opposés que je vais parler des défauts et des maladies de nos animaux domestiques qui sont le plus fréquemment *vices redhibitoires*. L'esprit de l'article 1641 du Code civil dirigera l'expert pour tous les cas dont je n'aurai pas fait mention. En parlant de chacun de ces défauts ou maladies, j'indiquerai, autant que possible, les précautions à prendre dans l'examen des animaux qu'on en soupçonne attaqués (1).

---

(1) M. Bernard, professeur à l'École royale vétérinaire de Toulouse, a donné à ce sujet, dans le recueil de Médecine vétérinaire pratique, numéro d'avril 1833,

CHAPITRE IX.

VICES REDHIBITOIRES DANS L'ESPÈCE CHEVALINE.

Immobilité.

Quoique la médecine vétérinaire ait fait

---

page 211, des préceptes généraux si bien basés, que je crois devoir les répéter textuellement ici.

« Voici quelques considérations sur lesquelles doit être fondée, à mon avis, l'adoption des vices redhibitoires des animaux domestiques.

Aux termes des art. 1641, 1642 et 1648 du Code civil, pour être considérée comme redhibitoire, une maladie doit réunir plusieurs conditions principales : 1° elle doit être *cachée* au moment de la vente, de telle sorte que l'acheteur n'ait pu *s'en convaincre lui-même* ; 2° elle doit être grave, et rendre l'animal impropre au service auquel on le destine, ou diminuer considérablement sa valeur ; 3° elle sera susceptible de former la matière d'un procès-verbal ; c'est à dire que les signes caractéristiques en seront nettement dessinés, de manière que tous les experts puissent la reconnaître, et être d'accord sur la nature (nature redhibitoire bien entendu) ; enfin, il me semble qu'on doit

beaucoup de progrès, cependant on trouve

admettre une quatrième condition, à laquelle on n'a presque pas eu égard jusqu'à présent : celle de pouvoir s'encadrer dans un délai fixe ; sans cela, on retombe dans le vague du principe (le plus bref délai) et dans l'arbitraire pour l'application. Je le répète, les tribunaux ne devront pas le permettre. La loi n'a pas la mobilité des opinions médicales.

Les mots *vices cachés* (art. 1641) peuvent donner lieu à diverses interprétations : consultera-t-on la lettre ou l'esprit de la loi? La lettre ; il ne faut admettre que les vices tout à fait inapercevables, même aux yeux les plus exercés ; alors il n'y aura qu'un très petit nombre de vices redhibitoires, ainsi la loi aura manqué le but : elle ne sera utile qu'aux vétérinaires et aux maquignons. Que si l'on consulte l'esprit, sans s'arrêter à la lettre, on verra des vices cachés dans toutes les maladies qui laissent aux animaux une apparence de santé, et qui ne peuvent être reconnues qu'à l'ensemble de symptômes difficiles à saisir, et par un examen spécial qui suppose des connaissances que n'ont pas ordinairement les acheteurs.

Si l'on adoptait la première interprétation, la garantie deviendrait presque illusoire, car elle s'arrêterait à quelques maladies intermittentes ou périodiques, qui sont véritablement cachées dans toute l'acception du

encore, dans l'état actuel de la science, quel-

mot, telles que l'épilepsie et la fluxion périodique, etc.; et l'on raierait du cadre une foule de maladies graves, sur lesquelles l'acheteur sera infailliblement trompé : telles sont la pousse, l'immobilité, la pourriture, la vieille courbature, qui toutes peuvent être plus ou moins facilement reconnues ou aperçues par les gens de l'art.

Si, comme le pensent quelques personnes, les mots *se convaincre par lui-même* (art. 1642) signifiaient par l'acheteur ou son fondé de pouvoir; s'il fallait que chaque acheteur fût assisté d'un vétérinaire, quelles entraves n'apporterait-on pas au commerce? car il faut remarquer que le plus grand nombre des achats se font dans les foires et marchés, qu'ils exigent beaucoup de célérité; et à moins que chaque acheteur ne fût accompagné de son vétérinaire, on n'aurait pas le temps de visiter tous les animaux qui peuvent et doivent être vendus dans l'espace de quelques heures. Ajoutons qu'il y a des maladies qui ne peuvent être aperçues au premier coup d'œil; il faut soumettre l'animal à un exercice prolongé, varier les conditions particulières qui font ressortir les signes de la maladie. Ces animaux, évidemment, ne peuvent être achetés que sur la foi d'une garantie; sinon, les marchés traîneront en longueur, la conclusion en sera suspendue jusqu'après la visite, quelquefois jusqu'au lende-

ques assemblages de symptômes qui ont des

---

main, et les intérêts du marchand sont gravement compromis; car il n'a plus aucune certitude d'avoir vendu, et il aura perdu son temps, et peut-être l'occasion de se défaire de sa marchandise.

On doit donc, ce me semble, adopter l'opinion de Malleville, qui dit que la loi n'est pas seulement pour les maquignons et les vétérinaires, elle est pour tous les acheteurs, les plus habiles comme les moins exercés dans la connaissance des maladies ; et ceux-ci doivent, à plus forte raison, en réclamer les bénéfices. Sur ce point, nous nous trouvons d'accord avec le plus grand nombre des commissions administratives de départements qui ont été consultées pour la rédaction du Code rural. Les auteurs du projet avaient rayé du nombre des cas redhibitoires la pousse et la courbature; presque toutes les commissions en ont demandé le rétablissement, se fondant sur les motifs que nous venons de faire valoir.

L'art. 1641 soulève encore une autre question ; mais celle-là a été entièrement décidée par l'usage, qui n'admet, 1º que les maladies graves qui rendent l'animal impropre au service auquel on le destinait; 2º celles qui diminuent tellement sa valeur, que l'acheteur ne l'aurait pas acquis s'il les lui avait connues. Quant à ces maladies qui se trouvent dans le troisième

dénominations spéciales, sans que la maladie

cas posé par le Code, celles qui mettraient l'acheteur dans le cas de ne donner qu'un moindre prix de l'animal s'il en avait connaissance, c'est avec raison qu'on les a rejetées; elles favorisaient trop le caprice et l'inconstance des acheteurs.

Dans la proposition qu'ils ont à faire des cas redhibitoires, les vétérinaires doivent bien se pénétrer que si la loi a voulu favoriser l'acheteur, dont la condition est bien moins avantageuse que celle du vendeur qui a une connaissance parfaite de la chose, d'un autre côté, dans l'intérêt du commerce, celui-ci ne doit pas être à la merci des acheteurs, ayant déjà à supporter les chances nombreuses qui s'attachent à cette espèce de marchandise, les animaux, qui se détériorent si facilement, et qui consomment souvent sans produire. C'est donc pour nous un devoir d'écarter de la liste des vices redhibitoires tout cas douteux, tous ceux qui peuvent donner matière à discussion, et de n'admettre, en un mot, que les maladies dont la nature est bien connue, sur lesquelles tout le monde est d'accord, et qui, s'encadrant bien dans un délai déterminé, ne peuvent laisser aucun doute sur l'époque de leur développement ou de leur apparition.

Guidés par ces principes, les vétérinaires s'écarteront beaucoup moins des usages qu'on pourrait le

ou les maladies qui les produisent soient bien connues. Quelques uns de ces assemblages de

---

croire d'abord, de cette espèce de loi vivante, comme l'appelle Grenier, que le temps a légitimée et qu'il faut respecter. Si nous trouvons quelques vices qui n'ont point été compris dans les usages, d'un autre côté nous en élaguerons quelques autres qui ont été admis inconsidérément; de sorte que le nombre total restera à peu près le même. Mais c'est surtout l'uniformité que nous réclamons, parce qu'elle est dans la nature des choses, et conforme au principe de l'article 1641.

Il en est de même des délais d'usage : le plus souvent ils sont bien appliqués; mais pourquoi varient-ils dans les différentes localités quand la nature de la maladie ne le comporte pas ? Il faut donc les conserver, en les rendant uniformes et en rapport avec la nature des maladies, suivant les termes de l'art. 1648.

Le délai le plus commun dans l'ancienne jurisprudence était de neuf jours. Ce terme suffit dans le plus grand nombre des cas ; mais il serait évidemment trop court pour quelques maladies, peu nombreuses à la vérité, qui peuvent rester plus longtemps cachées. A mon avis, deux délais pris dans les usages, un bref délai de neuf jours, et un délai de quarante jours, peuvent donc parer à toutes les difficultés, et établir toute la régularité et la justice que comporte la matière. »

symptômes figureront forcément dans ce travail, sous leur ancien nom, parmi les vices redhibitoires : tel est celui qu'on appelle encore l'*immobilité*.

Le cheval est atteint de ce vice quand il est stupide (qu'on me passe cette expression), c'est à dire lourd, inattentif à la voix du conducteur, comme absorbé par une sensation interne; état dont il ne sort que difficilement par une espèce de mouvement convulsif et à la suite de coups qu'il paraît souvent ne pas sentir d'abord ; état dans lequel il retombe aussitôt que la cause qui l'en a fait sortir cesse. L'animal a un *facies* particulier ; il reste à peu près immobile à la place où il se trouve; il prend du foin, le mâche, reste quelques instants sans le mâcher et recommence ensuite cette action ; sa tête est ou basse, ou élevée, presque sans mouvement ; ses yeux sont fixes, la vision peu certaine; les oreilles sont souvent immobiles ; enfin, il est quelques autres signes moins constants, qui dénotent plus particulièrement ce vice aux yeux peu exercés : ainsi l'animal, quand il est échauffé, ne recule que difficilement; souvent même, quand la maladie a fait de grands progrès, il ne peut plus exécuter cette action, si l'on veut l'y forcer : ou il reste tout à fait immobile, ou il se défend, non pas par méchanceté, mais d'une manière qui indique que c'est par douleur; il tourne la tête à droite, à gauche, sans remuer le corps; il se débat si l'on élève trop haut sa tête. Quand on pousse plus loin les tentatives, il se met sur ses jarrets, et les jambes de devant, au lieu de se ployer pour se porter en arrière, restent roides ; les pieds traînent sur le sol (ils labourent la terre, ainsi que disent les marchands), ou décrivent un cercle latéral pour se porter en arrière; enfin les extrémités antérieures restent croisées quand on les a placées l'une devant l'autre : dans le commencement de l'exercice, quelques chevaux paraissent avoir plus d'ardeur et se porter en avant avec plus de vigueur; quelques animaux même ont momentanément des convulsions. Si tous ces symptômes n'existaient pas d'abord, ils ne tardent pas à se montrer quand on accélère et prolonge l'exercice; ils ont en général plus d'intensité quand la maladie qui y donne lieu est plus ancienne.

D'après ces symptômes, on conçoit qu'il peut être difficile, dans les commencements, de les reconnaître, à moins d'un examen spécial, puisque ce n'est souvent qu'après un exercice un peu fort et soutenu quelque temps qu'ils apparaissent. Comment donc reconnaître que le cheval est immobile quand on le fait trotter seulement une centaine de pas, et quand, dans une foire, les marchands se hâtent de conclure leur marché?

L'immobilité rend évidemment le cheval impropre au service pour lequel on le destinait, ou au moins diminue de beaucoup ce service. Qui voudrait, en effet, d'un cheval qui, échauffé, ne peut pas reculer, qui, dans un embarras, pourrait exposer son cavalier ou la voiture, et qui ne pourrait point se tirer d'un mauvais pas? Enfin, l'immobilité est au moins le signe d'une maladie extrêmement grave, qui abrège beaucoup la vie de l'animal, et qui rend par conséquent celui qui en est atteint de peu de valeur. Toutes ces considérations mettent bien l'immobilité dans le cas prévu par l'article 1641 du Code civil, et par conséquent au nombre des vices redhibitoires.

Le défaut de ne pas reculer ne suffit pas pour prononcer que la bête est immobile, parce qu'il y a d'autres causes qui produisent cet effet : par exemple, des harnais mal disposés ou une mauvaise bride ont donné lieu quelquefois à ce refus de la part des animaux : ainsi j'ai vu une jument qui ne voulait pas reculer avec un filet très mince qui lui coupait les barres; elle a reculé aussitôt que je ne me suis plus servi du filet, et que j'ai appliqué simplement la main sur le chanfrein. Des animaux qui ont les barres abîmées, ulcérées par une embouchure mal combinée, refusent encore de reculer sans être immobiles ; et mon père a vu un cheval qu'on voulait faire reprendre comme immobile, et que ses barres, ulcérées et cariées, mettaient dans un état de souffrance tel qu'il se défendait et refusait obstinément d'obéir à l'action du mors.

Quelques jeunes bêtes peu exercées à la voiture ou au chariot refusent de reculer quand elles sont attelées, quoiqu'elles reculent bien quand elles sont libres.

Quelques animaux usés dans leurs jarrets refusent aussi de reculer, par la douleur que cette action leur fait éprouver dans la partie malade.

L'expert ne prononcera que l'animal est immobile qu'après avoir vérifié si ce ne sont pas quelques unes des causes indiquées ci-dessus ou quelques autres qui donnent lieu au vice qu'on lui reproche.

Enfin, des animaux jeunes, même des animaux d'âge, momentanément malades, présentent quelquefois des signes d'immobilité.

L'expert appelé pour constater si l'animal doit être placé dans le cas de la redhibition pour l'immobilité, et incertain du jugement à porter, demandera que le cheval soit mis en fourrière et traité convenablement pendant quelque temps, pendant dix ou quinze jours, par exemple, et aura ainsi le moyen de prononcer avec connaissance de cause sur l'existence ou la non-existence des symptômes qui caractérisent ce vice.

Tic.

On appelle de ce nom toute habitude particulière à un animal et qu'il a contractée soit par imitation, soit, ce qui est le plus ordinaire, par une cause inconnue : ainsi l'habitude, à l'écurie, de porter alternativement et rapidement la tête à droite et à gauche est appelée *le tic de l'ours*. Mais cette habitude, ainsi que plusieurs autres que je m'abstiens d'indiquer, ne porte aucun préjudice à l'animal, ne diminue point les services qu'on en attend, et ne peut pas être comptée, par conséquent, au nombre des vices redhibitoires.

Il en est une autre, la plus commune de toutes peut-être, que l'on a nommée plus particulièrement *le tic*, et qui a des inconvénients réels ; c'est elle qui doit nous occuper ici.

L'animal appuie, sur le râtelier, sur la mangeoire, ou sur le timon de la voiture, les dents de l'une ou de l'autre mâchoire, plus particulièrement celles de la mâchoire supérieure, et par une contraction assez remarquable dans les muscles de l'encolure, même par une contraction de ceux de la poitrine et de l'abdomen, surtout dans ceux de la face inférieure de l'encolure, il fait entendre par la bouche une espèce de bruit, de flatuosité ou de rot plus ou moins fort. Quelquefois même il exécute cette action sans appuyer les dents sur aucun corps, il *tique en l'air*, comme on dit vulgairement.

Si cette habitude ne produit pas toujours de mauvaises digestions, elle en est assez souvent le résultat; quelquefois même on l'a remarquée dans des animaux affectés de vices organiques du canal alimentaire : elle déprécie donc beaucoup ceux qui en sont atteints.

Quand elle existe depuis quelque temps, le bord externe des incisives est usé, et l'on reconnaît facilement ce vice en examinant l'âge. Quand les dents ne sont pas usées, ce qui arrive lorsque l'affection n'est pas encore très ancienne et surtout lorsque l'animal tique en l'air, on ne peut pas reconnaître le vice si l'on n'examine pas l'animal longtemps d'une manière spéciale.

A Paris, *le tic*, celui dont je viens de parler, *non apercevable à l'usure des dents*, était déjà autrefois dans les vices redhibitoires, et cet usage était basé sur la justice; mais ailleurs, ce nom, commun à plusieurs vices, donnait lieu à un arbitraire qui ne peut plus exister. Le Code, en spécifiant que le vendeur est tenu des défauts cachés de la chose vendue, qui diminuent tellement son usage que l'acheteur ne l'aurait pas acquise, ou n'en aurait donné qu'un moindre prix s'il les avait connus, a coupé court à toute espèce de doute : ainsi *le tic* sur l'auge, sur la longe, sur le timon, sur l'avoine, qui est accompagné de bruit guttural ou rot, par cela qu'il déprécie l'animal, et qu'il ne peut pas toujours être apercevable au moment de la vente, est dans les vices redhibitoires *toutes les fois qu'il n'est pas visible à l'usure des dents*. Au contraire, si les dents sont usées, *le tic* n'est plus caché et ne peut être compris dans l'article 1641 : l'acheteur ne peut même pas prétexter cause d'ignorance ; on n'achète pas un cheval sans être capable de reconnaître son âge ; et toute personne qui connaît l'âge d'un cheval connaît en même temps l'usure que le tic fait éprouver aux dents. Si elle achète un animal sans pouvoir distinguer son âge, alors elle court de plein gré tous les risques d'être trompée. *Le tic* apercevable à l'usure des dents n'est donc pas redhibitoire. Cependant l'on a prétendu qu'il devait donner lieu à la redhibition, *parce que les acheteurs de chevaux, n'étant pas obligés d'être connaisseurs, n'étaient pas tenus de connaître l'usure des dents, qui indique le cheval tiqueur.* En adoptant une pareille raison, tous les défauts apparents deviendraient vices redhibitoires, et il suffirait de prouver qu'on n'est pas vétérinaire pour être en droit de faire reprendre tout animal qui ne serait pas parfait. Cette opinion n'est donc pas admissible.

L'ancien usage de Paris n'accordait que vingt-quatre heures pour la durée de la garantie *du tic;* mais si, dans cet espace de temps, on peut quelquefois reconnaître le vice, quelquefois aussi on ne le peut pas, parce que l'animal, placé dans une localité et dans des circonstances nouvelles, cesse momentanément de se livrer à sa mauvaise habitude : l'acheteur, d'ailleurs, n'a pas le plus souvent la facilité de se mettre en mesure de faire reprendre l'animal : la durée de la garantie devait donc être plus longue; c'est ce qui est adopté maintenant et depuis longtemps à Paris.

Le 9 décembre 1818, le sieur Parent, marchand-sellier à Paris, rue Saint-Victor, acheta une jument du sieur Letulle fils, marchand de chevaux. La jument était bègue ; les dents de la mâchoire supérieure outre-passaient celles de la mâchoire inférieure, et une pince supérieure avait un petit éclat. Le sieur Parent, s'étant aperçu que la jument tiquait, se mit en mesure de la faire reprendre au vendeur, et mon père fut nommé par le tribunal de commerce pour visiter la jument et donner son avis. Voici la fin de son procès-verbal et ses motifs, que le tribunal a adoptés :

« J'ai procédé à la visite de la jument, qui m'a paru être en bon état de santé : attachée dans ma cour par la longe du licou, elle est restée parfaitement tranquille et n'a donné, pendant longtemps, aucun indice qu'elle tiquait ; je l'ai fait conduire dans l'écurie, et là, après quelques instants, j'ai remarqué qu'elle prenait le bord supérieur de l'auge à pleines dents, qu'elle faisait un mouvement convulsif de l'encolure en rotant, ce qu'elle répétait de temps en temps et bien plus fréquemment en mangeant du foin ; j'ai examiné derechef les dents, et je n'y ai trouvé aucune trace qui indiquât que la jument avait ce *tic*, l'éclat du bord externe de la pince supérieure droite pouvant être accidentel et étranger à ce vice, qui est évidemment caché, antérieur à la vente et nullement du fait de l'acheteur; pour quoi j'estime, aux termes des articles 1641 et 1648 du Code civil, que le sieur Parent doit être autorisé à former sa demande en rescision de ce marché et en restitution du prix qu'il a payé, etc. »

On a appelé encore *tic* le goût dépravé de manger de la terre. C'est la suite, il paraît, d'affections chroniques de l'estomac ou des intestins : comme ces affections font périr un grand nombre des animaux qui en sont atteints, comme elles sont cachées au moment de la vente, comme elles datent toujours alors d'une époque reculée, et qu'elles laissent quelque temps l'animal dans un état apparent de santé, le tic de manger de la terre déprécie extrêmement l'animal et se trouve évidemment dans le cas prévu par l'article 1641.

Quelques chevaux mordent le râtelier ou la mangeoire lorsqu'on les étrille; souvent même ils mordraient le palefrenier s'ils n'étaient pas attachés court : les dents incisives éprouvent une usure particulière de cette action, mais il est assez facile de la distinguer de celle occasionnée par *le tic*. Les dents, au lieu d'être usées en biseau régulier, sont éclatées très irrégulièrement. Il est presque inutile de dire que ce n'est qu'un léger inconvénient, qui ne peut être vice redhibitoire.

Animal rétif, ombrageux ou méchant.

Un animal qui, au moment de la vente, paraît docile est quelquefois à peine sorti des mains du vendeur, qu'il se refuse au service pour lequel il a été acheté, et qu'il devient dangereux pour les personnes qui veulent s'en servir ; un autre qui s'emploie assez bien pendant une heure ou deux, pendant même toute une journée, dans un autre instant se refuse au service ; il se jette à droite, à gauche, recule au lieu d'avancer, ou s'emporte ; enfin d'autres, plus dangereux encore, cherchent à frapper avec leurs pieds, ou à saisir avec leurs dents les personnes qui les approchent. De pareils animaux, loin de remplir les vues de l'acheteur, peuvent lui occasionner des dommages infinis, puisqu'ils peuvent le blesser ou le tuer : certes, de tels défauts, quand ils peuvent être cachés au moment de la vente, sont au nombre de ceux prévus par l'article 1641 du Code.

En effet, le marchand, par la connaissance de l'animal, par l'habitude qu'il a de le manier, par la crainte qu'il a su lui inspirer, par la manière de le harnacher, de le tenir, parvient à le dompter, à le mater assez fortement, pour qu'entre ses mains, ou en sa présence, l'animal ne paraisse pas rétif, pour qu'on puisse même l'exercer au service pour lequel il semble propre, et pour que l'acquéreur termine le marché sans se douter des pernicieuses habitudes que l'animal a contractées.

M***, docteur en médecine, résidant à Puteaux, près de Paris, acheta, dans le commencement de février 1823, d'un marchand de chevaux de Paris, un cheval de cabriolet; il l'essaya à son cabriolet, auquel le marchand l'avait attelé, et de suite l'amena chez lui. Le lendemain, en voulant le brider, il lui fut impossible de le faire, quoique l'animal ne cherchât ni à frapper ni à mordre, et quoique les meilleurs traitements fussent employés par l'acheteur. Celui-ci se crut lésé et se mit en mesure de faire reprendre le cheval. Je fus nommé expert pour constater si l'animal avait un vice redhibitoire. Je mis tous les soins imaginables pour le brider; je n'employai que la douceur et les caresses, et soit à l'écurie, soit dans la cour, attaché à la muraille, soit tenu en main par la longe du licou, je ne pus y parvenir. Plusieurs fois je faillis être pressé contre les murs ou renversé sous le cheval, qui se jetait rapidement d'un côté ou de l'autre, s'enlevait sur les pieds de derrière, portait la tête en arrière en tirant fortement sur la longe, et en secouant la tête vivement à droite et à gauche sans cependant chercher à frapper ou à mordre.

Je n'hésitai point à mettre ce défaut au nombre des vices redhibitoires, parce que le marchand avait affirmé que le cheval était bien dressé. Le marchand, persuadé qu'il défendait une mauvaise cause, ne voulut pas attendre la décision du tribunal, il reprit son cheval. C'était à lui, avant de vendre, à faire passer cette mauvaise habitude ou à en prévenir l'acheteur.

Une mauvaise vue est la cause qui rend le plus de chevaux rétifs. (Voyez plus loin *Fluxion périodique* et *Amaurose*.)

En supposant que le cheval rende parfaitement les services pour lesquels on l'achète, la raison de méchanceté le place encore dans le cas de la redhibition, puisqu'il peut apporter, au lieu de bénéfices, les plus grands dommages. Mon père n'a jamais balancé à mettre ce défaut au nombre des vices redhibitoires, toutes les fois que l'acheteur n'en avait point été prévenu, et les tribunaux de Paris ont confirmé cette manière de voir (1).

Un autre cas se présente encore : des juments, au moment des chaleurs, sont quel-

---

(1) J'aurais pu rappeler ici des circonstances où le vice de méchanceté a été regardé comme devant donner lieu à la redhibition, ainsi que je viens d'en citer une où un cheval rétif a été regardé par le marchand lui-même comme devant être repris ; mais la crainte de rendre volumineux cet ouvrage en donnant des exemples ou inutiles, ou dont l'identité ne pourrait pas être toujours parfaite, m'a fait restreindre le nombre de ces citations.

quefois très dangereuses à approcher et à harnacher, et cela, dans quelques unes, par moments seulement; en sorte qu'un jour on peut en faire tout ce que l'on veut, tandis que le lendemain on ne peut souvent plus en approcher : ce défaut rentre entièrement dans le cas de méchanceté, et le vendeur doit être tenu de la garantie quand il n'en a pas prévenu l'acheteur.

Quelques chevaux craintifs pourraient devenir dangereux par le fait d'un acheteur qui, ayant acheté un animal dont il ne serait pas content, le rendrait méchant par de mauvais traitements, dans la vue de pouvoir forcer le vendeur à le reprendre. Le premier devoir de l'expert appelé pour constater le vice de méchanceté est donc de s'assurer si l'animal n'est pas devenu méchant par la brutalité ou par le fait de l'acheteur : dès qu'il s'est aperçu que les mauvais traitements ne sont pour rien dans le défaut de l'animal, il peut prononcer en toute sûreté; s'il n'a pas cette certitude, il doit demander que l'animal soit mis quelque temps hors des mains de l'acheteur et du vendeur, en main tierce : de cette manière, il pourra constater positivement d'où provient le vice dont l'animal est affecté.

Boiteries.

Les boiteries sont des défauts qui donnent souvent lieu à des contestations dans le commerce des chevaux : il n'est pas besoin de faire sentir combien elles déprécient les animaux, et combien est trompée la personne qui, croyant acheter un cheval droit, achète un cheval boiteux : voyons donc dans quels cas les boiteries peuvent être redhibitoires.

Toute boiterie apercevable au moment de la vente, toute boiterie postérieure à la vente, ne peuvent être redhibitoires ; il ne peut y avoir redhibition qu'à l'occasion de la boiterie qui aura été antérieure à la vente, et qui aura pu ne pas être apercevable au moment où le marché se faisait. Plusieurs espèces de boiteries sont dans ce cas : on les nomme ordinairement *boiteries de vieux mal*. Je vais parler de chacune en particulier.

Première espèce de boiterie.

Des chevaux qui ont eu des boiteries, soit

à la suite d'efforts articulaires ou musculaires, soit à la suite de blessures, boitent quelquefois au moment où ils sortent de l'écurie, tandis qu'après un travail ou un exercice plus ou moins long ils ne boitent plus : c'est la boiterie que les marchands appellent *boiterie à froid,* quelle que soit l'extrémité malade, quelle que soit la partie affectée, soit même qu'on ne puisse pas reconnaître cette partie.

Il est facile à une personne qui veut se défaire d'un pareil cheval de l'exercer jusqu'au moment où il ne boitera plus, ou si elle n'a pas le temps de lui faire prendre l'exercice suffisant, de le tourmenter, de le tracasser au sortir de l'écurie, de manière qu'il ne puisse marcher à aucune allure franche et que la boiterie ne puisse être apercevable. Si le cheval est vendu avec garantie, l'acheteur est trompé : ce défaut est donc évidemment dans le cas de la redhibition ; heureusement il est assez facile à constater par l'expert.

Ainsi, la boiterie ne paraissant qu'après un repos plus ou moins prolongé et diminuant à mesure de l'exercice, l'animal ne devra plus boiter, au moins d'une manière marquée, après quelque temps de travail, tandis qu'il devra recommencer à boiter après un repos longtemps continué. L'expert n'aura donc qu'à faire passer successivement l'animal du repos à l'exercice et de l'exercice au repos.

En général, dans tous les cas de boiterie, même dans ceux où la cause et l'endroit malade sembleraient connus, l'expert aura le soin de faire déferrer et parer le pied de l'extrémité boiteuse, afin de s'assurer s'il n'y a pas quelque point douloureux dans le sabot. En effet, rien n'est plus insidieux souvent que les signes de boiterie, et quoiqu'il n'y ait pas de chaleur au sabot, quoique la boiterie paraisse avoir sa cause dans tout autre endroit de l'extrémité, on est étonné quelquefois d'y trouver des lésions, particulièrement des bleimes, qui en sont la cause accidentelle et presque toujours momentanée (1).

---

(1) Il y a des chevaux à pieds délicats, qui ont toujours des bleimes, malgré les soins et la ferrure les mieux entendus : on reconnaît les pieds qui sont sujets

Cette précaution devient bien plus essentielle quand le cheval a été ferré depuis l'achat : alors plusieurs accidents récents, suites de la ferrure, et que tous les vétérinaires connaissent, tels que des clous enfoncés trop près des tissus internes de la corne, des fers mal ajustés, une sole brûlée par l'application d'un fer trop chaud sur le sabot, peuvent être la cause de la boiterie. Certains marchands de chevaux le savent si bien que, lorsqu'ils ont un cheval affecté d'une boiterie de vieux mal

---

à ces accidents, en ce que leur corne est plus molle, mais surtout en ce que la sole est presque toujours affectée simultanément de bleimes récentes et de bleimes anciennes, dont les dernières sont reconnaissables aux traces rougeâtres qu'elles laissent dans la sole déjà morte, qui ne reçoit plus de nourriture. Comme ces bleimes tiennent à une cause toujours existante, mais cachée, elles rentreraient dans les vices redhibitoires, si elles faisaient boiter momentanément l'animal ; mais, dans ce cas, le vendeur ne se défait du cheval que lorsqu'il est ferré convenablement, lorsqu'il y a certitude que la ferrure ne le fera pas boiter de longtemps : alors la durée ordinaire de la garantie s'écoule avant que la boiterie ait paru. Je ne crois pas que ce cas ait donné lieu à contestation.

constamment visible, ils le vendent avec une ferrure neuve ou même ancienne, mais mal faite, au pied de l'extrémité dont l'animal boite, afin de pouvoir dire que l'animal boite par le fait de cette ferrure, d'ajouter qu'une nouvelle ferrure fera disparaître certainement la boiterie, et afin qu'en traînant ainsi en longueur ils puissent amener l'acheteur à l'expiration ordinaire du temps de la garantie. Le marchand appelé en garantie pour un cheval boiteux manque rarement d'émettre ces dires : comme ils peuvent être vrais quelquefois, l'expert doit donc toujours déferrer le sabot pour examiner cette partie avec la plus sévère attention.

Feu le professeur Gohier rapporte qu'un marchand qui voulait cacher une boiterie de vieux mal avait fait une petite blessure au sabot, afin de pouvoir dire que la boiterie provenait de cette blessure légère : il est bon de faire connaître de pareilles fraudes.

Lorsque l'expert aura bien reconnu qu'il n'y a pas de causes récentes de boiterie, il relatera dans son procès-verbal ce qu'il a fait, urtout la manière dont il aura exercé l'animal, et il pourra dire qu'il pense qu'il y a lieu à redhibition.

Le sieur B., garde-du-corps du roi, avait acheté, dans le mois d'avril 1824, une jument avec la garantie d'usage; il crut s'apercevoir qu'elle boitait à froid du membre antérieur gauche, il se mit en mesure de la faire reprendre; je fus nommé pour visiter la bête, et je me transportai à la caserne de Belle-Chasse, où elle était.

J'examinai cette jument et je reconnus, à l'écurie, qu'elle se posait également sur l'un et l'autre membre antérieur; que les sabots de ces extrémités étaient vieux ferrés, assez bien conformés, sans chaleur, sans douleur, et le reste des extrémités jusqu'au bras sans lésion, sans cause apparente de boiterie; que la bête était cependant déjà un peu usée et droite sur ses boulets. Hors de l'écurie, au trot régulier et soutenu à la main, elle boitait évidemment, quoique légèrement, de l'extrémité antérieure gauche; elle précipitait le mouvement de l'extrémité droite et frappait plus fortement le pavé de cette extrémité que de l'autre, de manière à faire entendre de l'irrégularité dans le bruit de percussion ; enfin cette boiterie était apercevable quelquefois aux mouvements de la tête. Elle disparaissait sous l'homme lorsque la bête était tenue en main et rassemblée entre les jambes. Elle reparut, après que j'eus fait tourner la jument brusquement et fortement sur l'une et l'autre extrémité, pour disparaître de nouveau après un instant d'exercice. Le sabot, sondé, frappé et visité de toute manière, ne donnait aucun signe de douleur et ne présentait aucune lésion récente ; mais en touchant et regardant de plus près l'épaule gauche, j'aperçus au bas, sur la partie supérieure du bras, une dépression de plusieurs centimètres de hauteur, contre nature, que la couleur de la robe dérobait facilement aux yeux, qui était évidemment la suite de quelque blessure ancienne et qui pouvait être cause de la boiterie, aucune autre ne se faisant remarquer. J'estimai que la jument était réellement boiteuse de l'extrémité antérieure gauche, que cette boiterie était apparente à froid, qu'elle pouvait être facilement masquée par l'exercice sous l'homme, qu'elle était ancienne, une de celles dites de vieux mal, par conséquent antérieure à la vente et redhibitoire.

Le mouvement convulsif des extrémités postérieures, connu sous la dénomination d'*éparvin sec*, quand il n'existe que momentanément au commencement de l'exercice, rentre dans ce cas, quelle que soit sa cause. C'est évidemment une boiterie de vieux mal à froid. Si cet accident ne diminuait rien de la valeur *réelle* de l'animal, c'est à dire s'il ne rendait pas celui-ci moins propre au service, il n'y aurait pas lieu à placer l'éparvin sec au nombre des vices redhibitoires ; mais, comme en faisant souffrir l'animal, il est cause d'une fatigue arrivant beaucoup plus tôt, et que la durée du service s'en trouve diminuée ; comme aussi l'animal, par suite de l'éparvin sec, arrive beaucoup plus sûrement à une ruine prématurée, il en résulte que l'animal se trouve d'une valeur réelle et commerciale moindre, et qu'il rentre dans le cas prévu par l'article 1641 du Code civil.

Deuxième espèce de boiterie.

Il arrive, à l'égard de quelques chevaux

dont les articulations sont fatiguées, que l'exercice les rend boiteux pour un laps de temps plus ou moins long, et que le repos les remet droits jusqu'à ce qu'un nouvel exercice vienne les rendre boiteux de nouveau. Quelquefois il suffit d'un repos de quelques heures pour faire disparaître la boiterie, mais quelquefois aussi il faut un repos de plusieurs jours. C'est la boiterie qu'on appelle vulgairement *boiterie à chaud*. Un marchand qui veut se défaire d'un animal qui se trouve en pareil cas attend qu'il soit bien redressé et il le met en vente. La personne qui veut l'acheter lui fait faire un peu d'exercice; elle le trouve bon, elle l'achète. Un jour ou deux après, elle le pousse un peu davantage; le cheval boite. Le lendemain, en sortant de l'écurie, il ne boite plus; mais la boiterie reparait après un nouvel exercice, et la personne se met en mesure de faire reprendre le cheval.

Dans un pareil cas, l'expert n'est quelquefois pas plus embarrassé que dans le cas précédent, il suffit de faire exercer l'animal jusqu'à ce qu'il boite et de le faire reposer ensuite quelques heures, ou mieux une nuit, pour que la boiterie cesse et ensuite recommence avec un exercice prolongé : deux jours au plus d'examen lui suffisent donc pour reconnaître la nature de la boiterie.

Mais il est rare que cette espèce de boiterie se présente d'une manière aussi simple. Le cheval, au lieu de boiter après l'exercice, ne boite souvent que le lendemain en sortant de l'écurie ; ou s'il a déjà boité pendant l'exercice, il lui faut plus d'une nuit et souvent même plus d'un jour pour se remettre droit. Dans ce cas, la boiterie ressemble bien à une boiterie fortuite, et il est assez difficile pour l'expert de l'en distinguer ; mais l'acheteur, persuadé, par la manière dont le cheval a été conduit et par des renseignements, que la boiterie est ancienne, se met en mesure de faire reprendre le cheval, et se présente chez l'expert nommé, qui trouve le cheval boiteux soit à froid, soit échauffé.

L'acheteur prétend que c'est une boiterie de vieux mal.

Le vendeur, de son côté, avance que la boiterie est récente, qu'elle est du fait de l'acheteur, qui a forcé ou estropié l'animal.

Comme c'est quelquefois le cas, l'expert, qui ignore les antécédents, se trouve fort embarrassé, et il ne peut pas prononcer de suite qu'il y a ou qu'il n'y a pas vice redhibitoire.

La première chose qu'il doit faire est de demander que l'animal soit mis en fourrière en main tierce, afin d'être visité par lui plusieurs fois et quand il le jugera convenable. Ces visites doivent être répétées et les parties y être appelées, pour qu'elles fassent toutes les observations qu'elles croiront utiles à leurs intérêts, et pour qu'elles n'accusent pas l'expert d'arbitraire. Le temps, les examens divers à froid, à chaud, après un repos prolongé de plusieurs jours, les discussions même qui s'élèveront entre les parties, éclairciront bien des doutes. L'expert émettra son opinion quand ils seront tous levés, en détaillant bien les raisons qui lui font adopter plutôt l'une que l'autre.

S'il ne peut pas parvenir à ce résultat, ce qui peut arriver quelquefois, il se contentera de relater dans son procès-verbal tout ce qu'il aura fait, toutes les précautions qu'il aura prises, et il laissera aux juges à prononcer s'il y a vice redhibitoire. Son soin devra être de rédiger son procès-verbal de manière à leur mettre devant les yeux le point douteux de la question. (Voyez, troisième Partie, les conclusions du procès-verbal ; n° 7.) Quelquefois, dans ce cas, il n'y aura d'autre moyen pour le tribunal de découvrir la vérité que de demander à l'acquéreur les preuves que l'animal a boité avant la vente. Les parties voulant, dans quelques cas, soumettre ces preuves à l'expert, il se ressouviendra qu'il n'est appelé à prononcer sur leur validité que lorsque le tribunal l'y a autorisé : dans tous les cas, il relatera toujours ce que les parties lui auront dit, sans juger ces dires.

Troisième espèce de boiterie.

Il y a des chevaux qui boitent, et de la boiterie desquels on ne s'aperçoit pas si on les essaie à un seul genre de travail : ainsi il arrive quelquefois qu'un cheval attelé, et pour ainsi dire soutenu par les harnais ou les brancards, ne paraît pas boiteux, quoiqu'il le soit réellement et manifestement quand il n'est plus attelé ou quand il est exercé sous l'homme. Dans ce cas, il y a encore lieu à la redhibition si l'acheteur n'a vu le cheval qu'au genre de service où la boiterie n'est pas visible, et s'il ne l'a pas essayé autrement. Si, au contraire, il l'a essayé, s'il a pu se convaincre par lui-même du défaut, il ne peut plus revendiquer en sa faveur l'application de l'art. 1641 du Code civil. C'est donc la manière dont s'est faite la vente, ou plutôt l'essai de la chose vendue, qui détermine si le cas doit être redhibitoire, ou s'il ne doit pas l'être.

L'expert fera essayer l'animal de différentes manières; il notera ce qu'il fera et observera; il relatera surtout les dires de l'acquéreur et du vendeur relativement à l'essai lors de la vente, et s'ils sont d'accord que l'animal n'a été essayé que d'une manière, que de celle où la boiterie n'est pas apparente, il pourra prononcer qu'il y a vice redhibitoire : mais le plus souvent le vendeur ne conviendra pas de la manière dont l'essai a eu lieu; et comme l'expert n'est point juge des dires des parties, mais seulement de l'existence du vice reproché à l'animal, comme l'acquéreur lui-même peut nier la manière dont l'essai a été fait, l'expert se contentera de relater son expertise et les dires contradictoires des parties. Si le tribunal veut le rendre juge de la validité de ces dires, il renverra les parties une seconde fois devant lui, et au lieu d'un simple procès-verbal de visite, il lui demandera un rapport : alors le vétérinaire deviendra arbitre. (Voyez, troisième Partie, *Des arbitrages*, chapitre XVI.)

Quatrième espèce de boiterie.

Les boiteries alternatives, c'est à dire les boiteries à chaud ou à froid, sont quelquefois dues à des défauts visibles, dont l'acheteur a pu se convaincre. Ainsi une boiterie, soit à froid, soit à chaud, est due souvent ou à un suros placé sur le canon près les tendons, ou à un jarret cerclé, ruiné, etc. Ce cas a été le sujet de contestations, et le vendeur a prétendu que, puisque la cause était apparente, le vice ne devait pas, aux termes de l'article 1641, être placé au nombre des vices redhibitoires. Comme tout jarret cerclé, comme tout suros ne sont pas cause de boiterie, ou autrement, comme la boiterie n'est pas une conséquence invariable de ces défauts ou de tout autre semblable ; comme, par cette raison, l'acheteur peut fort bien consentir à acheter un cheval avec un jarret un peu malade ou avec un suros, et qu'il ne veuille pas l'acheter avec une boiterie (1) ; comme aussi il faut se connaître en chevaux pour reconnaître des articulations qui sont malades, d'une manière grave, il semble dans l'intérêt de la garantie que toutes ces boiteries, *dès qu'elles ont pu disparaître momentanément par le repos et par des soins pour reparaître ensuite*, devraient donner lieu à la redhibition. Le plus souvent, les tribunaux ont prononcé la résiliation ; quelquefois cependant ils ont sanctionné le marché. La forme peut-être a emporté le fond.

Dans ce cas encore, l'expert demandera que l'animal soit mis en fourrière. Il l'examinera à des intervalles différents, et quand il sera bien convaincu de la nature et de la

---

(1) Tous les jours, c'est le cas dans le commerce des chevaux de trait.

cause de la boiterie, il expliquera clairement dans son procès-verbal ce qui existe, ce qu'il a fait, ce qui en a résulté, et il laissera le tribunal prononcer sur la redhibition (voyez, troisième Partie, le procès-verbal, n° 7), à moins que le tribunal ne lui ait demandé de se prononcer.

Dans ces différents examens, à des intervalles plus ou moins longs, le vétérinaire ne doit pas oublier que, s'il doit bien éclairer sa conscience, il doit aussi prendre les intérêts des parties, en ne multipliant pas trop ses examens, et en ne prolongeant pas la fourrière, toujours très coûteuse, au delà de ce qu'il est strictement nécessaire de le faire.

Cinquième espèce de boiterie.

Les maladies du sabot anciennes, et qui donnent lieu souvent à des boiteries momentanées, peuvent être cachées par la ferrure. De pareilles maladies mettent tout naturellement l'animal qui en est atteint dans le cas prévu par l'article 1641, quand même il n'y aurait pas boiterie; il suffit qu'elles déprécient beaucoup l'animal : j'en citerai deux exemples.

1°. M. Deshon, Anglais, avait acheté d'un marchand de Paris, en décembre 1823, une jument de selle; il l'essaya assez vigoureusement le lendemain de l'achat, et en rentrant il crut s'apercevoir qu'elle boitait légèrement de l'extrémité antérieure gauche; le surlendemain, dans certains moments, la bête boitait manifestement, elle ne boitait pas dans d'autres; l'acheteur présenta une requête au tribunal de commerce, et je fus nommé pour visiter la jument. L'extrémité malade explorée ne présentait rien, et la manière dont l'animal boitait indiquait que la boiterie était dans le pied; cependant il n'était pas plus chaud que l'autre et paraissait très sain : je le sondai avec les tricoises et je reconnus de la douleur dans le quartier interne; je le fis déferrer, et je trouvai, le fer étant enlevé, que la sole était désunie de la paroi dans une longueur de 4 à 5 centimètres; ce qui formait un vide de quelques millimètres de largeur et de profondeur. Une légère pression sur la sole à cet endroit occasionnait de la douleur; le quartier, par l'action de déferrer, était devenu chaud et plus douloureux. Cette cavité paraissait être la suite d'une ancienne suppuration, elle était évidemment antérieure à la vente, cachée au moment du marché, elle était la cause de la boiterie, elle dépréciait beaucoup la jument, qu'elle pouvait faire boiter à la suite de tout exercice un peu fort. Je n'hésitai pas à prononcer que cet accident mettait l'animal dans le cas de la redhibition.

2°. Une personne avait acheté un fort et beau cheval de trait. Les pieds étant vieux ferrés, et les fers couverts et longs en talons, cette personne voulut, deux ou trois jours après l'achat, faire ferrer l'animal. Le maréchal, en déferrant un des pieds de derrière, trouva, à l'un des talons, l'ulcère nommé vulgairement *crapaud* (1); il remit le fer à sa place, et conseilla à l'acheteur de présenter une requête au tribunal de commerce, pour faire constater par un vétérinaire si le mal devait être compris dans les vices spécifiés par l'article 1641 du Code civil, s'il devait être redhibitoire.

---

(1) C'est un ulcère chronique qui attaque la corne du pied, et qui est fort difficile à guérir.

Le cheval ne boitait pas, et le fer couvrait tellement bien la place du crapaud, qui était au talon et qui commençait à désunir la muraille d'avec la sole dans un espace de 5 centimètres environ, qu'on n'apercevait rien. Le fer enlevé, la plaie présentait ces végétations cornées, filamenteuses, et laissait échapper cet ichor putride, qui distinguent particulièrement l'ulcère; ce n'était qu'en regardant bien attentivement le pied extérieurement qu'on s'apercevait qu'il était un peu plus volumineux que l'autre. Il fut constant pour moi que le vice était caché au moment de la vente, qu'il diminuait de beaucoup la valeur de l'animal, et que, par ces raisons, il devait être regardé comme vice redhibitoire. Le marchand, n'osant pas soutenir la contestation, reprit l'animal sans attendre le jugement du tribunal de commerce.

Morve.

Que la morve soit une affection locale des cavités nasales; qu'elle soit un des symptômes d'une lésion du système lymphatique; qu'elle soit même une des suites ou un des symptômes de l'affection tuberculeuse; qu'il y ait plusieurs espèces de morves, de contagieuses et de non contagieuses, il n'est malheureusement que trop certain que l'animal qui présente la série des symptômes ainsi dénommés est sans aucune valeur, puisque jusqu'à présent on n'a point de moyen sûr de guérison, et puisqu'on doit éloigner cet animal des autres, tant qu'il ne sera pas prouvé qu'il n'y a pas de contagion à craindre : la personne qui est parvenue à vendre un tel animal a donc trompé l'acheteur. Reste à savoir, pour placer ce vice au nombre de ceux redhibitoires, s'il peut être caché au moment de la vente.

L'animal affecté peut paraître jouir d'une bonne santé, il peut même être quelquefois en état d'embonpoint, et le symptôme le plus apparent est un jetage de matières puriformes par un ou par les deux naseaux : or, rien n'est plus facile à faire disparaître au moment de la vente; et bien rarement un cheval a été vendu avec les naseaux salis de pus. Ajoutons que le flux de pus par les naseaux cesse souvent momentanément pour reparaître ensuite; qu'on parvient même, par des remèdes, à le suspendre pour un temps; enfin que ce flux de pus ressemble quelquefois momentanément à celui qui se déclare à la suite de l'invasion d'une maladie récente peu dangereuse, à celui d'un catarrhe nasal ou trachéal aigu, par exemple.

Les autres signes sont l'engorgement des glandes lymphatiques situées dans l'auge, et l'apparition d'ulcères chancreux sur la membrane interne du nez; mais il faut être vétérinaire pour connaître ces signes : de plus, si l'acheteur manifeste la plus légère crainte, il est de suite rassuré par le marchand, qui garantit verbalement l'animal de la morve. Aucun vice n'est donc, à plus juste titre, placé parmi les vices redhibitoires.

D'un autre côté, si l'on fait attention que la morve a été regardée jusqu'à présent comme contagieuse; qu'il y a des expériences et des faits nombreux qui paraissent prouver cette contagion; que l'opinion contraire n'est pas encore générale, et que la morve a été désignée spécialement dans l'arrêt du conseil d'état du roi du 16 juillet 1784, déjà cité, elle sera rangée à double titre parmi les vices redhibitoires (1).

Quand les lésions sont bien caractérisées, l'expert n'a pas de peine à juger et à prononcer; mais il n'en est pas toujours ainsi. L'animal peut jeter par les naseaux; il peut avoir les glandes et les tissus qui sont dans l'auge engorgés, douloureux, et l'acheteur, qui a eu peur de ces symptômes, peut s'être mis en mesure de faire reprendre l'animal, sans qu'il y ait certitude ni même probabilité, pour

---

(1) A l'égard de cette affection, on peut consulter: *Instruction sur les moyens de s'assurer de l'existence de la morve, etc.*; par Chabert et J.-B. Huzard, 4ᵉ édition, an V (1797); — *Mémoires et Observations sur la chirurgie et la médecine vétérinaires*; par J.-B. Gohier, 2 vol. in-8, 1813, tome Iᵉʳ, page 195; — *De l'affection tuberculeuse vulgairement appelée morve, pulmonie, gourme, etc.*; par M. Dupuy, in-8, Paris, 1817; — *Instruction sur les soins à donner aux chevaux pour les conserver en santé et remédier aux accidents qui pourraient leur survenir*; — *La morve est-elle contagieuse? non*; par M. A. Louchard, in-8, Paris, 1825; — *Dictionnaire de médecine et de chirurgie vétérinaires*; par M. Hurtrel d'Arboval, 4 vol. in-8. (Tous ces ouvrages se trouvent chez Mᵐᵉ Huzard.)

l'homme instruit, que l'animal soit morveux. Il peut arriver aussi, comme je viens de le dire, que les symptômes de la morve soient remplacés momentanément par ceux d'une maladie aiguë, ou que la morve ait momentanément pris les caractères d'une maladie de cette nature. L'expert, qui sait tout cela, ne se dépêchera pas alors de dire qu'il pense qu'il y a ou qu'il n'y a pas vice redhibitoire, il demandera que l'animal soit traité convenablement pendant une quinzaine de jours. Dans cet espace de temps, la maladie, si c'est un simple catarrhe, se passera; si elle ne faisait que masquer une autre affection, si elle était un épiphénomène, elle prendra un autre caractère, et le vétérinaire pourra prononcer. Si par hasard il conservait encore quelques doutes, il peut demander un nouveau délai de huit ou dix jours : il est rare que l'animal, après ces deux délais, ne soit pas ou guéri, ou décidément morveux. Dans le cas cependant où la maladie ne serait pas encore bien caractérisée, il y a certitude que c'est la morve, dont les signes extérieurs sont souvent insidieux.

Dans les endroits où la garantie est de trente et même de quarante jours, un catarrhe postérieur à la vente, mal soigné par l'acheteur, pourrait rendre un cheval morveux, et pourrait ainsi donner lieu à la redhibition et à la plus criante injustice. Ce cas a été heureusement assez rare pour que je n'en aie jamais eu connaissance, mais il pourrait arriver; cela est un des inconvénients des anciens usages relatifs à la durée de la garantie.

C'est ici le lieu de prémunir les vétérinaires contre une erreur que quelques uns d'eux commettent quelquefois. Dans les affaires de commerce, ils n'ont ordinairement qu'à juger si l'animal est affecté de la morve ou s'il ne l'est pas, et à prononcer s'ils croient qu'il y a lieu ou non à la redhibition : il est rare que le tribunal leur demande autre chose, s'il y a lieu, par exemple, à séquestrer l'animal ou à l'abattre; ce qui ne regarde que la police locale. Les vétérinaires peuvent cependant, pour appuyer leur opinion qu'il y a lieu à redhibition, indiquer dans leur procès-verbal que l'animal est susceptible d'être séquestré ou abattu; voilà tout : ils n'ont par eux-mêmes aucune autorité pour faire exécuter cette mesure de police, ils n'ont que des conseils à donner à la personne qui a malheureusement un pareil animal : dans le cas cependant où ils croiraient que leurs conseils seraient inutiles et que le manque de précautions pourrait nuire à d'autres intérêts particuliers, mais surtout publics, ils peuvent instruire la police locale, qui, seule, a le droit de prescrire des mesures de sûreté. Ce cas rentre alors dans les attributions de la police médicale vétérinaire, dont nous ne nous occupons point ici.

Farcin.

Sous le rapport de la redhibition, la maladie ou les divers symptômes de la même maladie, ou même les affections variées, appelées *farcin*, se trouvent dans la même catégorie que la morve (1); leur nature n'est pas encore

---

(1) Les uns pensent qu'il y a diverses affections appelées *farcin*; les autres, que les différences observées ne sont que des variétés ou des symptômes divers de la

bien connue. La contagion, regardée autrefois comme certaine, est remise en doute; la curabilité est très douteuse dans beaucoup de cas, et les guérisons si rares, que l'animal affecté tombe à une valeur presque nulle : il ne peut donc pas remplir le but d'aucun acheteur. Voyons si les symptômes peuvent n'être pas apercévables au moment de la vente.

L'animal paraît, dans beaucoup de cas, et quelquefois fort longtemps, en assez bonne santé, il peut même être en embonpoint : les signes caractéristiques de l'affection sont ou des pustules abcédées, ou des boutons, tantôt rares, tantôt abondants, tantôt dispersés, tantôt réunis par masses ou placés en cordons, en chapelets à la suite l'un de l'autre, et qu'on ne peut distinguer d'autres éruptions ou d'autres plaies, à moins d'avoir étudié la médecine des animaux; de plus, on sait que le farcin peut exister sans les boutons extérieurs, qui en sont le signe univoque, et que ces boutons peuvent ne se montrer qu'après quelques

---

même affection ; enfin, quelques uns, que c'est la même que la *morve*.

jours; on sait encore que l'affection existe déjà depuis quelque temps quand les boutons apparaissent : il n'y a donc pas de doute qu'elle ne puisse être cachée au moment de la vente. En supposant même que les boutons soient apparents, jamais acheteur n'acquerra dans ce cas un animal sans la garantie, verbale au moins, que ces boutons ne sont point dangereux ; et cette garantie, qui est toujours donnée par le vendeur, mettra l'acheteur, d'une manière conventionnelle, dans le cas de demander la résiliation du marché, toutes les fois que les boutons seront ceux du farcin. Sous tous les rapports, cette affection doit donc être au nombre des vices redhibitoires.

Quelques éruptions cutanées peuvent simuler le farcin. Dans ce cas, l'expert vétérinaire peut demander du temps pour s'éclairer; mieux encore qu'à l'égard de la morve, quelques jours le mettront à même de prononcer un jugement certain.

Cornage, Sifflage.

On connaît ce fâcheux symptôme, commun à plusieurs affections des organes respiratoires, et qui consiste dans un bruit plus ou moins fort, contre nature, maladif par conséquent, que l'animal fait entendre en respirant.

Si ce bruit était continu, si l'animal le faisait toujours entendre, ce vice serait apercevable au moment de la vente ; mais, le plus ordinairement, le bruit n'a lieu que momentanément, après un exercice plus ou moins prolongé, en sorte que l'acheteur qui n'essaie pas suffisamment l'animal peut ne pas soupçonner l'accident ; il provient d'une gêne de la respiration, dont la cause varie souvent : cette gêne diminue les services de l'animal d'autant plus qu'elle est plus grande, et elle est quelquefois portée au point de faire tomber de suffocation les chevaux au milieu de leurs travaux ; dans tous les cas, elle diminue la célérité et la durée des services que nous en exigeons, et les déprécie en conséquence : on en a vu devenir incapables des moindres travaux. Cet accident fâcheux met, sans aucun doute, l'animal dans le cas de la redhibition.

Quand on veut acheter un cheval, souvent on l'exerce avant de conclure le marché, on l'exerce toujours presque immédiatement après que les clauses en sont arrêtées, pour savoir ce que l'animal sait faire; on doit donc s'apercevoir du cornage en peu de temps, la durée de la garantie pour ce vice n'a pas besoin d'être longue; bien plus, elle doit être courte, parce que plusieurs affections accidentelles, postérieures à la vente, les coryzas, les catarrhes de la trachée et des bronches, par exemple, peuvent donner lieu au cornage en peu de temps. Dans les endroits où la durée de la garantie était de trente ou quarante jours, et où les tribunaux jugent encore d'après ces anciens usages, il est arrivé que le vendeur a été tenu de reprendre un cheval devenu corneur depuis la vente, détérioré par conséquent par le fait de l'acheteur. Ce cas est rare heureusement; mais il peut se représenter. On voit par là combien il est nécessaire, pour la durée de la garantie des vices redhibitoires des animaux, de consulter d'abord la nature du vice.

Si donc l'acheteur a tardé à former sa demande, l'expert pourra être embarrassé de décider si le cornage est antérieur ou postérieur à la vente : il cherchera à bien éclaircir ce point ; mais s'il ne peut y parvenir, il se contentera de constater si le vice existe ou n'existe pas.

Si l'animal est malade au moment où on le présente à la visite, l'expert doit demander sa mise en fourrière, et du temps pour prononcer. Si le cornage se passe avec l'affection, la discussion est terminée ; si le cornage subsiste et que la demande ait été faite peu après la vente, le vendeur est garant de la maladie (voyez troisième Partie, chapitre XVIII, § 1er) ; mais si la demande a été faite longtemps après le marché, le doute émis à la fin de l'alinéa précédent se présente.

L'expert a encore une précaution à avoir, c'est, dans l'essai du cheval pour constater l'existence du vice, de prendre garde que la bête ne soit gênée par aucune des parties du harnais ou de la bride ; par exemple, par la sougorge, la muserole, le collier, la bricole, les sangles, etc. C'est une précaution essentielle, mais qui se présente si naturellement, que j'ai été sur le point de ne pas l'indiquer. J'appelle d'autant plus l'attention de l'expert nommé par le tribunal sur cette précaution, que certains maquignons se sont servis de ces moyens pour faire corner artificiellement et faire reprendre des chevaux qui ne leur convenaient point. Pendant quelque temps, des courtiers de Caen, qui s'entendaient avec les marchands, essayaient les chevaux que les cultivateurs amenaient sur le marché, avec des brides à sougorge très serrées, à mors durs, ayant des branches très longues, et avec lesquelles ils faisaient corner, sans être corneurs pour cela, les chevaux qu'ils essayaient. Ils trompaient ainsi les vendeurs, qui diminuaient d'autant plus leurs prétentions qu'ils étaient moins sûrs de leurs chevaux, que depuis longtemps ils gardaient sans les faire travailler pour les engraisser et les rendre plus vifs. Les jeunes chevaux faisaient d'autant plus facilement, dans ce cas, entendre une espèce de faux cornage momentané qu'ils étaient plus gras, plus empâtés, plus préparés à être vendus.

J'ai vu des animaux qui ne faisaient entendre qu'un bruit extrêmement léger par les naseaux, mais dans lesquels la respiration devenait tellement gênée par l'exercice, qu'ils ne pouvaient plus le continuer et étaient obligés de s'arrêter ; les marchands, accoutumés à regarder comme corneurs les seuls animaux qui font entendre du bruit, soutiennent que ceux-ci ne le sont pas et qu'ils ne peuvent être dans le cas de la redhibition. Cependant, en se rappelant que le cornage n'est point une maladie, mais que c'est une gêne de la respiration, suite de plusieurs maladies différentes ; en se rappelant que c'est la moins-value de l'animal, surtout par suite du vice caché dont il est affecté, qui le met dans le cas de la redhibition, on n'hésitera pas à condamner comme corneur tout animal qui, paraissant en bon état de santé, ne pourra pas exécuter les travaux pour lesquels il paraîtra propre, par suite d'un embarras dans la respiration, que cet embarras soit avec bruit ou non.

Le 21 mars 1824, le sieur ***, marchand de chevaux à Paris, vendit au sieur *Beaujoin*, marchand de chevaux à Orléans, une belle jument de carrosse. La jument ne fut essayée qu'un instant pour voir si elle ne se refusait pas à aller au cabriolet : la jument ne s'y refusant pas, elle fut mise en route pour Orléans. Dans cette ville, le sieur *Beaujoin* s'aperçut qu'après quelques instants d'exercice elle soufflait fortement, que la respiration lui manquait, et qu'elle tombait dans les brancards. Le 29 du même mois, dans le temps de sa garantie, il présenta une requête à M. le juge de paix du deuxième arrondissement d'Orléans, pour le prier de nommer un vétérinaire à l'effet de constater le vice dont la jument était atteinte. Le juge de paix nomma MM. *Langlois* et *Metz*, qui condamnèrent la jument comme *corneuse*, quoiqu'elle fit très peu de bruit en respirant. Le marchand de Paris prétendit que la jument n'était pas corneuse; le sieur *Beaujoin*, avec le procès-verbal des experts, l'attaqua au tribunal de commerce de Paris, en résiliation du marché. Je fus nommé pour visiter la jument une seconde fois : je trouvai, en effet, que la jument faisait peu de bruit, mais que, dans l'exercice, la respiration s'accélérait d'une manière extraordinaire; que les naseaux se dilataient considérablement, et que la suffocation était imminente après quelques instants d'exercice au trot au cabriolet, ce qui rendait la bête impropre au service pour lequel sa conformation paraissait la rendre apte. Je fus du même avis que MM. *Langlois* et *Metz*; je conclus à la résiliation de la vente, et le marchand de Paris entra en arrangement avec celui d'Orléans.

Sur la fin de septembre 1831, un sieur *Carreau*, marchand de chevaux à Château-du-Loir, amena sur le champ de foire du Mans plusieurs chevaux à vendre : l'un d'eux fut bientôt recherché par un sieur *Poupry*, loueur de chevaux et de voitures, qui ne lui reconnut, ainsi que son vétérinaire, d'autre défaut qu'un sifflement peu prononcé, qu'ils attribuèrent à une gêne instantanée dans la respiration. Le sieur *Poupry* acheta donc le cheval.

Le lendemain, il voulut l'essayer au cabriolet; mais le sifflement se reproduisit avec une telle intensité, qu'il lui fut impossible de continuer sa route.

Il recourut alors à l'autorité du président du tribunal, et obtint de lui une ordonnance d'expertise. Le procès-verbal apprit que l'animal était atteint du cornage, vice qui, dans l'opinion du vétérinaire, le rendait impropre au service. Le sieur *Poupry* fit assigner le vendeur en résiliation de la vente avec dommages-intérêts, et soutint à l'audience que le genre de maladie dont était atteint le cheval était un vice occulte, incurable, qui donnait lieu à la redhibition.

Ce système fut combattu avec force par le sieur *Carreau*, qui prétendit à son tour que le sifflement constaté par les experts n'était que le résultat d'un embarras momentané dans la respiration, provoqué sans doute par la fatigue, ou par le rétrécissement accidentel du tube aérien, et susceptible de guérison; que l'on pouvait d'autant moins le considérer dans l'espèce comme vice caché, qu'il n'avait point échappé à l'examen de l'acheteur; que, dans tous les cas, il n'avait jamais été rangé, dans la province du Maine, parmi les vices redhibitoires, ce qu'attestaient d'ailleurs divers auteurs qui avaient traité la matière, et notamment, de nos jours, M. *Paillet*, dans son *Tableau des cas redhibitoires*, annexé à ses notes sur l'article 1641 du Code civil.

Malgré tous ces moyens, le tribunal, par jugement du 27 octobre 1831, a déclaré la vente résolue avec dommages-intérêts.

« Considérant qu'il résulte du rapport des artistes vétérinaires que le cheval est atteint d'un vice connu sous le nom de *cornage*, qui, dans leur opinion, le rend impropre au service auquel l'acheteur le destinait;

» Considérant que ce vice ne peut être regardé comme apparent, puisqu'il faut soumettre l'animal à un exercice plus ou moins prolongé pour s'en apercevoir, et qu'il est démontré au tribunal que le sieur *Poupry* n'a pu découvrir cette infirmité lors de l'acquisition;

» Considérant, en droit, que, d'après la disposition de l'article 1641 du Code civil, le vendeur est tenu de la garantie à raison des vices cachés de la chose vendue qui la rendent impropre au service auquel on la destine :

» Par ces motifs,

» Déclare la vente du cheval résiliée, condamne *Carreau* à restituer à *Poupry* le prix qu'il en a reçu, en tous les dépens et frais de nourriture. »

Fluxion périodique.

Une maladie qui se montre, par des accès plus ou moins éloignés, sur un organe aussi important que celui de la vue, qui, dans l'intervalle de ces accès, des premiers surtout, ne laisse aucune trace de son existence, et qui cependant détruit petit à petit la vue et rend les animaux de presque nulle valeur, place, sans aucun doute, l'animal qui en est atteint dans le cas prévu par l'article 1641 du Code civil : aussi la fluxion périodique est-elle regardée comme vice redhibitoire par les tribunaux qui consultent l'esprit de cet article.

L'expert seul est embarrassé, dans beaucoup de cas, pour constater la nature de l'affection : en effet, dans les commencements, une attaque ou un accès de fluxion périodique ressemble souvent à une simple ophthalmie; l'énumération des symptômes qui la caractérisent nous donnera quelques moyens de la reconnaître.

Une attaque ou un accès de fluxion périodique a, dans les commencements de la maladie, trois *périodes* assez distinctes : dans la *première*, l'œil semble atteint d'une ophthalmie ordinaire un peu forte : il y a larmoiement, rougeur de la conjonctive, tuméfaction des paupières, sensibilité et chaleur plus marquées des parties environnant l'œil; celui-ci reste presque constamment demi-fermé. Dans la *deuxième période*, l'inflammation paraît diminuer un peu d'intensité ; les symptômes qui la caractérisent se dissipent; l'humeur aqueuse, qui était trouble et qui rendait la vision obtuse, reprend sa transparence ; une espèce de nuage blanchâtre se condense dans la partie inférieure, quelquefois passe à travers la pupille, et communique dans la chambre postérieure. Dans la *troisième période*, l'œil redevient malade; le nuage disparaît, se fond dans l'humeur aqueuse, qui perd de nouveau sa limpidité; mais, après cette espèce de crise, l'humeur aqueuse redevient claire et l'œil reprend ses facultés primitives.

L'accès n'a pas toujours cette marche régulière, et ses trois périodes se confondent parfois en une seule ; ce qui fait ressembler davantage encore la fluxion périodique à une simple ophthalmie.

A mesure que les accès se renouvellent, le cristallin perd un peu de sa transparence ; il devient terne, blanchâtre, et enfin met obstacle au passage de la lumière. Dans les commencements, il n'y a qu'un œil affecté ; mais quand la maladie a déjà sévi plusieurs fois, les deux yeux le sont souvent en même temps, mais l'un plus que l'autre ; ils se perdent aussi presque toujours l'un après l'autre.

On pense bien que la maladie est vice redhibitoire seulement quand elle n'a pas détérioré assez les organes pour que la lésion ait pu être apercevable au moment de la vente ; c'est aussi ce qui rend la visite de l'expert assez difficile.

Comme elle n'attaque presque toujours alors qu'un œil, comme elle ressemble à une ophthalmie, et comme aussi le marchand ne manque jamais de dire que c'est une simple ophthalmie, et de l'attribuer à un coup, à un corps étranger introduit dans l'œil, à un courant d'air froid, etc., l'expert doit être dans l'incertitude. Il reconnaîtra cependant la fluxion périodique à quelques symptômes qui sont plus particuliers à cette affection : les paupières sont plus tuméfiées, plus grosses que dans une simple ophthalmie ; l'humeur des chambres est plus trouble ; la vision est plus obtuse ; l'animal est en général plus triste ; tout l'organisme paraît être malade, tandis que dans une simple ophthalmie, qui n'est le plus souvent qu'une affection locale, l'œil seul est malade, et l'animal n'a rien perdu de sa gaîté et de ses habitudes. Enfin l'on remarque souvent, autour de l'œil affecté, des plaies où le poil a été enlevé à la suite de contusions, ce qui indique que l'organe a déjà été privé de la vue. C'est surtout lors de la *seconde période* de l'accès qu'on peut facilement distinguer l'affection au nuage blanchâtre qu'on voit flotter d'abord dans la chambre antérieure, et qui se précipite ensuite à la partie inférieure. La *troisième période*, ou celle de terminaison, fournira encore de bons moyens de distinction : dans l'ophthalmie, l'humeur qui s'échappe de l'œil devient moins liquide, plus blanchâtre, plus adhérente aux paupières ; l'humeur aqueuse n'est point troublée par le nuage dont je viens de parler. Dans la fluxion périodique, au contraire, l'humeur qui s'écoule de l'œil reste de même nature, limpide, séreuse, et le nuage qui s'était formé pendant la seconde période disparaît; l'humeur aqueuse se trouble de nouveau, et l'œil revient, après cette dernière crise, à son état naturel, en paraissant souvent rester plus petit que l'autre. L'expert devra donc, s'il ne peut, dans un premier examen, juger l'affection, répéter ses visites pendant tout le temps que l'accès durera, afin d'en suivre exactement la marche. Si, malgré ces précautions, l'accès se terminait sans qu'il fût possible à l'expert de bien asseoir son opinion, ce qui peut arriver, il ne lui resterait plus que la ressource de demander que l'animal soit mis en fourrière, jusqu'à ce qu'un nouvel accès vienne démontrer que la maladie est bien la fluxion périodique, ou jusqu'à ce qu'un laps de temps suffisant s'écoule pour faire juger que ce n'était qu'une simple ophthalmie.

Si l'acquéreur avait eu des preuves, postérieurement à son marché, que des accès de fluxion périodique eussent déjà sévi sur les yeux, et qu'il s'offrît de les donner, l'expert se rappellera qu'il n'en est pas juge, et qu'il ne peut que consigner ce dire dans son procès-verbal; c'est au Tribunal que l'acquéreur devra les produire.

Le vétérinaire ne saurait trop prendre de précautions dans l'examen d'un cheval accusé d'être lunatique. Au commencement de 1823, un fort beau cheval de selle vendu par le sieur *Crémieux*, marchand de chevaux, à Paris, donna sujet à une contestation de ce genre. Un œil devint malade dans une des premières nuits qui suivirent la vente, et l'acheteur, l'ayant fait visiter par son vétérinaire, fut conseillé par lui de se mettre en mesure de faire reprendre le cheval pour cause de fluxion périodique. Je fus nommé pour faire cette visite : l'animal était très doux, on pouvait toucher et voir l'œil malade ; je ne trouvai aucune marque de lésion récente ; les paupières étaient gonflées, douloureuses, chaudes ; l'œil larmoyant paraissait plus petit ; la conjonctive était très enflammée ; cependant l'humeur aqueuse avait conservé toute sa transparence, et j'étais dans le doute, lorsqu'en visitant l'œil pour la troisième ou quatrième fois peut-être, et après quelques instants de repos, la troisième paupière, ou membrane clignotante, amena sur la cornée lucide une partie de l'épi d'une petite graminée ; l'autre partie restait engagée sous la troisième paupière. Ce corps étranger ne put être retiré de l'œil que le lendemain ; et, quelques jours après, l'organe était aussi sain qu'auparavant.

Le 6 août 1824, je fus nommé par ordonnance de M. le président du Tribunal de commerce, pour visiter un cheval que le sieur *Palache*, nourrisseur à Bondy, avait acheté du sieur *Jacob*, marchand de chevaux, à Noisy-le-Sec, et que le premier accusait d'avoir la fluxion périodique : voici la fin de mon procès-verbal de visite :

» J'ai examiné ce cheval, et j'ai reconnu qu'il était en assez bon état, mais qu'il avait le fond de l'œil droit un peu trouble, blanchâtre ; que la pupille était dilatée ; que l'animal voyait encore cependant de cet œil, *et qu'il fallait un examen attentif spécial de la part d'une personne exercée* pour s'apercevoir des lésions : l'œil gauche était très larmoyant ; la conjonctive était rouge, enflammée ; les paupières étaient tuméfiées, l'œil presque fermé, et, comme l'on dit, plus petit ; la pupille était bien moins ouverte que celle de l'autre œil ; les larmes coulaient sur le chanfrein : l'animal voyait aussi de ce côté ; le fond de l'œil était même moins trouble que le fond de l'œil droit ; tous lesquels symptômes sont ceux de l'affection connue sous le nom de *fluxion périodique*, qui a attaqué déjà l'œil droit, qui attaque en ce moment l'œil gauche ; affection qui se renouvelle à des époques plus ou moins éloignées, qui, dans les commencements, ne laisse souvent point de trace dans ses attaques, mais qui, presque toujours, se termine par l'affaiblissement ou la perte de la vue, rend les animaux de moindre valeur, et par conséquent place ceux qui en sont atteints dans le cas prévu par l'art. 1641 du Code civil, etc. »

Dans ce cas, les lésions anciennes de l'œil droit m'indiquaient positivement la nature de l'affection récente de l'œil gauche.

Amaurose ou goutte sereine.

Une autre maladie, moins fréquente cependant que la fluxion périodique, attaque encore les yeux des monodactyles et donne lieu quelquefois à des contestations ; c'est l'*amaurose*, ou la perte de la faculté visuelle, produite par la paralysie du nerf optique, ou de la rétine, sans que les yeux, dans le cheval qui en est devenu borgne ou aveugle, paraissent lésés. Cette affection dépréciant beaucoup l'animal, soit qu'elle lui fasse perdre entièrement la faculté de voir, soit qu'elle ne fasse que troubler cette faculté, et ne pouvant être aperçue, au moment de la vente, qu'au moyen d'un examen spécial et encore par une personne instruite, puisque l'organe malade paraît entièrement sain, se range de droit parmi les vices redhibitoires, soit que la maladie ait attaqué seulement un œil, soit qu'elle les ait attaqués tous les deux : dans ce dernier cas, cependant, il est plus difficile de tromper l'acheteur.

En effet, si le cheval est aveugle, sa démarche incertaine, la manière extraordinaire dont il lève les pieds antérieurs, la position des oreilles, presque constamment dirigées en avant, indiqueront ce vice à des personnes exercées. Le placement de la main devant les yeux, sans produire d'effet sur la vue, l'indiquera suffisamment à toute autre personne ; mais si l'animal est borgne seulement, l'examen devient plus épineux ; néanmoins on reconnaîtra le défaut en plaçant un objet alternativement devant l'un et l'autre œil, aux mouvements que cet objet suscitera en passant devant l'œil sain, et au peu d'impression qu'il produira devant l'œil malade : on le reconnaîtra mieux encore, en faisant passer subitement l'animal des ténèbres à une vive lumière et en comparant alors les deux yeux. La pupille de l'œil malade restera immobile, la pupille de l'œil sain se resserrera.

S'il est un peu difficile quelquefois de reconnaître l'amaurose dans un cheval qui n'a qu'un œil affecté, cette difficulté augmente singulièrement quand la maladie commence seulement. On conçoit en effet que ce n'est que par un examen attentif, et par l'emploi répété et diversement modifié de tous les moyens ci-devant indiqués qu'on pourra reconnaître l'affection. Dans ce cas, un signe dont je n'ai pas encore parlé éclairera souvent l'expert mieux que tous les autres ; c'est que l'animal, sans être méchant, est ombrageux.

C'est en effet en grande partie aux mauvaises vues qu'il faut attribuer ce vice dans un animal qui, du reste, est sans méchanceté.

En passant un objet devant les yeux pour les examens indiqués, il faudra prendre garde de toucher les longs poils qui environnent les yeux, même d'agiter l'air trop fortement, parce que l'animal, qui serait ainsi averti de la présence de l'objet, exécuterait des mouvements qui pourraient faire croire qu'il voit encore.

Un état maladif peut produire une amaurose momentanée ; dans un cas semblable, l'expert retardera son jugement jusqu'à ce que l'affection primitive soit passée.

S'il avait lieu de croire, ou si le vendeur prétendait que l'amaurose, au lieu d'être antérieure à la maladie, n'en était que le résultat, il s'agirait alors de savoir si la maladie est antérieure ou postérieure à la vente. J'indique seulement cet accident possible, qui, à ma connaissance, ne s'est pas encore présenté.

Que l'amaurose soit essentielle ou sympathique, elle n'en doit pas être moins dans le cas de la redhibition, toutes les fois que le cheval a été vendu avec garantie.

J'ai été nommé une fois par le Tribunal de commerce de Paris pour constater si ce vice existait dans un animal nouvellement acheté. L'animal avait perdu presque complètement les deux yeux; le marchand l'avait garanti cependant, mais sur les conclusions de ma visite, il n'attendit pas le jugement et reprit l'animal.

Mauvaise denture.

Le cheval n'est propre au service qu'autant qu'il peut avoir les forces que la nature lui a départies; il ne peut avoir ces forces qu'autant que la nutrition s'opère bien : or, il est des circonstances où cette nutrition ne peut bien s'opérer, parce que l'action de manger se fait mal.

Il est certains chevaux dont les dents molaires, au lieu de s'user en tables horizontales, s'usent en tables inclinées de haut en bas et de dedans en dehors; le bord interne des molaires inférieures est très élevé et le bord externe très bas; tandis que le bord interne des molaires supérieures est très court et leur bord externe très long. Cette usure des dents fait que les aliments broyés, au lieu de tomber dans l'intérieur de la bouche, tombent entre les dents et les joues, et restent en partie dans cette place, ou retombent en partie hors de la bouche par les commissures des lèvres : non seulement cette difformité empêche quelquefois le cheval de manger convenablement, mais encore les aliments restent dans la bouche (*l'animal fait magasin*), et les aliments, en acquérant par leur séjour une odeur fétide, dégoûtent l'animal et le détournent de prendre de la nourriture. Ce défaut ne pourrait être apercevable, lors de la vente, qu'au moyen d'un examen spécial, qu'on ne fait jamais, et qu'il serait souvent difficile de faire dans un marché ; il déprécie beaucoup l'animal, dont il diminue les services : aussi, mon père et moi, lorsque des contestations se sont élevées relativement à ce vice, l'avons-nous toujours regardé comme vice redhibitoire. On doit penser que nous aurions également regardé comme tel toute difficulté de manger qui aurait été le résultat de quelque autre lésion ancienne de la bouche non apercevable au moment de la vente, et qui aurait diminué la valeur de l'animal. Les ulcérations des os de la bouche sont assez communes pour pouvoir donner lieu à de pareilles contestations ; et comme il est facile de les dérober à l'investigation d'un acheteur non prévenu, elles se trouvent également dans le cas prévu par l'article 1641 du Code civil.

Pousse.

Le mouvement du flanc, qu'on a appelé jusqu'à présent du nom de *pousse,* est de tous les symptômes de maladie, qu'on le considère soit comme appartenant à une seule, soit comme appartenant à plusieurs (1), celui qui donne le plus souvent lieu à des contestations : c'est lui qui est le plus géné-

---

(1) On peut consulter particulièrement à ce sujet : *Recherches sur la nature de l'affection maladive à laquelle on a donné le nom de* pousse; par M. Rodet. (*Mémoires de la Société royale et centrale d'agriculture,* année 1825.)

ralement vice redhibitoire d'après les anciennes coutumes : voyons en quoi il consiste.

C'est une lésion de la respiration, qui se reconnaît aux signes suivants : *l'animal paraît jouir de la santé*; cependant, tandis que, dans l'inspiration, il y a élévation assez régulière des côtes, dans l'expiration, au contraire, le mouvement d'abaissement est à peine commencé qu'il s'arrête, s'interrompt subitement pour recommencer et s'achever ensuite tranquillement. Tel est le signe caractéristique de la pousse, le *coup de fouet*, le *contre-temps*, le *soubresaut*, qui constitue jusqu'à présent ce signe de maladie. C'est surtout aux dernières côtes, le long des hypochondres, qu'on l'aperçoit le mieux. D'autres signes accompagnent souvent celui-là : ainsi l'inspiration même commence souvent par un écartement subit des côtes; l'animal est affecté d'une toux particulière, sèche, quinteuse, sans rappel (1); il y a une

---

(1) En vétérinaire, on dit qu'un cheval *rappelle*, quand, après avoir toussé, il s'ébroue, et semble se

dilatation habituelle des naseaux et un écartement singulier de l'aile interne ; enfin, dans la dernière période, le ventre devient volumineux, et une grande maigreur laisse voir le jeu des côtes dans presque toute leur longueur.

Quelques personnes ont prétendu que ce signe de maladie étant apercevable au moment de la vente, l'acheteur pouvait se convaincre de son existence, et que par conséquent, aux termes de l'article 1642 du Code, il ne devait pas y avoir lieu à la redhibition dans ce cas. Cette raison a engagé les rédacteurs du *Projet du Code rural* à proposer d'exclure la pousse du nombre des vices rédhibitoires ; mais des réclamations à ce sujet sont arrivées en foule de tous les points de la France, par les raisons suivantes :

---

débarrasser ainsi de quelque gêne à laquelle il n'est pas habitué. C'est en effet un signe qu'il n'est malade que depuis quelque temps. Quand, au contraire, il ne *rappelle* pas après avoir toussé, c'est un signe qu'il est depuis longtemps malade et pour ainsi dire habitué à cette toux.

1°. Quoiqu'il faille qu'il y ait irrégularité visible des mouvements respiratoires pour qu'un cheval soit dit poussif, cependant cette irrégularité peut être assez peu prononcée pour qu'elle ne soit pas reconnaissable par des personnes qui ne connaissent pas très bien les chevaux ; et s'il fallait qu'un acheteur eût toujours un vétérinaire avec lui, on juge combien ce serait gênant pour le commerce. D'ailleurs, comme on le verra plus loin, il est des cas où le vétérinaire lui-même peut être très embarrassé pour décider si le cheval doit être ou non condamné poussif.

2°. Si, quand on achète un cheval chez un particulier, il est quelquefois possible de l'examiner assez attentivement dans le repos et même pendant qu'il mange, pour reconnaître si l'irrégularité du mouvement respiratoire existe, cet examen devient impossible, soit chez le marchand, soit dans un marché, parce que l'animal est excité, parce qu'il est dans la crainte des coups, parce qu'il est tourmenté de toutes les manières, et que, par cette raison, la respiration a perdu son mouvement habituel, soit normal, soit maladif;

il est donc avantageux dans ces cas, et pour les particuliers et pour les marchands, que la pousse soit redhibitoire. En effet, quelquefois, dans les grandes foires, ceux-ci se disputent les animaux; à peine examinent-ils l'âge et la tournure, parce qu'ils sont certains que, si l'animal est attaqué d'une des maladies qui donnent lieu à la pousse, ils pourront le faire reprendre. Si la pousse n'était pas redhibitoire, il ne pourrait plus avoir la même confiance, et leur commerce s'en trouverait gêné.

3°. Le mouvement du flanc de la pousse, quelque apparent qu'il soit, peut, dans quelques cas, être momentanément changé, sinon totalement, du moins beaucoup : ainsi, un cheval poussif, même très poussif, mis trois semaines ou un mois au régime du vert, soit à l'écurie, soit dans un pâturage, retrouve une régularité dans le mouvement du flanc presque aussi grande que s'il n'était pas malade. Trois ou quatre jours de régime sec suffisent, il est vrai, pour que le mouvement de la pousse reparaisse comme auparavant, mais enfin il suffit qu'il puisse être beaucoup diminué, pour qu'on saisisse ce moment pour vendre l'animal et tromper l'acheteur. Non seulement le régime du vert produit manifestement cet effet, mais toute espèce de régime délayant. Ce n'est pas encore tout : quand la pousse est très apparente, certains marchands, qui veulent se défaire de l'animal comme s'il n'était pas attaqué de ce vice, lui donnent quelque médicament, qui change momentanément le mouvement du flanc en un autre mouvement également irrégulier, mais différent, dans l'intention de cacher ainsi l'affection primitive par une autre, qu'ils attribuent à un rhume, à la fatigue, à toute autre cause; dans l'intention même, s'ils sont appelés en résiliation du marché, de pouvoir dire que l'affection de l'animal est postérieure à la vente et du fait de l'acheteur.

D'autres personnes ont prétendu que la pousse ne devait pas être dans les cas redhibitoires, parce que les chevaux poussifs étaient encore, dans beaucoup de circonstances, de bons chevaux, qui pouvaient rendre les services pour lesquels on les avait achetés, et que par conséquent, sous ce rapport, ils n'étaient plus dans le cas prévu par l'article 1641. Cette objection, qui paraît d'abord fondée, est, je dirai, illusoire comme les premières.

En effet, si les chevaux poussifs sont, au moment de la vente, capables de rendre les services pour lesquels on les a achetés, l'affection, dont la pousse est un des résultats, diminue notablement la durée du temps que l'animal doit servir. Ainsi, une personne achète un cheval de sept ans ; elle espère qu'elle pourra s'en servir encore sept ans (abstraction faite de tout accident) ; elle ne le paie le prix demandé que dans cette espérance : le cheval se trouve poussif, elle ne peut plus espérer s'en servir aussi longtemps ; la maladie qui donne lieu au mouvement du flanc peut même augmenter, de manière qu'au bout de quelques mois l'animal ne puisse plus remplir le but que l'acquéreur s'était proposé : celui-ci a donc été trompé ; il n'aurait donné qu'un prix moindre du cheval, il ne l'aurait même pas acheté s'il avait connu son défaut.

Le marchand qui achète un cheval pour le

revendre, et qui achète, sans le savoir, un cheval poussif, est bien plus trompé que le particulier qui l'achète pour s'en servir. Il comptait gagner sur l'achat, et si, pour ne pas tromper, il vend le cheval comme étant poussif, il ne le vendra jamais le prix qu'il lui a coûté; il perd donc sur son marché au lieu de gagner : certes, l'animal n'a pas rempli le but qui lui en avait fait faire l'acquisition.

Une autre considération pourrait plutôt engager à faire exclure la pousse du nombre des vices redhibitoires, c'est l'espérance de tarir une source de contestations que ce vice fait naître.

Mais si l'on considère que l'acheteur, une fois privé de la garantie de droit à l'égard de toutes les maladies dont la pousse est un des symptômes, demandera, dans la plupart des marchés, qu'on lui garantisse conventionnellement ce vice, et qu'alors le nombre des contestations qui y sont relatives restera le même, on verra que le but ne sera pas rempli.

Enfin une considération qui pourrait paraître fondée pour faire exclure la pousse du nombre des vices redhibitoires serait celle-ci:

le mouvement du flanc qu'on appelle *la pousse*, étant le signe de plusieurs maladies, laisse une extension presque indéfinie à l'expert pour condamner à la redhibition, sous ce prétexte, une multitude d'animaux affectés de maladies différentes : par conséquent, pourrait-on même ajouter, la pousse est un mot vide de sens, qui devrait être exclu de la médecine vétérinaire.

Je ne puis partager cette opinion, parce que d'abord, s'il est à peu près certain que la pousse, c'est à dire le mouvement du flanc qu'on appelle ainsi, a été remarqué dans plusieurs affections, ce mouvement peut être aussi le signe *constant* d'une affection particulière (1); ensuite, parce que, dans le commerce des chevaux, le mot *pousse* sera probablement toujours employé par le vulgaire

---

(1) Dans les chevaux qui ont le mouvement du flanc et la toux particulière de la pousse très caractérisés, et chez lesquels, du reste, les autres fonctions s'exécutent bien, j'ai, jusqu'à présent, toujours trouvé l'induration blanche du poumon, totale ou partielle. J'ai donc sujet de rester dans l'opinion que j'ai émise à ce sujet dans mon *Esquisse de Nosographie vétérinaire.*

pour signifier un cheval ayant une mauvaise santé, une mauvaise poitrine surtout, quoique pouvant, dans certains cas, paraître en bon état de santé; condition qui met l'animal dans le cas de la redhibition, quelque inconnue que puisse être la cause de cette mauvaise santé, parce que pour l'homme instruit c'est toujours le mauvais état d'un organe, ou d'un système d'organes.

Je n'ajouterai qu'un seul mot, c'est que bien souvent le mouvement irrégulier du flanc m'a servi à faire résilier des marchés entre ces pauvres ouvriers qui ont besoin d'un cheval et qui y mettent tout leur avoir, et ces marchands de mauvaise foi qui se trouvent toujours sur les marchés et qui se font une étude de tromper les acheteurs. Sans la pousse, tout recours contre leurs vendeurs était interdit à ces hommes indignement volés. Le choix d'un bon expert mettra toujours le Tribunal à même de rendre, dans un cas semblable, une bonne justice distributive; celui d'un mauvais expert ne pourra, dans tous les cas, qu'embrouiller les principes les plus clairs de droit.

J'estime donc, et je crois qu'il résulte de tout ce qui précède, que le mot *pousse*, comme signifiant le signe d'une maladie inconnue, cachée, dépréciant le cheval sur lequel on le remarque, doit être conservé comme vice redhibitoire dans le commerce des chevaux. Le seul soin que le vétérinaire devrait avoir peut-être serait, dans son procès-verbal d'expertise, au lieu de terminer en disant que *l'animal est affecté de la pousse*, de dire *qu'il est affecté de l'une des maladies chroniques, anciennes, manifestées par la réunion des symptômes appelée* pousse.

Il résulte aussi de ce qui précède que le vétérinaire, appelé à décider si un cheval est poussif, se trouve passible d'une plus grande responsabilité : il ne s'agit plus seulement pour lui de constater que telle ou telle affection existe, il s'agit de décider si l'animal est dans le cas de la redhibition, puisque le Tribunal, en demandant s'il est poussif, demande réellement si l'état de la respiration indique que l'animal est non seulement dans un état maladif le dépréciant beaucoup, mais encore si cet état maladif est antérieur à la vente. L'expert doit donc redoubler de soins avant de prononcer.

Il le doit d'autant plus, que plusieurs affections aiguës, postérieures à la vente, peuvent passagèrement donner à la respiration le mouvement qui constitue la pousse; la première chose que l'expert doit donc faire est de s'assurer si l'animal paraît bien portant. Cela reconnu, ainsi que l'irrégularité du flanc, il peut prononcer en sûreté; il sera sûr que l'animal a une maladie qui a déjà quelque ancienneté; mais si le cheval paraît malade, il faut demander qu'il soit reposé et traité convenablement : quelques jours de soins mettront à même de mieux juger. L'expert devra surtout avoir recours à ce moyen lorsqu'il se méfiera ou de la bonne foi du vendeur, ou même de celle de l'acheteur, qui, pour faire reprendre un cheval qui ne lui conviendrait point, l'aurait ou fatigué, ou gorgé d'aliments, afin que, lors de l'examen, le mouvement du flanc ne fût pas dans son état ordinaire.

Une difficulté fâcheuse se rencontre quelquefois : un particulier présente une requête au Tribunal pour faire visiter un cheval qu'il soupçonne poussif; l'expert nommé trouve le flanc irrégulier et l'animal un peu triste, sans appétit; il demande qu'il soit mis en fourrière pour prononcer plus tard sur son état. L'animal, avec quelques soins, recouvre la régularité du mouvement respiratoire; l'expert prononce que l'animal n'est point poussif et qu'il n'y a point lieu à la résiliation; le propriétaire retire l'animal de la fourrière, et le procès est terminé. Après huit ou dix jours de service, l'irrégularité du flanc recommence, devient plus apparente, augmente, et l'animal meurt. A l'ouverture, on trouve une vieille pulmonie ou pleurésie : l'expert est accusé par l'acheteur; il reçoit tout le blâme; sa probité est quelquefois soupçonnée; mais, fort de sa conscience, il doit se rassurer; il doit savoir qu'il y a des circonstances au dessus de la science, et que d'ailleurs l'homme est sujet à l'erreur : il voit par là quel soin il faut apporter dans de pareilles expertises. Heureusement qu'une telle circonstance se rencontre rarement.

Maladies de poitrine appelées, dans le cheval, vieilles courbatures.

Nous venons de voir que, dans plusieurs cas, l'expert appelé pour constater l'état d'un animal le trouvait malade sans pouvoir juger d'abord si la maladie étant antérieure ou postérieure à la vente, et qu'il n'avait d'autre moyen pour s'éclairer que de visiter l'animal à diverses reprises.

Pendant ce temps, ou l'animal guérit, et dans la plupart des cas le procès est terminé, parce qu'il est probable que l'affection était aiguë et postérieure à la vente, ou l'animal va de pis en pis et meurt. Dans ce cas, le vétérinaire est appelé tout naturellement à en faire l'ouverture pour constater d'une manière positive la nature de la maladie.

Souvent encore l'acheteur ne s'est mis en mesure de faire constater le genre de la maladie qu'après la mort du cheval, et l'expert nommé ne doit que constater les causes de la mort. Ce sont les maladies de la plèvre et du poumon appelées maladies de poitrine, soit récentes, soit anciennes, qui donnent lieu le plus ordinairement à ce genre d'expertise à Paris, à cause du commerce considérable qui s'y fait de chevaux de quatre à cinq ans, parmi lesquels le régime récent et inaccoutumé de l'avoine en fait périr quelques uns de ces sortes d'affections.

Les maladies de poitrine aiguës inflammatoires, simples, caractérisées d'une part (pleurésie) par la rougeur de la plèvre, par l'injection rouge, sanguine des vaisseaux qui rampent sur ses faces, par l'épanchement d'un liquide rougeâtre, trouble, ou même blanchâtre dans ses cavités, par la formation sur ses faces libres de fausses membranes jaunâtres, peu consistantes, peu adhérentes; d'autre part (péripneumonie), par la rougeur du tissu pulmonaire, même par sa couleur noirâtre, par la plénitude de sang rouge ou noir de son tissu, par sa densité extérieure un peu plus forte, quoiqu'il soit plus facile à déchirer lorsque la plèvre est ouverte, ne peuvent donner lieu à la redhibition, à moins cependant que l'acheteur ne puisse prouver que l'animal était déjà malade avant la vente, sans qu'il le fût assez pour avoir refusé de faire l'essai auquel on l'a soumis.

Si, au contraire, ces maladies sont accompagnées d'anciennes lésions organiques ; si, par exemple, on trouve, avec les lésions précédentes, les faces des plèvres adhérentes par des brides ligamenteuses, fortes, difficiles à déchirer ; si la plèvre est épaissie, à surface rugueuse, dure dans certains points ; si ses faces libres présentent de petits filaments rougeâtres, durs, flottants, d'un à 2 centimètres de longueur ; si on trouve le tissu pulmonaire garni de points durs renfermant une substance blanchâtre, pultacée et contenant des particules dures sous les doigts, ce qu'on appelle des tubercules ; ou bien si le tissu est dur, hépatisé, grisâtre, blanchâtre, ou converti en une espèce de substance musculaire ; s'il présente des ulcères ou abcès à parois solides, rugueuses, contenant une matière blanchâtre, mi-solide, ou grisâtre, liquide et infecte, toujours alors la maladie du poumon ou de la plèvre est ancienne ; l'expert peut prononcer que l'animal a péri par suite d'une affection dont les éléments sont antérieurs à la vente.

Presque toujours les anciennes maladies de poitrine font périr les animaux en suscitant quelque inflammation intense nouvelle, en sorte qu'on trouve en même temps des signes d'affections aiguës et d'affections chroniques. Ce sont ces altérations que l'on paraît avoir désignées autrefois par le nom, si peu significatif maintenant, de *vieilles courbatures*: elles placent, selon moi, l'animal qui en est mort dans le cas de la redhibition.

Des vétérinaires ne partagent point l'opinion que les maladies anciennes de poitrine sont les causes des maladies aiguës nouvelles, et ils disent que si la maladie ancienne est du fait du vendeur, la maladie nouvelle est du fait de l'acheteur, mais que la maladie ancienne a donné seulement de l'intensité à la maladie nouvelle, et que la mort de l'animal arrivée dans ce cas est autant à la charge de l'acheteur qu'à celle du vendeur. Ils avancent pour preuve que, tous les jours, on tue des chevaux qui ont ou des tubercules dans les poumons ou des adhérences des plèvres dont on ne se doutait pas.

Je ne puis être de cette opinion : ces chevaux sont sacrifiés, parce qu'ils ne peuvent plus travailler d'une manière lucrative pour le propriétaire, quoique leur âge semble le plus souvent encore devoir le leur permettre, et ils ne peuvent plus travailler, parce que l'affection de l'organe pulmonaire les empêche d'exécuter les travaux que la domesticité exige. Ce sont ces mauvais chevaux dont la vente cause le plus souvent les demandes en résiliation de marché pour cause de la pousse. On peut même dire qu'il n'y a pas beaucoup qui travaillent longtemps avec ces altérations; la plupart des exemples qu'on cite à l'appui de l'opinion contraire à la mienne sont relatifs à des animaux ou qui ne travaillaient pas du tout, ou qui faisaient seulement un service doux sous l'influence d'un régime très favorable à la santé.

Je crois au contraire, et je trouverai beaucoup de vétérinaires et de médecins du même avis, que la plupart des maladies nouvelles du poumon et de la plèvre, quand elles se développent dans un organe affecté de lésion ancienne, sont presque toujours la suite de cette affection ancienne ; c'est à dire qu'elles ne se seraient pas développées, si l'autre n'avait point préexisté, par conséquent que celle-ci en est la cause principale, la cause presque immédiate. Quel est au reste le vétérinaire qui laisserait acheter à un de ses clients un cheval de selle trois mille francs, ou seulement un cheval de trait cinq à six cents francs, s'il soupçonnait à l'animal des tubercules dans le poumon ? Et, si l'achat était fait, et qu'il y eût possibilité de prouver l'existence de ces tubercules, qui ne conseillerait pas de chercher à faire usage de la garantie donnée à l'acheteur par l'article 1641 du Code ?

Heureusement les contestations à la suite de ces morts, causées par des maladies de poitrine, sont assez rares, et les tribunaux ont le moyen, en faisant partager aux parties la perte par moitié, quand il y a incertitude de la part des experts, de ne pas léser injustement l'une aux dépens de l'autre. Le vétérinaire nommé par le tribunal a même un moyen de les terminer à l'amiable quand les parties sont raisonnables. (Voyez ce moyen à la fin de l'article suivant, pages 215 et 216.)

La connaissance des lésions qui distinguent les maladies anciennes de poitrine des maladies nouvelles exige des études préliminaires indispensables, qui, seules, peuvent rendre les vétérinaires ou les médecins capables d'être experts : les maréchaux qui n'ont point fait ces études, qui ne connaissent souvent pas, même de nom, les parties qu'ils ont à examiner, sont donc incapables de remplir cette fonction.

Je rappellerai seulement à l'expert qu'il doit faire faire les ouvertures du cadavre avec le plus de soin possible, qu'il n'y a que de l'honneur à mettre la main à l'œuvre quand il est mal assisté et que c'est sur la description des lésions morbides qu'il doit s'appesantir dans son procès-verbal. Il ne suffit pas d'avancer qu'il a trouvé une lésion ancienne ou nouvelle, il doit la décrire de manière à ce qu'il n'y ait point le moindre doute, de manière que, dans le cas où l'un des intéressés viendrait à obtenir du tribunal le renvoi du procès-verbal devant d'autres vétérinaires ou médecins, pour examiner si les lésions sont bien définies et les conséquences bien déduites, on puisse reconnaître facilement quels ont été ses motifs de décider : autrement l'expert peut voir son avis infirmé comme contenant une opinion personnelle, nullement basée.

Le 20 janvier 1825, le sieur *Chauvet*, aubergiste à Antony, département de la Seine, achète du sieur *Roussel*, marchand de chevaux, un cheval de trait à tous crins, sous poil bai châtain foncé, zain, de l'âge de cinq à six ans et de la taille d'un mètre 57 centimètres. En exerçant le cheval, il croit s'apercevoir qu'il est corneur ou poussif; le 22, il présente à M. le président du tribunal de commerce de Paris une requête pour lui demander de faire constater par un vétérinaire si le cheval a un vice redhibitoire.

Je fus nommé pour faire cette visite, je trouvai que l'animal était en bon état, qu'il paraissait très bien portant, cependant que le mouvement du flanc était agité, n'était pas naturel, et que l'animal faisait entendre un léger râlement. J'ajournai à émettre mon opinion après une seconde visite. Pendant cet ajournement, le sieur *Roussel*, qui était aussi dans le temps de sa garantie contre son vendeur, lui écrivit; celui-ci le chargea de reprendre le cheval, de le soigner et de le vendre pour son propre compte. Le sieur *Roussel* opéra cette vente dans le milieu du mois de février ; le cheval fut acheté par le sieur *Loys*, commissionnaire de roulage, rue Saint-Martin ; il fit travailler l'animal, qui tomba malade aussitôt. Le sieur *Loys* se mit en mesure de faire constater si l'animal était atteint de vices redhibitoires. Le tribunal me nomma encore pour faire cette visite, qui eut lieu le 15 février. Je ne reconnus pas l'animal, auquel je ne pensais plus : je le trouvai affecté d'une violente maladie de poitrine et sur le point de mourir ; je crus devoir suspendre mon jugement, et le cheval étant mort deux jours après, j'en fis faire l'ouverture le 18, en présence du sieur *Roussel*, qui me rappela alors que c'était le même cheval que j'avais déjà visité une fois.

L'animal était sur le côté gauche : le tissu cellulaire sous-cutané de ce côté était coloré en rouge, et ses vaisseaux engorgés de sang noir dans certains endroits.

A l'ouverture de la poitrine, il s'est écoulé de la cavité droite un litre environ d'un liquide blanchâtre, lactescent, contenant quelques portions de fausses membranes. La cavité gauche a offert la surface de la plèvre, dans toute son étendue, recouverte d'une fausse membrane jaunâtre ; les surfaces du poumon adhéraient au diaphragme, au médiastin et aux côtes par des brides jaunâtres très nombreuses, peu consistantes pour la plupart ; la partie postérieure du poumon était seule adhérente par des brides un peu fortes. La fausse membrane qui recouvrait le poumon présentait des espèces de cellules parfaitement semblables à celles que l'on remarque à la face interne du second estomac des ruminants (le bonnet). Cette fausse membrane était peu solide, se déchirait et s'enlevait facilement ; au dessous, la plèvre était rouge ; les vaisseaux qui rampent à la face interne des côtés et à la face antérieure du diaphragme étaient rouges et injectés ; le poumon paraissait rapetissé ; son tissu présentait des éminences dures, résistant sous le doigt ; son intérieur était très rouge et présentait des tubercules ou amas de matières, dans quelques uns desquels cette matière était dure et dans d'autres molle, en espèce de bouillie. Dans le côté droit de la poitrine, la plèvre était également recouverte d'une fausse membrane très épaisse, jaunâtre ; cette fausse membrane s'est détachée assez facilement dans quelques endroits des côtes et du diaphragme, et a laissé voir sur la face costale de la plèvre de petites ulcérations assez nombreuses, à surface blanchâtre, à bords bien découpés et de la grandeur d'une lentille environ, assez semblables aux aphthes que l'on trouve sur les membranes muqueuses. Dans quelques autres points, la fausse membrane était adhérente et ne pouvait pas se séparer de la plèvre sans qu'on endommageât plus ou moins celle-ci, qui, au lieu d'être lisse, était rugueuse, rude au toucher.

La portion de la plèvre de ce poumon était recouverte, excepté dans deux endroits, d'une fausse membrane très épaisse, qui s'est détachée facilement ; au dessous, on remarquait, sur presque tout le poumon une autre membrane jaune, grisâtre, à surface chagrinée, grenue au toucher, que je crus d'abord être une seconde couche de matière albumineuse, mais que l'on n'enlevait de dessus le poumon qu'avec peine, et qui était une désorganisation ou altération organique morbide de la plèvre elle-même. Au milieu de la face costale du poumon, on remarquait une place lisse, dure au toucher, de 7 à 8 centimètres de longueur sur 2 centimètres, et, dans d'autres points, sur 3 de largeur, à bords sinueux bien tranchés, à surface grise, blanchâtre : cette partie était formée d'une membrane épaisse, très dure, comme cartilagineuse. Auprès, était une seconde place absolument semblable, mais moins grande et séparée de la première par une bande étroite de la membrane jaunâtre, à surface grenue, dont j'ai parlé plus haut. Ces deux parties de la face du poumon correspondaient à un foyer purulent de matières blanchâtres, rougeâtres, mi-molles, qui exhalaient une mauvaise odeur, et qui se trouvaient, dans diverses cavités irrégulières, formées dans la substance pulmonaire. Le poumon contenait, en outre, plusieurs autres tubercules; son tissu était désorganisé, grisâtre, hépatisé dans certains points, très rouge dans d'autres, où il paraissait seulement enflammé, mais pas encore désorganisé. La partie inférieure du médiastin, près du sternum, était considérablement épaissie; elle était, dans certains endroits, de 2 centimètres d'épaisseur; elle présentait une espèce de chair excessivement rouge et dont les fibres n'avaient point de direction particulière. La face interne du péricarde était un peu rouge, le cœur mou, la face interne des gros troncs artériels un peu colorée en rouge, la membrane muqueuse de la trachée d'un gris verdâtre; les autres viscères ne m'ont présenté rien de remarquable.

D'après toutes ces lésions, j'ai estimé que le cheval était mort d'une pleurésie et d'une pneumonie déjà anciennes, avec ulcération récente et ancienne de la plèvre, avec ulcération et désorganisation anciennes du poumon; affection qu'on appelait autrefois *vieille courbature*.

J'ai choisi de préférence cet exemple, parce que les antécédents de la mort du cheval et les lésions morbides ne laissent aucun doute sur l'ancienneté de la maladie ; parce qu'il est une preuve que ces mêmes lésions, qu'on ne peut souvent pas reconnaître dans l'animal vivant, le font placer quelquefois, avec juste raison, dans le cas de la redhibition, comme poussif ou corneur ; enfin, parce qu'il peut servir à avancer l'histoire des lésions morbides de la plèvre du cheval, dont l'ulcération a été niée par quelques vétérinaires.

Autres causes de mort qui doivent être vices redhibitoires.

Quand un cheval meurt dans un temps rapproché de la vente, presque toujours l'acheteur demande à un tribunal quelconque que la cause de la mort soit constatée, afin de savoir s'il peut avoir recours contre son vendeur. L'expert a donc bien des genres de mort à vérifier. S'il est instruit, en observant soigneusement les lésions cadavériques, il sera, dans la plupart des cas, peu embarrassé pour prononcer s'il y a lieu à la redhibition ou s'il n'y a pas lieu. Toutes les morts arrivées par suite de lésions anciennes cachées, par exemple, par suite de tumeurs squirrheuses internes, d'anévrysmes, d'égagropiles, de calculs rénaux ou vésicaux, d'affections tuberculeuses du foie, de la rate, etc. ; toutes ces morts, dis-je, doivent donner lieu à la redhibition : au contraire, toutes les morts arrivées par causes récentes, postérieures à la vente, par exemple à la suite d'une inflammation aiguë de l'estomac, des poumons, des reins, etc., ne peuvent donner lieu à la résiliation du marché.

Le 29 mai 1824, le sieur *Gérard*, aubergiste, à Paris, demeurant place du marché Beauveau, achète un cheval aux sieurs *Carlier* et *Bétrilly*, associés marchands de chevaux, demeurant à Neuilly-sur-Marne, à condition que la livraison de l'animal ne se ferait que le 31, deux jours après. Le 30, le cheval paraît malade, il mange assez bien, cependant, son avoine le soir ; le 31, à cinq heures du matin, il chancelle, tombe et meurt. Le sieur *Gérard* demande la résiliation du marché, et les sieurs *Carlier* et *Bétrilly*, encore dans le temps de leur garantie, demandent à mettre leur garant en cause. Je fus nommé pour constater le genre de la mort. A l'ouverture de l'abdomen, il s'en est échappé un sang très noir, liquide et en grande quantité. Les intestins étaient teints en rouge sans être enflammés, sans que leurs vaisseaux fussent injectés ; leur membrane muqueuse était dans l'état naturel, un peu décolorée ; la couleur rouge des intestins, à l'extérieur, venait évidemment de leur séjour dans le sang épanché dans l'abdomen ; les reins étaient mous comme ils le sont presque toujours quand le corps n'a point été ouvert immédiatement après la mort ; ils étaient blafards, presque blanchâtres : le foie était sain et de couleur à peu près ordinaire ; la face postérieure du lobe gauche présentait cependant de petits filaments très rouges, flottants, de 10 à 12 millimètres de longueur et en assez grande quantité ; l'estomac était météorisé, rouge à l'extérieur comme les intestins, mais sain : il contenait des aliments en moyenne quantité, et la membrane muqueuse était saine, la portion veloutée était blafarde. Il n'en était pas de même de la rate, elle avait perdu sa forme ordinaire, elle était presque carrée ; vers sa pointe, on remarquait une tumeur ronde, à peu près de 18 centimètres de diamètre, dure, ne cédant point sous le doigt, occupant le bord inférieur particulièrement, et donnant à l'organe sa forme insolite; cette tumeur était divisée en deux portions égales à peu près sur la face antérieure par une espèce de cicatrice de la longueur de la tumeur. Cette cicatrice était irrégulière, ouverte en plusieurs points et donnant passage à des filaments noirâtres, durs, résistants, dont quelques uns avaient 2 à 3 centimètres de longueur; une ouverture de 2 centimètres de largeur sur autant de profondeur, pénétrant dans l'intérieur de la tumeur et de l'organe, se remarquait au centre environ de la cicatrice, et avait donné lieu évidemment à l'épanchement sanguin qu'on remarquait dans l'abdomen ; les viscères de la poitrine étaient blafards, les poumons étaient remplis d'air, un peu fermes et volumineux : d'après tous ces désordres, il était certain que l'animal était mort d'une hémorrhagie qui avait eu lieu par l'espèce de cicatrice qu'on remarquait sur la face antérieure de la rate, et que cette cicatrice et la tumeur étaient anciennes, très antérieures à la vente : aussi je n'hésitai pas à prononcer qu'il y avait lieu à redhibition.

Dans le mois de septembre 1823, le sieur *Levesque*, marchand de chevaux, demeurant alors à la Plaine, commune de Neuilly, avait acheté un cheval, qui mourut quelques jours après : ce marchand demanda au tribunal de commerce de Paris de commettre un vétérinaire pour procéder à l'ouverture et en dresser procès-verbal. Je fus nommé pour constater les causes de la mort. Le cheval était très météorisé : à l'ouverture de l'abdomen, en incisant les muscles abdominaux auprès du pubis, il s'est écoulé un fluide roussâtre, non limpide, chargé de débris d'aliments ; l'abdomen contenait une assez grande quantité de ce même fluide ; le péritoine était légèrement injecté et un peu rouge dans quelques points des parois inférieures de l'abdomen et dans quelques parties des intestins ; ceux-ci n'étaient point à leur place ordinaire ; l'épiploon était fortement injecté, rouge, noir même dans une grande partie de son étendue, dans celle surtout qui recouvre l'estomac; ce viscère paraissait être près du cartilage xiphoïde à la place qu'occupe ordinairement la pointe du cæcum. En dérangeant les intestins, j'ai trouvé dans l'épiploon, dans sa partie flottante, une masse agglomérée d'aliments secs, composée de foin et d'avoine et ayant assez bien la forme de l'estomac dans son état de plénitude; ce viscère était vide, et on remarquait, le long de sa grande courbure, une déchirure d'environ 36 centimètres d'étendue : la portion gastrique de l'intestin grêle, dans sa membrane muqueuse, surtout auprès du pylore, était beaucoup plus rouge que dans l'état normal ; ses vaisseaux étaient apparents, injectés : la membrane muqueuse de l'estomac était évidemment enflammée; la portion veloutée était d'un rouge cramoisi : les bords de la déchirure étaient très rouges, tuméfiés, plus épais que le reste de la paroi de l'estomac; quelques vaisseaux de la face externe de l'estomac étaient injectés; quelques portions des gros intestins sur lesquelles la masse alimentaire sortie de l'estomac avait porté étaient presque noires ; les aliments contenus dans leur intérieur paraissaient en plus grande quantité qu'ils ne le sont d'ordinaire.

Tous ces signes et lésions étant ceux d'une inflammation aiguë de l'estomac et de la portion gastrique de l'intestin grêle, ou d'une indigestion récente, causée par une trop grande quantité d'aliments, et peut-être aussi par des aliments de mauvaise qualité, et n'étant accompagnés d'aucune lésion ancienne, le sieur *Levesque* se désista de sa demande en résiliation du marché et supporta seul la perte de l'animal.

Le 16 avril 1824, le sieur *Louvet*, marchand de chevaux, à Paris, demeurant auprès de la barrière du Roule, achète un cheval à la foire de Meru. L'animal, sans être très vif, paraît en bonne santé jusqu'au 23 au soir, où il mange l'avoine comme à son ordinaire; le 24, à trois heures du matin, le garçon, en se rendant dans l'écurie, le trouve mort sur le côté droit : la litière n'était pas dérangée, elle était presque aussi fraîche qu'au moment où on l'avait faite. Nommé pour constater les causes de la mort de l'animal, je n'en pus faire l'ouverture que trois jours après, le 27.

Je trouvai, à l'ouverture de l'abdomen, cette cavité remplie d'une quantité considérable de sang noir en partie liquide, en partie formé en caillots très noirs; la portion des intestins situés à droite et qui trempaient dans le liquide avait acquis une teinte rougeâtre, mais ne présentait aucun signe d'inflammation; leur intérieur ouvert n'avait également aucune trace d'inflammation sur la membrane muqueuse : la face externe et antérieure ou diaphragmatique de l'estomac présentait de *petites membranes flottantes, à bords libres, irréguliers, terminés souvent en espèces de filaments; de pareilles membranes* se présentaient sur la face correspondante du diaphragme; cette face était même, dans quelques points, *rugueuse*, pas lisse comme elle l'est dans l'état normal; le foie était volumineux, d'une teinte grise-jaunâtre, et d'une texture moins ferme que dans l'état ordinaire; le lobe mitoyen était *beaucoup plus volumineux* qu'il ne doit être; sur la principale de ses découpures, on remarquait, à la face postérieure, une tumeur ronde de 7 centimètres environ en tout sens, noire, mollasse; sur la face antérieure du lobe, on remarquait, dans la substance même du foie, une ouverture à bords noirâtres, à fond également noirâtre, irrégulier, anfractueux, se déchirant facilement et présentant plus profondément une bouillie rougeâtre; la plaie contenait un caillot de sang très noir, et elle était bordée d'une membrane épaisse, noire, irrégulièrement déchirée, qui paraissait être la membrane péritonéale épaissie considérablement, présentant le même aspect que celle de la tumeur de la face postérieure. Cette tumeur, ouverte, a présenté une cavité, qui était remplie aussi d'un caillot de sang noir, dont toutes les parois étaient noires, se déchirant facilement et présentant une espèce de bouillie rougeâtre dans les tissus sous-jacents; le lobe droit du foie était déchiré près de son bord inférieur jusqu'à la plaie du lobe mitoyen, dans une étendue de 15 à 16 centimètres environ, et présentait une plaie de cette étendue, noire comme celle du lobe mitoyen et à fond irrégulier et mollasse; la membrane péritonéale de la face antérieure de ce lobe était soulevée presque dans toute son étendue sans avoir éprouvé d'altération particulière; un caillot épais de sang noir la séparait de la substance du foie, elle ne paraissait pas même enflammée; la face du diaphragme correspondant à cette plaie présentait, sous le doigt qui la touchait, *une surface rugueuse*; elle était d'une teinte grisâtre, différente de celle du reste du diaphragme et d'un aspect tout particulier; la substance du foie (surtout celle du lobe mitoyen et du lobe droit) était très mollasse, se réduisait facilement en une bouillie d'un gris-jaunâtre, dans laquelle on voyait des espèces de filaments mieux conservés et qui paraissaient être les vaisseaux de l'organe. Tous les autres viscères ne présentaient rien de particulier que la teinte blafarde, blanchâtre même qu'on leur remarque quand les animaux sont morts d'hémorrhagie.

Pour quoi j'estimai que le cheval était mort d'une hémorrhagie qui s'était opérée par les vaisseaux qui se distribuent dans le foie et par les plaies que l'on remarquait dans la substance même de cet organe ; que l'affection dont il était atteint était ancienne, évidemment antérieure à la vente.

En donnant sa décision dans de pareilles circonstances, l'expert doit penser qu'il a sur lui toute la responsabilité ; que c'est d'après son procès-verbal, sur son avis, que le tribunal va juger et faire perdre quelquefois des sommes assez fortes à l'une des parties : ce n'est donc qu'après le plus mûr examen qu'il doit se prononcer. En effet, si parfois les lésions cadavériques ne laissent aucune incertitude sur l'antériorité ou la non-antériorité de la maladie à la vente, quelquefois aussi il est difficile de sortir du doute lorsque la maladie et la mort ne sont arrivées que tard. C'est surtout alors que l'expert devra apporter tous ses soins à détailler les lésions trouvées à l'ouverture du cadavre ; il relatera également dans son procès-verbal tout ce qui pourra éclairer sur la nature de la maladie, particulièrement les dires et observations réciproques des parties, et il pourra arriver que l'offre, faite par chacune, de prouver ses dires déterminera le tribunal à juger, ou à renvoyer pardevant un arbitre-rapporteur chargé de recevoir ces preuves, d'en apprécier la valeur et d'en rendre compte dans un rapport. Le meilleur arbitre est l'expert lui-même.

L'expert tombe quelquefois dans une autre difficulté : à l'ouverture du cadavre, il trouve et une maladie récente postérieure à la vente, qui a fait périr l'animal, et une ancienne maladie bien antérieure à la vente, qui diminuait considérablement la valeur de cet animal, et qui aurait empêché l'acquéreur de l'acheter, ou qui au moins l'aurait empêché d'en donner à beaucoup près le même prix, s'il l'avait connue : par exemple, à l'ouverture du cadavre d'un cheval, j'ai trouvé les traces d'une angine gangreneuse, et tous les signes rationnels me portaient à croire qu'elle avait été très prompte et postérieure à la vente; mais aussi un des lobes de l'organe pulmonaire était, dans sa partie postérieure, compacte, dur, tuberculeux dans quelques points, et cette partie était adhérente aux côtes par de fortes brides ligamenteuses. Tout ici indiquait une vieille maladie de poitrine, qui mettait bien justement l'animal dans le cas de la redhibition, abstraction faite de l'angine. Comme on sait que des sympathies nombreuses existent entre les poumons et l'arrière-bouche; comme il pouvait se faire que l'angine n'avait pris ce caractère fâcheux que par suite de l'affection bien antérieure du poumon; comme, par suite de la lésion ancienne du poumon, le cheval se trouvait évidemment dans le cas prévu par l'article 1641 du Code civil, et n'ayant pu accorder les parties, je mis, en motivant mon opinion, l'accident au nombre des vices redhibitoires.

Heureusement ces cas sont excessivement rares.

Mon père a prévenu souvent cette suite de

l'affaire et l'embarras d'un jugement à prononcer, de la manière suivante : comme avant l'ouverture les parties sont incertaines de leur sort, elles sont toujours plus disposées à terminer l'affaire à l'amiable ; il leur propose de convenir par un compromis écrit de partager la perte par la moitié. En suivant cet exemple, je me suis souvent félicité d'avoir engagé les parties à faire un arrangement auquel un jugement les aurait peut-être obligées après bien des frais et de grandes pertes de temps.

Polype des cavités nasales.

Depuis la publication de mon ouvrage, l'adoption des principes qui y sont émis a donné lieu à les appliquer à quelques autres maladies ou vices des chevaux. J'en citerai un exemple remarquable.

Le sieur *Mercier*, cultivateur à Crépières, avait acheté, le 2 juillet 1828, un cheval de trait de quatre ans au sieur *Antoine Glaise*, marchand de chevaux à Saint-Germain-en-Laye. Il s'aperçut, peu après la vente, que *l'animal jetait* par les deux naseaux et qu'il était *légèrement glandé* dans l'auge. L'âge de l'animal, la nature du jetage, les avis de quelques personnes le tranquillisèrent d'abord; cependant, voyant que le jetage continuait et que l'animal avait quelque peine à respirer, il appela son marchand en résiliation du marché devant le juge de paix de Saint-Germain, qui nomma pour examiner le cheval le sieur *Delaguette*, vétérinaire d'une des compagnies des Gardes-du-corps du Roi.

Ce vétérinaire reconnut, à l'examen, un polype charnu profondément situé dans la cavité nasale gauche : il dressa procès-verbal de sa visite, estima que le polype existait avant la vente, qu'il était caché, et qu'aux termes de l'article 1641, il pouvait donner lieu à la résiliation du marché. Qoique le sieur *Mercier*, avant de citer son vendeur chez le juge de paix de Saint-Germain, eût laissé passer le temps de la garantie consacré par l'usage à Saint-Germain (neuf jours), il appela, d'après le procès-verbal et ses conclusions, son marchand devant le Tribunal de commerce de Versailles, qui, après avoir entendu les parties, nonobstant la fin de non-recevoir avancée par le défenseur, que le temps de la garantie d'usage était passé:

Attendu qu'aux termes de l'article 1648 du Code civil, le vice, suivant sa nature, doit être apprécié dans le délai fixé, mais que ce délai peut bien n'être pas suffisant pour découvrir le mal dont il question;

Que ce mal, suivant l'avis et rapport du sieur Delaguette, *auquel ledit cheval a été soumis le 22 juillet, est rare et extraordinaire; qu'il n'est pas qualifié vice rédhibitoire, mais que, par sa nature, il peut recevoir cette qualification:*

Par ces motifs, etc., ordonna, par son jugement du 6 août suivant, que le cheval serait visité de nouveau par le sieur *Morand*, médecin-vétérinaire des écuries du Roi, qui constaterait si le mal existait avant la vente du 2 juillet.

Je vais donner les conclusions du procès-verbal de M. *Morand*, et le jugement définitif, rendu par le Tribunal de Versailles.

Conclusion du procès-verbal d'expert.

D'après ces symptômes et lésions, je conclus que cette affection est très ancienne, antérieure à la vente, et susceptible de nuire au service de l'animal; qu'en raison du jeune âge elle a pu être confondue par l'acheteur avec la gourme, et j'estime qu'il y a lieu à l'application des articles 1641 et 1643 du Code civil. En foi de quoi, j'ai dressé le présent procès-verbal pour servir et valoir ce que de droit.

Fait à Versailles, le 17 août 1828.

Signé P. MORAND.

Jugement du Tribunal de commerce.

La cause ayant été appelée à plusieurs audiences et remise enfin à celle du 8 octobre, le Tribunal a prononcé :

Attendu que le rapport du sieur Morand a été dressé au vœu du jugement du 6 août dernier, qu'il est régulier en la forme et juste au fond;

Que les parties étaient présentes lors de

l'examen dudit cheval et de la rédaction d'icelui ;

Entérine ledit rapport :

Statuant d'abord sur la demande principale ;

Attendu qu'il résulte de ce rapport que le cheval dont est question est atteint d'une maladie cachée, nommée Polype; que ce mal, empêchant ledit cheval de respirer, doit l'empêcher aussi de vaquer aux travaux auxquels il était destiné et que ce mal était ancien et antérieur à la vente ;

Attendu que, suivant l'article 1641 du Code civil, le vendeur est tenu de la garantie à raison des défauts cachés de la chose vendue qui la rendent impropre à l'usage auquel on la destine, ou qui diminuent tellement cet usage, que l'acheteur ne l'aurait pas acquise pour le prix convenu, s'il les avait connus et que, suivant l'article 1643 dudit Code, le vendeur est tenu des vices cachés quand même il ne les aurait pas connus, à moins que, dans ce cas, il n'ait été stipulé qu'il n'était tenu à aucune garantie :

Déclare, par ces motifs, la vente faite, le 2 juillet dernier, du cheval dont il s'agit, par Antoine Glaise, *au sieur* Mercier, *résiliée, et la considère comme nulle et non avenue à l'égard des parties : en conséquence, ordonne, etc.*

On voit que, dans cette circonstance, le Tribunal de commerce de Versailles, ne consultant que l'équité, a admis, d'après l'article 1641 du Code civil, comme vice redhibitoire une maladie qu'aucun usage local n'avait encore placée dans cette catégorie; on voit aussi que le même tribunal, interprétant l'article 1648 d'après les mêmes principes d'équité, a pensé que si l'usage des lieux relatif à la durée de la garantie pouvait être conservé dans quelques cas, il devait être modifié aussi *suivant la nature du vice* dans tous les cas où l'équité serait blessée. Il a donc adopté pleinement ma manière d'interpréter cet article.

Un jugement du Tribunal de commerce de Mantes, en date du 16 novembre 1832, est venu s'ajouter à celui du Tribunal de commerce de Versailles. Seulement le temps de la garantie, comme dans le premier cas, n'était pas écoulé (Oudard contre Perrier). Rapport de MM. Foulon, Renault et Pasazol, vétérinaires.

CHAPITRE X.

VICES REDHIBITOIRES DANS L'ESPÈCE BOVINE.

Les animaux de l'espèce bovine sont achetés dans trois buts principaux différents : dans le but de les faire travailler, dans celui d'en obtenir du lait et dans celui d'en faire des bêtes de boucherie. On pourrait croire d'après cela que leur commerce doit donner lieu à plus de contestations, c'est le contraire : une circonstance en diminue beaucoup le nombre; dans le cas où l'animal acheté pour un des deux premiers buts que je viens de citer n'y est pas propre, il est presque toujours bon pour la boucherie, et l'acquéreur aime souvent mieux alors l'y préparer que d'entamer un procès. Une autre raison, c'est que les marchés pour les bêtes de travail se font, en général, lentement, sciemment, et qu'il est difficile de cacher les défauts qui feraient rejeter l'animal.

Les vices qui paraissent devoir être redhibitoires sont, à l'égard des bœufs vendus comme animaux de travail, la méchanceté quand l'animal refuse de travailler, de se laisser atteler, et quand il cherche à blesser les personnes qui veulent le maîtriser, et cela encore quand l'acheteur n'a pas essayé l'animal suffisamment pour se convaincre du vice; les boiteries anciennes alternatives dites de *vieux mal* peuvent aussi, comme à l'égard du cheval, donner lieu à la redhibition. (Voyez ce qui a été dit à l'égard de ces boiteries dans le cheval, page 128.) Enfin toutes les maladies internes cachées qu'on ne peut reconnaître que par un examen spécial, et qui empêchent l'animal de remplir le but de l'achat, comme à l'égard du cheval, peuvent être redhibitoires.

Pour les vaches vendues comme vaches laitières, le défaut de ne point donner suffisamment de lait est dans le même cas. En effet, c'est un défaut que l'on cache assez facilement par un procédé que connaissent tous les marchands de vaches, et qui consiste simplement à laisser le pis s'emplir du lait des deux ou trois traites qui précèdent la vente, afin de faire paraître le pis plus gros et de faire croire la vache bonne laitière, quoiqu'elle ne le soit réellement pas. Dans ce but, on lie même les trayons pour empêcher le lait de se perdre.

Mais cette fraude, passée presqu'en coutume dans certains grands marchés, a un inconvénient très grave : le pis en devient quelquefois malade, le lendemain ou le surlendemain de la vente, il est engorgé, dur, douloureux, et le peu de lait qui en sort est mêlé de sang ou de sérosité roussâtre, qui devient plus tard du pus. Quelquefois il en résulte la suppression totale de la sécrétion du lait, en sorte que l'acheteur, au lieu d'avoir une vache laitière, n'a plus qu'une vache malade, ou au moins qui ne donne pas de lait : il a été trompé ; la cause de l'accident est du fait du vendeur, l'animal ne remplit pas le but que l'acquéreur s'était proposé et que le vendeur lui avait garanti devoir remplir; il doit donc y avoir lieu à la redhibition.

A Paris, aux marchés de la Chapelle et de la Maison-Blanche, une vache vendue comme vache laitière, qui ne donne pas 4 pintes (4 litres actuels) de lait, se trouve dans le cas de la redhibition, à plus forte raison quand elle vient à donner du sang et du pus, par un accident antérieur à la vente, de la faute du vendeur.

A Paris, les marchands sont garants des suites du vêlage, à moins de stipulations spéciales de leur part. Si donc le délivre n'est pas bien sorti; si la vache est malade et sans lait à la suite de cet accident, le marchand en est responsable. Cet usage est très bon en ce que les marchands, qui garantissent toujours verbalement que la bête est bien délivrée, affirmeraient, après la vente, qu'ils n'ont point donné cette garantie. Par là, l'acquéreur se trouve à l'abri du manque de bonne foi; c'est au marchand, s'il ne garantit pas sa bête, à exiger de l'acquéreur une reconnaissance écrite d'achat sans garantie. Cet usage, antérieur au Code civil, est bien en rapport, comme on le voit, avec l'esprit de l'article 1641 et suivants; il n'est en contradiction avec aucun autre, et il doit être conservé, puisqu'il ôte un moyen de tromper. Il favorise singulièrement les arrangements à l'amiable entre les parties.

La phthisie pulmonaire, connue sous les noms de *pommelière*, de *pourriture des poumons*, d'*autée*, de *pousse*; les autres maladies chroniques des viscères et cachées au moment de la vente; les causes de mort apercevables seulement lors de l'ouverture des cadavres, sont, comme dans le cheval et dans le bœuf de travail, autant de vices redhibitoires; tandis que toutes les maladies récentes, telles qu'une pleurésie aiguë, une esquinancie, le renversement de matrice à la suite d'un part postérieur à la vente, quand, toutefois, le vendeur n'est pas garant des suites du vêlage par l'usage des lieux ou par convention, ne peuvent être dans ce cas.

Dans quelques endroits, les anciens usages avaient mis au nombre des vices redhibitoires de cette espèce d'animaux le pissement de sang, n'importe la cause; et le vétérinaire peut encore être appelé pour décider si cet accident doit donner lieu à la redhibition.

Examinons donc si le pissement de sang diminue la valeur de l'animal, s'il peut exister avant la vente, et s'il peut être caché au moment où elle se fait.

Le pissement de sang est un signe commun à plusieurs maladies : ainsi, d'une part, on le rencontre dans l'inflammation aiguë des reins, et quelquefois dans celle des uretères ou de la vessie; d'autre part, on le remarque lorsqu'il y a dans les reins ou dans quelque autre partie du canal urinaire des calculs, qui irritent et enflamment les parties dans lesquelles ils se trouvent. Tous ces accidents sont dangereux; tous ôtent de la valeur à l'animal, et il n'y a pas de doute que le pissement de sang qui en résulte ne puisse exister et être caché au moment de la vente. Il y a donc des circonstances où le pissement de sang peut être redhibitoire.

Mais aussi il peut arriver que l'acheteur ait fatigué l'animal ; qu'il lui ait donné des aliments trop stimulants, âcres même, et qu'il ait causé ainsi une inflammation des reins et le pissement de sang. Il peut donc arriver aussi que cet accident ne doive pas être redhibitoire. Le vétérinaire ne saurait, en conséquence, prendre trop de précautions ; il recherchera soigneusement la maladie qui produit l'accident, et s'il la découvre, il prononcera. Dans tous les cas, si le pissement de sang s'est manifesté aussitôt après la vente, sans que l'animal ait pu être fatigué ; si l'acheteur s'est mis de suite en mesure de faire résilier le marché, toutes les conditions seront en sa faveur ; mais si le pissement ne s'est manifesté qu'après quelques jours ; si l'acheteur a fait travailler l'animal et s'il l'a nourri fortement, les conditions ne sont plus les mêmes, elles sont en faveur du vendeur : tout porte à présumer que c'est une inflammation récente des conduits urinaires, et il n'y aurait plus que la certitude de la présence de calculs dans les reins ou dans la vessie qui pourrait faire mettre l'accident au nombre des vices redhibitoires.

Je ne m'étendrai pas davantage sur ce sujet de contestations très rare, parce qu'il ne s'élève que pour des bœufs de travail, que l'on achète ordinairement lorsqu'on les connaît ou après les avoir essayés. Si le vétérinaire-arbitre n'est pas suffisamment éclairé sur la nature de la maladie par le simple examen de l'animal, il le sera souvent par les renseignements locaux qui lui seront donnés, et dans ce cas il se trompera rarement dans son avis motivé.

CHAPITRE XI.

VICES REDHIBITOIRES POUR L'ESPÈCE OVINE.

Les bêtes à laine s'achètent de deux manières, ou individuellement, ou par lots.

Quand elles sont achetées individuellement, le vendeur est tenu de tous les défauts qui rentrent dans ceux prévus par l'article 1641 du Code civil. Le bélier et la brebis ainsi vendus se trouvent tout à fait dans le même cas que le cheval, la vache et le bœuf vendus isolément : ainsi, la phthisie pulmonaire et toutes les autres maladies chroniques des viscères, et cachées, mettent l'animal dans le cas de la redhibition ; ainsi un anévrysme qui le tuerait subitement, un égagropile qui le ferait mourir de coliques quelques jours après la vente, doivent donner lieu à la résiliation du marché.

Si l'animal a été acquis sans avoir été vu par l'acheteur, ce qui est assez fréquent, tous les défauts, même visibles, qui diminuent l'usage pour lequel on l'avait acheté, deviennent redhibitoires, tels que la gale, la pourriture, le piétain, etc., parce que c'est un marché de confiance. (Voyez première Partie, chapitre VI, page 95.)

Mais il est rare que les bêtes à laine soient vendues isolément, c'est presque toujours par lots ; et comme il est impossible que, sur un certain nombre d'animaux, il n'y en ait pas quelques uns moins bons que les autres, quelques uns même affectés de vices cachés ; comme l'acquéreur sait qu'il a cette chance à courir ; comme les meilleures bêtes compensent les moins bonnes, il ne serait pas dans l'intérêt du commerce que l'acquéreur, pour une bête affectée d'un vice caché, fût reçu à faire casser son marché : aussi, dans ce cas, ne doit-on regarder comme vice redhibitoire que la maladie qui peut exister simultanément sur le plus grand nombre des animaux, c'est à dire une de celles qu'on a appelées *épizooties* et *enzooties*, et surtout les *affections contagieuses* (1).

Des maladies graves, quand elles sont visibles au moment de la vente, ne peu-

---

(1) Par épizooties, j'entends ces maladies passagères qui attaquent les animaux dans une grande étendue de pays, qui quelquefois, s'étendant successivement d'une province à l'autre, semblent, pour ainsi dire, se promener sur une partie du globe sans que leurs causes puissent être attribuées par conséquent à aucune circonstance particulière de localité. Par enzooties, j'entends ces maladies qui sont bornées à une localité, dans laquelle elles sévissent de temps en temps, et dont les causes sont partout saisissables pour l'homme doué d'un esprit observateur et judicieux.

vent être redhibitoires, si l'acquéreur a vu les bêtes, ou s'il a chargé quelqu'un de les acheter pour lui. Le nombre des cas redhibitoires se réduit donc à quelques circonstances dans lesquelles ces maladies ont pu être cachées au moment de la vente, et se manifester seulement après : or, la pourriture, le claveau et le piétain ont été quelquefois dans ce cas.

La *pourriture* est caractérisée par la couleur blafarde, blanchâtre de l'œil et de la bouche, par la faiblesse des animaux, par leur marche lente, par leur faible résistance lorsqu'on les saisit; le pouls est moins fort, moins fréquent; le dessous de la ganache s'engorge, s'infiltre d'une humeur liquide; les animaux ont ce qu'on appelle vulgairement la *bouteille;* ils ont une soif vive, la laine s'arrache facilement. Si la maladie est portée au dernier degré, la diarrhée se manifeste et emporte les malades. A l'ouverture, on trouve que les cavités contiennent de la sérosité, qu'il y a hydropisie, que tous les tissus sont infiltrés d'une sérosité limpide, qu'ils sont blancs, décolorés, livides, que les vaisseaux ne contiennent presque point de sang, et si la maladie a existé longtemps, que le foie, les intestins, les poumons et même le cerveau sont garnis de différentes espèces de vers.

Quelques animaux peuvent se rétablir, il est vrai; mais ceux qui sont grièvement attaqués, ou ne vivent pas longtemps, ou languissent et restent de mauvais animaux: la maladie ôte donc, d'une part, beaucoup de valeur au troupeau affecté; si d'une autre elle peut être cachée momentanément, elle se trouvera alors de droit au nombre des vices redhibitoires : or, un régime stimulant, le régime de l'avoine, par exemple, peut voiler les symptômes de la pourriture en donnant accidentellement aux animaux une vigueur trompeuse; mais aussitôt que le troupeau sera remis au régime ordinaire des exploitations rurales, les symptômes reparaîtront; l'acheteur reconnaîtra la maladie, et en demandant promptement la résiliation du marché, il aura droit de l'obtenir, aux termes de l'article 1641 : déjà ce cas s'est présenté.

Le *claveau* (1) est une maladie éminemment contagieuse, caractérisée par une éruption de boutons qui se montrent à la tête, sur les lèvres et autour des yeux, aux ars, à la surface interne des avant-bras et des cuisses, sous le ventre et quelquefois sur tout le corps, ces boutons sont élevés sur la peau ; leur bord est bien marqué et leur centre aplati ; ils ont depuis la largeur d'une lentille jusqu'à celle d'une pièce d'un franc, leur forme est quelquefois irrégulière ; enfin ils sont tantôt rassemblés, tantôt disséminés, tantôt en cordons. Ces boutons n'apparaissent, comme dans toutes les maladies éruptives, que quelque temps après l'invasion de la maladie, après quelques accès de fièvre ; mais si le claveau se présente d'une manière bénigne, les boutons sont très rares, les animaux à peine malades, et les premiers

---

(1) On appelle encore cette maladie *clavelée*, *clavelin*, *clavin*, *gravelade*, *picote*, *rougeole*, *petite-vérole*.

affectés peuvent l'être sans qu'on s'en aperçoive. Elle peut donc être cachée au moment de la vente : comme en même temps elle déprécie beaucoup un troupeau, comme elle est très contagieuse et peut, en conséquence, se communiquer aux autres troupeaux, et comme aussi elle peut être très meurtrière dans certaines circonstances elle doit se trouver quelquefois dans le cas de la redhibition.

Le *piétain* (1) est un ulcère de l'ongle qui s'annonce par la séparation de la corne de la face interne de l'onglon, et par le suintement d'une humeur séreuse d'abord, ensuite puriforme et fétide : il désorganise et détache petit à petit toute la corne si l'on n'y remédie point promptement, et l'ongle entier finit par tomber. La douleur que les animaux éprouvent leur donne une fièvre très forte, et quelques uns périssent des suites de la maladie : elle pa-

---

(1) Il est encore nommé *crapaud*, *clopin*, *mal blanc*, *pourriture* et *mal des pieds*. (Voyez *Girard*, Traité du Pied considéré dans les animaux domestiques.)

raît contagieuse. La boiterie, qui est le premier indice, arrive seulement quand l'affection a déjà quelques jours d'existence ; elle peut donc être cachée au moment de la vente des animaux ; elle les déprécie beaucoup, à cause des soins multipliés et souvent dispendieux que le traitement nécessite : elle peut, en conséquence, comme le claveau, donner lieu à une demande en résiliation du marché, si elle s'est déclarée peu après la vente.

Si le troupeau n'a pas été acheté en entier, il est facile de savoir si la maladie qu'on reproche aux animaux, parmi l'une des trois dont je viens de parler (la pourriture, le claveau et le piétain), est antérieure à la vente ; il n'y a qu'à constater si elle existe dans la partie restée au vendeur. Si le troupeau a été acheté en entier, l'apparition de la maladie dans un court délai sera en faveur de l'acquéreur. Au reste, comme dans presque toutes les contestations relatives à des animaux nouvellement vendus et affectés de l'une ou de l'autre de ces maladies, ce sont généralement des preuves matérielles qu'il faut fournir au Tribunal, l'expert n'est le plus souvent appelé que pour constater l'existence de la maladie, et son expertise est peu difficile.

Cependant, comme il pourrait arriver, dans les lieux où ces maladies ne sont pas redhibitoires d'après les anciens usages, que l'expert fût consulté pour fixer cette durée, il me semble que neuf jours sont suffisants, et que l'une ou l'autre des trois maladies dont il vient d'être question se manifestera dans cet espace de temps, si elle existait antérieurement à la vente, et si l'acquéreur surveille son achat avec le soin nécessaire. Un délai plus long présenterait un inconvénient dont j'ai déjà parlé; la maladie pourrait se développer dans le troupeau par la faute de l'acquéreur, et le vendeur en être injustement responsable. J'indique le terme de neuf jours comme un terme moyen, qui peut varier suivant les circonstances.

Il est une autre maladie qui donne quelquefois encore lieu à contestation lors des marchés de bêtes à laine, c'est la gale. Il est assez facile, en effet, de cacher l'existence de cette maladie, en soustrayant d'un troupeau à vendre tous les animaux qui en portent les signes évidents, pour n'exposer en vente que ceux qui, ayant été avec les autres, peuvent avoir les premières atteintes de la gale sans présenter pour cela aucun de ses signes extérieurs apparents.

Comme, d'autre part, elle diminue beaucoup la valeur des animaux par le tort qu'elle leur fait et par la difficulté de la faire disparaître, elle peut aussi placer un troupeau dans le cas de la redhibition.

Je ne parlerai point ici de ses signes ; la maladie est trop connue malheureusement à cause de sa fréquence dans les troupeaux, et à cause du tort qu'elle y apporte par la difficulté de la faire disparaître ; je dirai seulement, comme je l'ai dit à l'égard du piétain, que le vétérinaire pouvant être consulté dans les lieux où cette maladie n'est point redhibitoire d'après les anciens usages, pour décider si la demande en garantie a été faite en temps opportun, je pense qu'une durée de quelques jours, de neuf jours par exemple, doit suffire à l'acheteur, pour s'apercevoir de la présence de l'affection, s'il soigne et surveille ses bêtes comme il doit le faire; je dirai, enfin, qu'une durée de garantie plus longue pourrait donner occasion à ce que la gale fût gagnée chez l'acheteur, et à ce qu'une grave injustice fût commise.

Il est enfin une autre maladie des bêtes à laine, qui peut se développer quelques jours après la vente; c'est celle qu'on a appelée la *maladie du sang* (1), affection qui tue les animaux subitement, et qui, d'après ce que j'ai vu et les renseignements que j'ai reçus, paraît être une espèce d'irruption ou d'apoplexie sanguine sur quelques uns des viscères importants des cavités splanchniques, principalement sur ceux de l'abdomen, et en particulier sur le foie et la rate.

---

(1) *Sang de rate, maladie rouge, maladie de Sologne.*

Les animaux cessent de manger, de marcher; ils baissent la tête et tombent; les flancs battent d'une manière extraordinaire, comme cela a lieu à l'approche d'une mort violente. De la bave s'écoule de la bouche; souvent du sang s'échappe des naseaux; des mouvements convulsifs surviennent dans tout le corps, et l'animal ne tarde pas à mourir; rarement il languit plus de quelques jours : aucun traitement curatif ne peut être regardé comme efficace, et les animaux attaqués meurent.

C'est sur ceux qui paraissent en meilleur état qu'elle se manifeste ordinairement d'abord, et il n'y a aucun signe précurseur qui puisse l'indiquer quelque temps à l'avance. Il est donc facile de vendre un lot, même un troupeau de bêtes à laine dans lequel elle commence à sévir, sans que l'acheteur puisse se douter en aucune façon qu'elle y existe. Comme elle fait un tort infini, elle peut être, sans aucun doute, dans quelques cas, au nombre des vices redhibitoires.

Quoiqu'il soit très probable que le développement de la maladie est dû à la prolongation d'un mauvais régime et aux suites du passage de ce régime à un meilleur, que par conséquent il y ait lieu à penser que les causes de l'affection sont très anciennes, cependant, si l'on fait attention que si elle est quelque temps sans se manifester après l'achat, c'est que les animaux sont encore dans un état qui permet, au moyen d'un régime convenable, de les conserver en santé; si l'on fait attention qu'il règne encore beaucoup d'incertitude sur la nature de la maladie; si l'on fait attention qu'un régime mal combiné avec l'état des animaux au moment de l'achat et continué quelque temps par l'acheteur peut donner lieu au développement de la maladie, on jugera prudent de n'admettre, relativement à elle, qu'une durée de garantie courte, que celle de neuf jours par exemple.

Le vétérinaire appelé pour constater si c'est la maladie du sang qui règne dans un troupeau devra aussi faire attention qu'il ne suffit pas qu'un ou deux individus soient morts avec les symptômes de la maladie, pour dire qu'elle y est enzootique, mais qu'il faut qu'il y en ait un nombre assez considérable pour que la valeur du restant soit notablement diminuée; il faudra aussi qu'il prenne garde de confondre cette affection avec des attaques d'apoplexie cérébrale ou pulmonaire qui, dans des temps très chauds, font périr sporadiquement des animaux sans qu'une autre cause générale y soit pour quelque chose. C'est une des maladies qui, pour être constatée bien positivement par le vétérinaire, exigera de sa part une attention très soutenue; on peut même dire que son existence dans un troupeau ne peut être constatée que par une suite de raisonnements et d'inductions; il sera donc nécessaire de bien détailler le procès-verbal.

Quand un troupeau se vend sans être vu par l'acquéreur ou par une personne fondée de pouvoirs de sa part, presque toujours le vendeur garantit, dans ce cas, le troupeau *en bon état;* et au moment de la livraison, s'il est attaqué de la gale, s'il y a un grand nombre de bêtes affectées du tournis, ou vieilles, mauvaises, ce n'est plus un troupeau en bon état, propre à remplir complètement le but de l'acheteur ; les conditions du marché ne sont pas remplies, et l'acquéreur a le droit de demander la résiliation : il est inutile de répéter qu'il doit faire constater l'état des animaux sur-le-champ et d'une manière légale.

CHAPITRE XII.

VICES REDHIBITOIRES DANS L'ESPÈCE DU PORC.

Dans quelques endroits, la coutume locale désigne comme vice redhibitoire dans le porc l'affection connue sous le nom de *ladrerie*. C'est une maladie dont les progrès sont lents, dont les symptômes ne sont apparents que longtemps après l'invasion ; qui diminue la valeur de l'animal en rendant sa chair de mauvaise qualité ; qui, même lorsqu'elle est déjà avancée, est difficile à reconnaître : aussi, dans quelques marchés, on avait autrefois commis, exprès pour cela, des hommes qu'on appelait *langueyeurs*, parce que c'est à la base de la langue, à des vésicules blanchâtres qui s'y trouvent, qu'ils reconnaissaient la maladie. En effet, ces vésicules ou tumeurs blanchâtres en sont le signe particulier univoque; on les regarde comme des vers hydatides (cysticercus cellulosæ, *Rudolphi*). Les autres signes sont très incertains quand la maladie n'est pas avancée, et ne suffisent pas sans le premier : ce sont l'insensibilité, la rigidité de la peau, la faiblesse générale du porc; ils ne sont même pas marqués dans les commencements où l'animal paraît avoir une bonne santé.

Non seulement les vésicules blanchâtres se trouvent à la base de la langue, mais encore on en rencontre dans la chair; ce qui fait, outre son insipidité, qu'elle répugne à manger; elle prend encore mal le sel : en sorte qu'on ne peut pas l'employer de cette manière.

On sait que, sous le rapport de la reproduction, les animaux malades sont moins propres à donner une bonne race; sous tous les rapports, un porc ladre ne peut remplir le but de l'acheteur, et la ladrerie se trouve dans le cas prévu par l'article 1641 du Code civil.

Le porc est sujet à une autre maladie qu'on appelle la *soie*, et qu'on a prétendue devoir être aussi vice redhibitoire. Nous verrons plus loin, à l'article *Fièvre charbonneuse*, dont la soie n'est qu'une variété ou plutôt un symptôme, si cet accident peut donner lieu à la redhibition.

Tout ce que j'ai dit dans le chapitre précédent, par rapport à la vente des bêtes à laine en lots, s'applique à la vente des porcs faite de cette manière : je ne reviendrai donc pas sur ce sujet.

CHAPITRE XIII.

VICES REDHIBITOIRES DANS LES AUTRES ESPÈCES.

L'espèce du porc est la dernière pour laquelle les anciens usages admettaient des vices redhibitoires, probablement parce que les autres animaux, ou sont en général d'une valeur très faible, ou sont seulement des objets de fantaisie et non d'utilité. Cependant, comme le Code civil ne dit pas qu'il ne doive y avoir de redhibition que pour certains animaux, il peut s'élever des demandes en garantie pour les autres; je pense néanmoins qu'il ne peut y avoir lieu à redhibition à l'égard de ces animaux que lorsqu'ils ont été vendus à un prix extraordinaire, en raison de qualités précieuses que le vendeur aurait garanties, et lorsque les animaux vendus ne remplissent en aucune manière le but pour lequel ils ont été achetés.

CHAPITRE XIV.

MALADIES COMMUNES AUX DIVERSES ESPÈCES D'ANIMAUX DOMESTIQUES ET QUI PEUVENT DONNER LIEU A LA REDHIBITION.

Dans les espèces d'animaux pour lesquels la redhibition a généralement lieu, deux maladies communes à toutes sont encore vices redhibitoires, ce sont l'épilepsie et la rage; le charbon a été placé quelquefois sur la même ligne : nous verrons s'il est des cas où l'on puisse l'y mettre.

Épilepsie.

Cette maladie, dont la nature et le siége dans les animaux ne sont pas encore bien connus, se manifeste par accès, qui sont en général d'autant moins fréquents, moins intenses, moins longs, et qui laissent d'autant moins de traces dans les intervalles, que l'affection est plus récente.

Les animaux qui paraissent en bonne santé deviennent presque tout à coup souffrants : s'ils sont en marche, ils s'arrêtent, ils sont comme étourdis; la respiration devient laborieuse, très irrégulière; la circulation éprouve les mêmes aberrations; les animaux perdent l'usage des sens; ils tombent, ils éprouvent des convulsions; quelques uns poussent des cris plaintifs; ils écument; le globe de l'œil est agité dans l'orbite. Après un temps plus ou moins prolongé, le calme se rétablit, les sens reviennent à leur premier état; mais l'animal reste souffrant d'autant plus longtemps que l'accès a été plus long et plus violent. Peu à peu ces accès se rapprochent, augmentent d'intensité, et l'animal meurt.

Jusqu'à présent l'on n'a aucun moyen certain de guérison; seulement on sait qu'un bon régime ralentit la marche de l'affection : les symptômes qui la font reconnaître sont les mêmes à peu près dans toutes les espèces d'animaux. Il paraît que les descendants de ceux affectés sont plus sujets que d'autres à devenir épileptiques.

Une affection qui se déclare par accès entre lesquels l'animal semble bien portant, qui n'a jusqu'à présent point de chance de guérison, mais encore qui peut être cause de dommages considérables, puisque, si c'est un cheval qui en est atteint, il peut, dans l'accès, renverser son cavalier, briser l'attelage; enfin une affection qui passe pour se développer plus communément dans les descendants d'animaux déjà malades, est, sans aucun doute, vice redhibitoire à l'égard de tous les animaux.

Comme les accès d'épilepsie arrivent à de longs intervalles, dans les commencements surtout, le temps de la garantie fixé par les anciens usages des lieux n'est souvent pas assez long pour que l'acquéreur puisse s'apercevoir de la maladie; et des personnes n'osent pas intenter une action en redhibition quand ce temps est passé. Cependant l'art. 1648 du Code civil, en permettant aux tribunaux de décider si l'action a été intentée dans un court délai, *suivant la nature du vice*, laisse, aux personnes qui ont acheté des animaux épileptiques, une durée de garantie que *la nature du vice* paraît devoir seule maintenant déterminer. Je pense donc que la personne qui intenterait légalement l'action redhibitoire dans un délai convenable pour l'épilepsie, dans un délai de vingt-cinq ou trente jours par exemple, pourrait avoir droit devant les Tribunaux. J'ai déjà donné un exemple où le Tribunal de commerce de Versailles avait adopté une durée de garantie plus longue que la durée ordinaire de la garantie pour un *polype* des cavités nasales (1).

---

(1) *Gazette des Tribunaux* du 5 juin 1830.
Le réglement provincial d'Artois du 14 février 1785 n'admet, comme vices redhibitoires, que la morve, la pousse, la courbature et le cornage; mais les régle-

Lorsque le vétérinaire est nommé pour constater l'existence d'une maladie qui se manifeste par accès, il n'a d'autre manière de procéder que de faire placer l'animal dans un lieu à sa convenance, où il puisse être témoin des accès, ou au moins dans un établissement public où une personne de confiance puisse les observer et lui en rendre un compte impartial.

---

ments locaux doivent-ils encore aujourd'hui servir de règle? Sous notre législation centralisée, chaque province aurait-elle conservé, en matière de vente d'animaux, ses principes à part, en contradiction dans les divers marchés du royaume? Le Code civil (art. 1648) dit bien que l'action résultant des vices redhibitoires doit être intentée dans un bref délai, suivant l'usage du lieu où la vente a été faite, d'où l'on voudrait inférer que le législateur moderne a entendu maintenir les anciens usages. Cette doctrine est fortement combattue par *Huzard*; elle a été également repoussée par le Tribunal d'Arras qui, par extension du réglement provincial du 14 février 1785, a appliqué à la vente d'un cheval atteint d'épilepsie le principe absolu en matière de vente, qui veut que garantie soit due à l'acheteur pour tous les vices de la chose qui la rendent impropre à l'usage auquel elle est destinée (art. 1641 du Code civil).

Rage.

Cette terrible maladie peut rester cachée assez long-temps sans que les animaux affectés offrent les plus légers symptômes de malaise, elle les rend de nulle valeur, puisqu'elle est jusqu'à présent incurable; elle les rend excessivement dangereux par sa nature contagieuse, si ce sont des carnivores qui en sont atteints; aucune n'est donc, à plus juste titre, rangée parmi les vices redhibitoires : voyons les principaux symptômes auxquels on peut la reconnaître.

Le cheval devenu enragé par suite de la morsure d'un carnivore est d'abord triste, abattu; il a peu d'appétit; la circulation est très irrégulière. Bientôt des accès convulsifs se manifestent; l'animal frappe des pieds de devant; ses yeux deviennent rouges, animés; il se livre à des mouvements désordonnés; il mord les corps environnants, se mord souvent lui-même; la peau se couvre momentanément de sueurs; il laisse échapper une bave écumeuse; il a quelquefois les liquides en aversion, quelquefois il ne les refuse point. A mesure que les accès se renouvellent, ils deviennent plus violents, les forces s'affaiblissent, et enfin l'animal périt.

Le bœuf pousse des beuglements plaintifs, sourds; il a les yeux hagards, rouges; il cherche à frapper avec ses cornes, à se jeter sur les animaux et sur les personnes qui l'approchent; il est, à une certaine période, dans un état d'excitation, d'irritabilité extrême; quelquefois, mais rarement, il cherche à mordre; la peau, ainsi que le cheval, est de temps en temps chaude, couverte de sueurs, et le pouls très irrégulier. Quand la maladie est plus avancée, les accès convulsifs sont suivis d'un affaiblissement des forces d'autant plus grand que les accès sont plus forts et plus rapprochés.

Outre ces mêmes symptômes, le bélier et la brebis ont la marche plus active qu'à l'ordinaire et sans but apparent : on a dit aussi qu'ils montaient quelquefois sur les autres, comme s'ils étaient en chaleur.

Le chien et le porc affectés sont tristes d'abord, abattus; ils restent tapis dans un coin, ils grognent sans cause apparente; ils refusent ordinairement les aliments et les boissons, ou n'en prennent qu'en petite quantité. Après quelques jours, les symptômes augmentent; le chien quitte sa demeure, il erre çà et là; sa démarche est lente, incertaine, mal assurée; le poil est hérissé, l'œil hagard ou fixe; la tête est basse; la gueule béante, pleine d'une bave écumeuse; la langue est pendante; la queue basse, serrée entre les jambes. Le porc offre presque ces mêmes symptômes. A une époque plus avancée, l'un et l'autre se jettent sur les animaux qu'ils rencontrent, ils les mordent sans s'acharner après eux; quelquefois ils éprouvent des convulsions à l'aspect de l'eau, des liquides, ou des corps polis; ils se jettent sur ceux-ci, les mordent avec fureur et s'éloignent ensuite. Bientôt les forces s'épuisent, l'animal ne peut plus que se traîner, les convulsions se multiplient, et la mort ne tarde pas à arriver.

Dans une maladie aussi redoutable, non seulement les animaux enragés sont dans le cas de la redhibition, mais encore ceux qui sont seulement *suspectés* d'être affectés, c'est à dire qui ont été mordus par des animaux évidemment enragés, dont les morsures peuvent communiquer la rage, tels que le chien, le porc. Les animaux qui ont éprouvé cet accident sont dans le cas prévu par l'article 459 du Code pénal; ils sont aussi, sans aucun doute, dans celui prévu par l'arrêt du Conseil d'État du Roi, du 16 juillet 1784, dont nous avons parlé (chapitre VII), et qui défend de mettre en vente un animal suspecté de maladie contagieuse. C'est pour l'intérêt public que le législateur a fait la loi, et son application au cas dont il s'agit est on ne peut plus juste, je dirai même nécessaire. Combien est coupable, en effet, celui qui expose en vente un animal enragé !

Dans le cas où il ne serait pas prouvé que l'animal a été mordu par un animal enragé, il n'y a d'autre moyen de s'en assurer que de le faire déposer dans un lieu sûr, et où il restera assez de temps pour que la maladie puisse se déclarer : deux mois paraissent un terme au moins nécessaire pour décider que l'animal n'est point enragé.

Charbon. — Fièvre charbonneuse.

On a mis quelquefois la *fièvre charbonneuse* au nombre des maladies redhibitoires : voyons d'abord quelle est l'affection que l'on désigne ainsi chez les animaux domestiques ; nous verrons après si elle peut donner lieu à la redhibition.

La maladie débute par une indisposition ou malaise, suivi, dans le jour ou le lendemain, d'accès violents de fièvre, c'est à dire d'un dérangement manifeste dans la circulation et dans les phénomènes visibles qui en dépendent. Ainsi le pouls, fréquent dans les commencements, est en même temps irrégulier, et tantôt fort et tantôt faible; la peau est chaude, l'animal a des frissons; l'haleine est également chaude, souvent fétide; il y a souvent soif vive, respiration accélérée, mouvement du flanc agité; les yeux sont animés; le regard est inquiet, quelquefois triste ou farouche; l'animal porte la tête vers un des côtés du corps; dans quelques circonstances, il se se couche, se relève, et ne peut garder longtemps la même position; quelquefois il y a prostration presque complète des forces; souvent des tumeurs se développent rapidement sur quelques parties du corps, principalement sous la poitrine et le ventre, aux organes de la génération, aux parties supérieures des extrémités : ces tumeurs sont tantôt molles comme œdémateuses, et l'impression du doigt y reste facilement; tantôt elles sont chaudes, rénitentes et fort douloureuses; elles sont circonscrites, c'est à dire qu'elles se terminent brusquement et non insensiblement comme les tumeurs inflammatoires. Quand il y en a plusieurs, presque toujours elles communiquent par des espèces de cordons : si on plonge un instrument dans leur intérieur, il s'en échappe une sérosité jaunâtre, limpide, transparente; et le tissu cellulaire, distendu par ce liquide, a l'apparence d'une gélatine peu consistante : çà et là on y rencontre des taches noirâtres ou rougeâtres, dues à du sang extravasé. Quelquefois l'animal meurt avant le développement de ces tumeurs : si elles disparaissent rapidement, la mort suit communément de près cette espèce de métastase. Rarement le huitième ou le dixième jour se passe sans que la terminaison de la maladie ait lieu par la mort ou par la convalescence : la terminaison a lieu souvent beaucoup plus promptement.

Les désordres qu'on trouve après la mort sont très variables, et ne se présentent pas toujours sur le même viscère. Ainsi l'on trouve des congestions semblables à celles qui se manifestent à l'extérieur, dans le tissu cellulaire du médiastin et de la base du cœur; quelquefois ces congestions ont lieu dans l'abdomen, particulièrement dans le tissu cellulaire qui environne les reins. Souvent ces congestions sont accompagnées d'épanchements sanguins, et l'on trouve des taches ou noirâtres ou livides dans diverses parties, soit même jusque dans les chairs; et quoique les vaisseaux superficiels des organes ou de leurs membranes soient injectés de sang, les viscères présentent généralement une teinte livide.

Nous ne discuterons pas ici l'essentialité de la fièvre charbonneuse, nous chercherons seulement si elle doit être vice redhibitoire.

On sait qu'au moment où une maladie se montre, elle existait déjà depuis quelque temps dans l'animal, et qu'en outre le plus souvent cette maladie a été la suite d'une prédisposition qui tenait au régime, aux travaux, à la nourriture auxquels l'animal a été soumis; on sait qu'on ne peut apercevoir ni cette prédisposition, ni même la maladie commençante, lorsque l'animal est en présence du vendeur et excité par lui. Sous ce rapport, l'acquéreur peut donc être trompé; il peut acheter un animal non seulement prédisposé à une fièvre charbonneuse, mais même déjà malade, sans qu'il lui soit possible de s'en apercevoir : on a donc pu dire qu'il devrait y avoir lieu à résiliation.

Mais si l'on fait attention d'un autre côté que l'invasion de la maladie suit de très près la prédisposition; que cette prédisposition, qui n'est réellement que le commencement de la maladie, est souvent visible lorsque l'animal est sorti des mains du vendeur, on sera d'accord, si l'on admet que cette affection puisse donner lieu à la redhibition, que le temps de la garantie doit être de très courte durée, et que le recours contre le vendeur ne peut être admissible que dans le cas où l'acquéreur aurait commencé à intenter l'action en résiliation presque immédiatement après la vente. Il en sera donc en définitive de cette affection comme de toutes les affections aiguës, elle ne pourra donner lieu à la redhibition que dans des cas extrêmement peu communs.

Heureusement, cette affection donne rarement lieu à contestation : l'animal malade est presque toujours affecté assez grièvement pour qu'il ne puisse pas être mis en vente, et je n'ai encore été appelé que peu de fois pour un pareil accident. J'ai cru devoir en parler cependant pour dire que le recours en garantie ne devait être admissible que dans un très court délai.

Le sieur D*** avait acheté, le 20 novembre 1824, une jument de carrosse au sieur

Liot, marchand de chevaux, à Paris : la jument tomba malade le 25 ; elle mourut le 26. Je fus chargé d'en faire faire l'ouverture pour constater, s'il était possible, les causes de la mort; cette autopsie eut lieu le 29 : voici la fin de mon procès-verbal.

« J'ai fait ouvrir cette jument, et j'ai remarqué qu'elle était excessivement grasse ; que les mamelles étaient engorgées, qu'elles étaient dures, résistantes sous l'instrument qui les coupait, qu'elles étaient infiltrées d'une sérosité jaunâtre; que cette sérosité était peu liquide, limpide, qu'elle existait encore plus abondamment dans le tissu cellulaire sous-cutané des aines et des faces internes des cuisses, surtout du côté gauche; que l'intérieur des mamelles était parsemé de vaisseaux sanguins gorgés d'un sang noir; que tout le tissu cellulaire sous-cutané abdominal en avant des mamelles était noirâtre, injecté de sang ; que la couleur et l'injection des vaisseaux, en allant vers la poitrine, devenaient moindres : la peau du membre postérieur gauche, incisée et enlevée, a laissé voir, à la face interne, un épanchement d'une sérosité d'un jaune doré; cette sérosité n'était point liquide, elle était comme une gelée tremblante; dans certains points, il y avait des ecchymoses ou taches noirâtres, petites, dont la plus remarquable était dans l'aine gauche; tout le membre était ainsi infiltré depuis le paturon jusqu'aux mamelles, mais surtout au jarret; cette infiltration n'était que superficielle, elle n'existait point dans les couches profondes des muscles de la cuisse et de la jambe; en enlevant la peau du membre postérieur droit, on voyait une légère infiltration du tissu cellulaire sous-cutané; la sérosité était moins jaune, moins abondante.

» A l'ouverture de l'abdomen, une couche épaisse de graisse revêtait les parois inférieures de cette cavité; les intestins étaient d'une teinte plus rouge qu'ils ne sont ordinairement; mais il était difficile de juger si cet état était maladif ou la suite de la mort; l'utérus était plus grand que dans l'état de vacuité ordinaire; sa face externe était injectée, rougeâtre, et ses vaisseaux remplis d'un sang noir; sa membrane muqueuse paraissait engorgée, tuméfiée; elle était d'un rouge un peu violacé, comme s'il n'y avait pas eu longtemps que la bête eût pouliné; la couleur était plus intense et plus vive vers le col de l'utérus; celui-ci était noirâtre; le vagin était d'un rouge noirâtre, violet vers son ouverture ou vers la vulve; la vessie, vide, était beaucoup plus grande qu'elle ne l'est ordinairement; sa membrane interne ou muqueuse, blanche dans l'état naturel, était ici rouge, injectée; cette rougeur allait en augmentant vers le col de la vessie, et celui-ci était d'un rouge foncé, approchant de la couleur maladive du vagin.

» Les reins, recouverts d'une couche épaisse de graisse, étaient mous, comme ils le sont presque toujours à la suite d'une maladie aiguë de l'abdomen; le tissu du foie était plus dense, d'un gris plus foncé, comme cela arrive souvent encore dans ce cas; la rate, l'estomac, les intestins, à l'exception de la teinte rouge dont j'ai déjà parlé, ne présentaient rien de remarquable; dans la poitrine, les poumons et les plèvres étaient sains; seulement le poumon gauche était adhérent par des brides ligamenteuses très fortes à la sixième côte, qui avait été fracturée anciennement, mais dont le cal était parfaitement formé et guéri depuis longtemps ; le tissu musculaire du cœur était mou, et la face interne des ventricules, des oreillettes et des gros troncs artériels était d'un rouge foncé.

» D'après toutes les lésions décrites ci-dessus, j'estime que la jument est morte d'une inflammation gangreneuse ou charbonneuse, qui a attaqué surtout les organes de la génération et le membre postérieur gauche ; inflammation dont la marche est souvent excessivement rapide, qui tue les animaux en très peu de temps, quelquefois même en vingt-quatre heures, surtout lorsqu'ils sont dans un état d'embonpoint aussi excessif que l'était la jument dont il s'agit ; inflammation dont aucune lésion ne paraît avoir été cause, pas même l'adhérence costale ancienne du poumon gauche : par conséquent, que la mort est purement accidentelle, étrangère au vendeur, etc. »

Le 14 juillet 1831, le sieur *Géré*, herba-

ger à la Ferté-Bernard (Sarthe), a livré au sieur *Coq*, marchand de bœufs, deux bœufs gras. *Coq* les a conduits au marché de Sceaux et revendus au sieur *Boulan*, marchand-boucher à Étampes, le 18 dudit mois. — L'un des bœufs est mort dans le trajet de Sceaux à Étampes. Entre la livraison par *Géré* à *Coq*, et la vente de *Coq* à *Boulan*, il s'est écoulé quatre jours; entre l'achat par *Boulan* et la mort du bœuf il s'est écoulé un jour. — Procès-verbal de l'ouverture du corps du bœuf a été dressé; il porte : « Ayant ouvert l'ab-
» domen, la membrane graisseuse, les intes-
» tins, l'épiploon et les reins parfaitement
» sains, feuillets extrêmement desséchés, ré-
» duits par galettes, le cœur et le péricarde
» engoués d'un sang noir, le lobe du pou-
» mon gauche violet, noirâtre : rien de re-
» marquable dans les autres viscères. A l'ex-
» térieur, l'extrémité gauche de devant
» gangrenée ou charbonnée dans toute son
» étendue jusqu'à l'épaule, le charbon pé-
» nétrant jusqu'aux côtés du sternum et jus-
» qu'au lobe du poumon malade, ce qui a
» causé la mort de l'animal. En foi, etc.,

» signé *Mancest*, ex-vétérinaire militaire,
» demeurant à Arpajon. »

Consulté par M. *Callu*, vétérinaire du sieur *Géré*, si le premier vendeur, le sieur *Géré*, devait être garant de la mort du bœuf, je n'ai pas hésité à répondre que non, si le procès-verbal était bien tel que la copie qu'il m'avait envoyée, parce que le bœuf était mort d'une affection charbonneuse, qui, comme toutes ces sortes d'affections, est très aiguë, très instantanée ; que si le bœuf avait été malade lors de la livraison par *Géré*, il n'aurait pu faire la route peut-être dès le premier jour, au moins dès le second ; que c'est la fatigue du voyage dans l'été qui a développé cette affection chez un animal habitué au repos, et dans un état de pléthore qui prédispose à ces maladies aiguës ; que les marchands qui achètent des bœufs gras, pour les revendre aux bouchers des grandes villes, savent très bien cela, tout aussi bien que les vétérinaires ; que c'est une chance de perte dans leur genre de commerce qu'ils doivent chercher à prévenir par des mesures d'hygiène convenables, et que c'est tant pis pour eux s'ils ne savent pas les prendre; que, par conséquent, le sieur *Géré* n'était pour rien dans cet accident.

Maintenant, la question s'élève de savoir à la charge de qui, de *Coq* ou de *Boulan*, la perte doit retomber. Je suis persuadé que le bœuf était malade lors de la vente que *Coq* en a faite à *Boulan*, parce que le bœuf est mort dans les vingt-quatre heures qui ont suivi, et parce qu'il est difficile qu'un bœuf attaqué du charbon ne vive pas au moins vingt-quatre heures : par conséquent, dans l'espèce, il eût été juste que *Coq* seul eût supporté la perte. Dans tout autre cas où la question pourrait être douteuse, il y aurait lieu peut-être à faire partager la perte par moitié.

J'ai dit, au chapitre XII, que la *soie*, dans le porc, était une affection charbonneuse, qui, d'après les usages locaux, était redhibitoire dans quelques provinces. Quoique son développement et sa marche ne soient pas généralement aussi rapides que dans le cas précédent, cependant le malaise qui l'accompagne se manifeste toujours très promptement, et la durée de la garantie doit être extrêmement courte. L'action redhibitoire ne devrait plus être admise après quelques jours.

TROISIÈME PARTIE.

CHAPITRE XV.

MANIÈRE DE PROCÉDER DANS LE CAS D'EXISTENCE DE VICES REDHIBITOIRES.

1°. *Devant un vétérinaire à l'amiable.*

Avant de former une demande en résiliation de l'achat d'un animal soupçonné d'un vice redhibitoire, l'acquéreur se rend souvent chez le vendeur pour s'arranger avec lui ; et les parties conviennent entre elles de s'en rapporter à un vétérinaire ; c'est à dire le vendeur de reprendre l'animal si le vétérinaire le trouve affecté d'un vice redhibitoire, et l'acquéreur de le garder si le vétérinaire juge qu'il n'en est pas attaqué.

Les parties se présentent alors devant ce vétérinaire, ou avec l'intention, d'une et d'autre part, de terminer de suite la contestation sur son prononcé, ou avec l'intention de se comporter ensuite comme elles l'entendront, si la décision ne leur convient pas.

Quelquefois une des parties a la ferme intention de terminer de suite sans appeler de la décision, tandis que l'autre ne veut pas se lier et a l'intention d'en appeler si la décision lui est défavorable : l'une est sans réserve, l'autre ne l'est pas; il n'y a pas égalité de chances à courir.

Quand les deux parties se présentent ainsi à l'amiable devant un vétérinaire, celui-ci doit donc leur demander quelles sont leurs intentions.

Si elles conviennent de s'en rapporter à lui, comme arbitre définitif, sans se réserver l'appel, il doit leur faire rédiger sur papier timbré un acte ou compromis par lequel elles le reconnaissent pour juge unique sans réserve d'appel. (Voyez chapitre XIX, pièce n° 10.)

Si l'une des parties refuse ce compromis, la visite du vétérinaire devient inutile, à moins que les parties ne persistent à avoir son opinion. Dans ce cas, ce n'est plus qu'une simple consultation demandée au vétérinaire; il n'a qu'à donner son avis. Les parties s'arrangent ensuite comme elles l'entendent.

Dans le cas où les parties consentiraient à la visite de l'animal et à l'arbitrage, en renonçant à l'appel, mais où l'une ne saurait écrire, elles se retireront pour énoncer leur volonté pardevant un officier public, notaire ou juge de paix du lieu, qui rédigera la transaction ou le compromis. Dans ce cas, les parties feraient aussi bien de porter de suite l'affaire au Tribunal de paix. (Voyez l'article second de ce chapitre, page 273.)

La loi approuve ce genre de terminer les contestations, et a réglé la manière dont il fallait procéder, dans le Code de procédure civile, livre III, qui traite uniquement des arbitrages (1).

---

(1) Art. 103. Toutes personnes peuvent compromet-

Dans le cas où chacune des parties choisit un vétérinaire-arbitre, le compromis se rédige double; mais, comme il peut arriver que les deux arbitres ne soient pas d'accord, il faut nécessairement avoir recours à un tiers-arbitre. Dans ce cas, avant de faire la visite de l'animal et toute espèce d'opération, les vétérinaires, pour éviter toute lenteur, toujours dispendieuse, feront bien de convenir entre eux du tiers arbitre qu'ils prendront et de mettre sur le compromis que, dans le cas de non-accord de leur part, ils conviennent d'agréer tel vétérinaire pour tiers-arbitre.

Si la partie condamnée ne tenait point compte de l'arbitrage et n'exécutait point le jugement, l'arbitre ou les arbitres dresseraient procès-verbal de leur opération et de leur jugement, en énonçant qu'ils l'ont rédigé par suite du compromis; ils en dé-

---

tre sur les droits dont elles ont la libre disposition.
104.

105. Le compromis pourra être fait par procès-verbal devant les arbitres choisis, ou par acte devant notaire, ou sous signature privée.

poseraient la minute, dans les trois jours, au greffe du Tribunal de première instance dans le ressort duquel leur jugement aurait été prononcé. (*Code de procédure civile*, art. 1020.)

Si dans le compromis il y avait un délai fixé pour la prononciation du jugement, l'arbitre ou les arbitres seraient obligés de rédiger le procès-verbal de leur opération dans ce délai : sans cette formalité, il ne serait plus valable en justice.

Dans un arbitrage à deux, si les vétérinaires n'avaient pas été d'accord, et que l'intervention du tiers-arbitre fût devenue nécessaire, celui-ci ne devra procéder à l'examen convenu que lorsqu'il aura le procès-verbal signé des deux premiers arbitres (1).

---

(1) Cette manière de procéder est celle par amiables compositeurs ou arbitres. Pour plus amples renseignements, voyez le *Code de procédure civile* déjà cité ; on peut consulter aussi : *Instructions et observations sur les maladies des animaux domestiques*; par MM. Chabert, Flandrin et Huzard, 6 vol. in-8, tom. III, 3ᵉ édition, 1808, page 63, et le *Manuel des arbitres*, in-8, 1829.

L'acheteur devra toutefois faire attention qu'il faut que l'action redhibitoire soit intentée judiciairement dans le délai de la garantie d'usage, et qu'il faut que ce compromis soit signé avant l'expiration de ce délai. Si le compromis n'était donc pas encore signé un peu avant l'expiration du délai de la garantie, l'acheteur devrait renoncer à l'arrangement à l'amiable, et se hâter de faire signifier par huissier l'action en résiliation pour vice redhibitoire. Il serait même toujours très bien, nonobstant toutes conventions, de prendre cette mesure conservatrice de ses droits. (Voyez à ce sujet le paragraphe troisième de ce chapitre, page 276).

2°. *Devant le Tribunal de paix.*

Les parties, au lieu de s'en rapporter directement à un vétérinaire, préfèrent souvent s'en rapporter à un juge de paix. Cette opération est entièrement dans les attributions de ce magistrat d'après le Code de procédure civile (1).

---

(1) § 7. Les parties pourront toujours se présenter

Dans ce cas, le juge de paix nomme un vétérinaire-expert pour constater l'existence ou la non-existence du vice reproché à l'animal, et souvent pour émettre en même temps l'opinion si, dans le premier cas, ce vice peut être compris dans la catégorie de ceux redhibitoires. Si les parties sont d'accord du même vétérinaire, le juge de paix le choisit ordinairement de préférence à tout autre.

Après l'énoncé de l'expert, le juge de paix prononce la résiliation ou la validité du marché.

Si la partie condamnée refuse d'exécuter le jugement, le juge de paix, après l'avoir fait enregistrer, en fait délivrer ex-

---

volontairement devant un juge de paix, auquel cas il jugera leur différend, soit en dernier ressort si les lois ou les parties l'y autorisent, soit à la charge de l'appel, encore qu'il ne fût le juge naturel des parties ni à raison du domicile du défendeur, ni à raison de la situation de l'objet litigieux.

La déclaration des parties qui demanderont jugement sera signée par elles, ou mention sera faite, si elles ne savent signer.

pédition en forme pour en poursuivre l'exécution.

La déclaration faite par les parties au juge de paix qu'elles lui demandent jugement sans citation préable a, comme on le voit, l'effet du compromis.

Il arrive que le vendeur refuse de se rendre à l'amiable chez le juge de paix et que l'acquéreur est forcé de l'y appeler judiciairement, ce doit être alors devant le juge du domicile du défendeur. (*Code de procédure civile.*) (1)

---

(1) § 2. *En matière purement personnelle ou mobilière, la citation sera donnée devant le juge du domicile du défendeur; s'il n'a pas de domicile, devant le juge de sa résidence.*

Par rapport aux demandes en résiliation de marchés d'animaux domestiques *vendus en foire*, les usages de beaucoup de lieux ont consacré que le défendeur ou vendeur pouvait être appelé devant le juge de paix de l'endroit où la vente s'était opérée : cela est dans l'intérêt général du commerce, et en rapport avec l'article 420 du *Code de procédure civile*, qui dit : *Le demandeur pourra assigner, à son choix, devant le Tribunal du domicile du défendeur,* devant celui dans l'arrondissement duquel la promesse a été faite et la marchandise livrée ; *devant celui dans l'arrondissement duquel le paiement devait être effectué.*

Les juges de paix prononcent *sans appel* sur la validité des demandes dans les matières dont la valeur n'excède pas cinquante francs et à la charge de l'appel jusqu'à la valeur de cent francs (1).

Comme au dessus de cent francs le jugement rendu par un juge de paix est susceptible d'appel, l'acquéreur d'un animal atteint d'un vice redhibitoire fera mieux, si l'achat de l'animal a excédé cent francs, et si le vendeur ne veut pas reconnaître la compétence du juge de paix, de s'adresser directement au Tribunal de commerce, ou au Tribunal civil.

3°. *Devant un Tribunal de commerce.*

Si le vendeur est marchand reconnu de l'espèce d'animaux dont il s'agit, il est justiciable des Tribunaux de commerce (2).

---

(1) La loi proposée cette année aux Chambres rendait leurs jugements sans appel jusqu'à cent francs, et à la charge d'appel jusqu'à deux cents francs.

(2) Les Tribunaux de commerce ont pensé qu'il y avait une circonstance où le non-commerçant pouvait être leur justiciable ; c'était dans le cas où ce non-commerçant se trouvait être garant d'un objet vendu par

L'affaire est du ressort ou du Tribunal du domicile du défendeur, ou de celui

lui à un marchand qui avait acheté cet objet pour son commerce; ainsi ils ont cru qu'un propriétaire, qui avait vendu à un marchand de chevaux un cheval atteint de vice redhibitoire, devenait leur justiciable *lorsque le marchand appelait le propriétaire son vendeur en garantie*; ils se sont fondés sur l'article 181 du Code de procédure civile ainsi conçu :

> 181. « Ceux qui seront assignés en garantie seront tenus de procéder devant le tribunal où la demande originaire sera pendante, encore qu'ils dénient être garants; mais, s'il paraît par écrit ou par l'évidence du fait que la demande originaire n'a été formée que pour les traduire hors de leur tribunal, ils y seront renvoyés. »

Mais la Cour royale de Paris a jugé que cet article ne regardait pas la compétence, en raison de la matière.

Le 10 mars 1836, Hervieu, habitant du Neubourg, vend un cheval à Legay, marchand du pays; Legay revend le cheval à Rivière, marchand à Paris; le 24 mars, nouvelle vente de Rivière à Breton; le 2 avril, demande en résolution de la vente formée par Breton contre Rivière devant le Tribunal de commerce de Paris.

Le 11 avril, Hervieu, appelé en garantie comme premier vendeur, décline la compétence du Tribunal de commerce.

Le 12 avril, le Tribunal de commerce juge que le 2ᵉ paragraphe dudit article 181 ne peut être appliqué à Hervieu qui ne justifie nullement de ses allégations et le condamne à la garantie.

Appel d'Hervieu. — Le 7 mars 1837, arrêt infirmatif

dans l'arrondissement duquel la promesse a été faite et la marchandise livrée, ou de

---

de la Cour de Paris, 2º Chambre; MM. Hardoin, pr., Delapalme, av. c. conf., Langlois, Lionville, av.

La Cour, considérant que la vente par Hervieu, propriétaire, ne constituant point un acte de commerce, toutes les actions auxquelles ce marché peut donner lieu contre lui doivent être portées devant la juridiction ordinaire, que la disposition de l'article 181 du Code de procédure civile ne saurait déroger au principe qui veut que nul ne soit distrait de ses juges naturels, ni à cette règle posée dans l'article 424 du même Code, d'après laquelle les Tribunaux de commerce doivent prononcer d'office le renvoi lorsque l'incompétence existe à raison de la matière, déclare nul et incompétemment rendu, etc. (Voir le *Journal de procédure civile et commerciale*, par M. Bioche, mars 1837.)

Le 16 décembre 1836, Ernis, cultivateur à Tilleul (Eure), vend un cheval qu'il a élevé, à Isaac, marchand de son voisinage; Isaac revend le cheval à Baril, marchand de Paris, et ce dernier prétend l'avoir cédé à un tiers, le sieur Delarue.

Delarue se plaint de ce que l'animal est atteint de boiterie; il assigne Baril devant le Tribunal de commerce de Paris; celui-ci appelle en garantie Isaac et Ernis, le cultivateur de Normandie; jugement qui condamne Ernis, et par corps, à la restitution du prix.

Appel. — Me Langlois, pour Ernis, invoque l'arrêt de la 2e Chambre.

La Cour, considérant qu'Ernis n'est pas commer-

celui dans l'arrondissement duquel le paiement devait être effectué. (*Code de procédure civile*, § 420.)

L'acheteur adresse au président du Tribunal une demande en résiliation de la vente pour cause de vice redhibitoire.

Cette demande doit être sous forme de requête et sur papier timbré. (Voyez chap. XIX, pièce n° 1.)

Cette requête peut être présentée par la

çant; que la vente d'un cheval faite par Ernis à Isaac ne constitue pas un acte de commerce, mais un fait purement civil; que, dès lors, toutes les contestations auxquelles le fait peut donner lieu doivent être portées devant les juges ordinaires; — considérant que nul ne peut être distrait de ses juges naturels; — considérant que si le défendeur en garantie est tenu de procéder devant le Tribunal originaire, cette règle ne s'applique qu'au cas où la demande est de même nature et le Tribunal compétent à raison de la matière, ce qui n'est pas dans l'espèce; — considérant que l'incompétence à raison de la matière est d'ordre public et peut toujours être invoquée en tout état de cause; — déclare nul le jugement comme incompétemment rendu, renvoie les parties à se pourvoir ainsi qu'elles aviseront devant les juges ordinaires; — condamne Isaac aux dépens. (*Journal de procédure civile et commerciale*, par M. Bioche, numéro de mai 1837.)

personne elle-même, parce que devant les Tribunaux de commerce on procède sans le ministère d'avoués. (*Code de procédure civile*, § 414.)

Cependant le demandeur peut charger un fondé de pouvoirs (un agréé ou toute autre personne) de ses intérêts.

Le président, ou à sa place un juge, nomme, par ordonnance, un vétérinaire pour visiter l'animal et dresser procès-verbal de sa visite. (Voyez chapitre XIX, pièce n° 2.)

Mais, *en même temps* que l'acheteur présente sa requête, *et dans le temps voulu pour la durée de garantie*, il fait assigner son vendeur à comparaître devant le Tribunal duquel l'affaire ressortit, et à l'audience présumée la plus prochaine après l'expertise, pour, en raison du vice redhibitoire reproché à l'animal, se voir condamné à reprendre celui-ci.

Cette condition est de rigueur si le demandeur ne veut pas risquer de perdre son droit de garantie.

Longtemps, devant plusieurs Tribunaux,

l'on a pensé que, soit l'assignation donnée au vendeur dans le temps de la garantie, de comparaître à la visite du cheval faite par l'expert nommé par le Tribunal, soit la sommation pure et simple dans le temps de la garantie de reprendre le cheval pour cause de vice redhibitoire, suffisait pour mettre le demandeur en position légale d'exercer son droit de garantie, il n'en est pas ainsi.

Il faut que *l'action* soit intentée dans le délai de la garantie, et par *action*, la cour de cassation (arrêt du 18 mars 1833) n'entend, ni tous les actes relatifs à la constatation du vice, ni même l'acte de sommation par huissier faite au vendeur de reprendre l'animal pour cause de vice redhibitoire, mais seulement *la demande introductive d'instance*, ou, en d'autres termes, *l'assignation au vendeur,* dans le temps de la garantie, *de comparaître devant le Tribunal à tel jour pour s'y voir condamné à reprendre l'animal qu'il a vendu, attendu le vice redhibitoire dont il est atteint* (1).

L'acheteur, muni de l'ordonnance qui nomme l'expert-vétérinaire, se rend chez ledit expert ou chez les experts; s'il y en a plusieurs, pour convenir de l'heure et du lieu de la visite, il fait sommer le vendeur de s'y trouver.

L'expert, ayant fait sa visite, dresse son procès-verbal (voyez chapitre XIX, pièces n°s 3, 7 et 8), qu'il remet au demandeur, ou bien qu'il dépose au greffe du Tribunal.

Si l'acheteur est dans un lieu du ressort d'un Tribunal de commerce dont l'affaire ne

---

(1) La nécessité de la demande introductive d'instance dans le temps de la garantie a, sans aucun doute, un grand avantage là, surtout, où la garantie a une longue durée, pour accélérer la décision de l'affaire; mais là où la durée de la garantie est de neuf jours, cette durée de garantie devrait être augmentée d'un *délai de distance* pour l'acheteur qui, pour son service, a emmené l'animal loin du lieu d'achat.

On peut voir à ce sujet d'excellentes considérations de M. Bouley jeune, vétérinaire, à Paris, consignées dans le Recueil de médecine vétérinaire pratique, numéro de décembre 1835.

ressortit pas, il peut néanmoins et provisoirement s'adresser à ce Tribunal. L'important est toujours de faire la demande introductive d'instance dans le délai de la garantie d'usage devant le Tribunal compétent.

Dans tous les cas où l'acheteur est loin de l'endroit où se trouve le vendeur, il fait bien de l'indiquer sur sa requête au Président, parce que, dans ce cas, quelques Tribunaux de commerce, celui de Paris entre autres, sont dans l'usage, pour éviter les frais de sommation et les délais, très dispendieux dans de pareilles affaires, de nommer d'office un vétérinaire ou toute autre personne pour représenter à la visite de l'expert le vendeur absent, et prendre ses intérêts : les dires de ce représentant sont insérés au procès-verbal, qu'il doit signer. (Voyez chapitre XIX, pièce n° 8.)

Dans les lieux où il n'y a pas de Tribunal de commerce, c'est au Président du Tribunal civil que la requête doit être présentée, parce qu'alors ce Tribunal juge en matière de commerce.

Souvent le procès est fini par l'opinion que

le vétérinaire émet lors de la visite de l'animal. L'expert doit même chercher à le faire terminer ainsi en arrangeant les parties ; mais s'il n'a pu y parvenir, et s'il a été obligé de dresser son procès-verbal, le Tribunal, sur le vu de ce procès-verbal, après avoir entendu les parties, prononce s'il y a lieu ou non à la redhibition. Quelquefois il renvoie les parties pardevant un arbitre. Nous nous occuperons plus loin de ce nouvel incident. (Voyez chap. XVI.)

4°. *Devant un Tribunal civil.*

Si le vendeur n'est pas marchand de chevaux ou de bestiaux, il n'est plus justiciable du Tribunal de commerce, et l'affaire est de la compétence du Tribunal civil ; c'est donc devant ce Tribunal qu'il faut faire la demande introductive d'instance (1).

---

(1) Des tribunaux ont jugé que l'affaire n'était plus de la compétence du Tribunal de commerce, toutes les fois que l'acheteur lui-même n'était pas un marchand de chevaux ou de bestiaux qui aurait acheté l'animal pour le *revendre*. Ils se sont basés, dans cette décision,

Le Président du Tribunal ou, à sa place, un juge, nommera, par ordonnance, un

---

sur l'article 632 du Code de commerce, qui dit : *La loi répute acte de commerce tout achat de denrées et marchandises* POUR LES REVENDRE, *soit en nature, soit après les avoir travaillées et mises en œuvre, ou même pour en louer simplement l'usage.*

D'après cet article, la Cour royale de Metz, par arrêt du 19 avril 1823, adopta le principe qu'un marchand ne peut, même à l'occasion d'une vente par lui faite d'objets de son commerce, être appelé devant le Tribunal de commerce par un non-commerçant.

Il s'agissait précisément, dans la contestation, d'un cheval vendu par un marchand de chevaux à un officier de cavalerie. Ce cheval étant attaqué d'un vice redhibitoire, l'acheteur assigna le marchand de chevaux devant le Tribunal de commerce de Metz en restitution du prix payé. En appel, la compétence fut débattue et jugée ne devoir point être admise.

Le plus grand nombre des Tribunaux ont adopté l'opinion contraire, et, malgré l'autorité de l'arrêt cité et les inductions que l'on peut tirer de la discussion de l'article 632 du Code de commerce, on ne peut pas ne pas admettre que la vente d'un objet par un marchand patenté pour vendre cet objet ne soit un acte de son commerce, et qu'il ne soit justiciable, sous ce rapport, des Tribunaux de commerce.

M. *Pardessus*, dans son *Cours de Droit commercial*, a bien eu cette pensée lorsqu'il dit, tome IV, page 21 :

vétérinaire pour visiter l'animal et dresser procès-verbal.

Ici, l'usage des Tribunaux civils diffère quelquefois de l'usage des Tribunaux de commerce, en ce que, devant les premiers, le vétérinaire est souvent tenu de prêter ser-

---

« Le fait (qui donne lieu à une contestation) peut n'ê-
» tre commercial que de la part de l'un sans l'être de
» la part de l'autre : ainsi, lorsqu'un non-commerçant
» a commandé quelque ouvrage à un ouvrier qui le
» fait, ou par lui-même, ou par des ouvriers qu'il em-
» ploie, les demandes contre cet ouvrier de la part de
» celui envers qui il s'est engagé pour tout ce qui con-
» cerne les effets et l'exécution de cette convention
» doivent être portées au Tribunal de commerce, et
» c'est en ce sens qu'il faut *rectifier* ce que nous avons
» dit tome Ier, n° 9. Cependant cet ouvrier ne peut,
» pour obtenir son paiement ou pour toute autre de-
» mande principale de sa part, traduire le non-com-
» merçant au Tribunal de commerce : — ainsi le non-
» commerçant qui a confié ses effets à un voiturier, à
» un commissionnaire de transports, à des préposés
» d'une entreprise de diligences, a le droit de les pour-
» suivre devant le Tribunal de commerce, et ceux-ci,
» s'ils ont quelque action contre lui, ne peuvent le tra-
» duire qu'au Tribunal civil. » Le *Journal du commerce* partage également l'opinion de M. *Pardessus* à cet égard. (*Journal du commerce* du 17 décembre 1823.)

ment, tandis que devant les Tribunaux de commerce il n'est généralement pas tenu de le faire. Lors de cette prestation de serment entre les mains du Président ou du juge qui l'a nommé, il indique le jour de la visite de l'animal.

Quelquefois le Président ou le juge exempte l'expert de la prestation de serment. Il est même bon que cela soit ainsi toutes les fois qu'il y a urgence à faire la visite de l'animal ou des animaux qui sont le sujet de l'instance.

L'expert dresse son procès-verbal et le remet au demandeur ou le dépose au greffe du Tribunal. La suite de l'affaire regarde l'avoué et n'est plus de notre ressort.

CHAPITRE XVI.

ARBITRES-RAPPORTEURS.

Les Tribunaux de commerce ne se contentent pas de commettre les vétérinaires à l'effet de décider de l'existence d'un vice et d'estimer s'il doit être considéré comme redhibitoire;

ils les nomment quelquefois *arbitres-rapporteurs* dans les contestations qui s'élèvent entre les parties sur la manière dont s'est fait le marché, sur des clauses insolites que l'une d'elles prétend avoir existé, et que l'autre nie (1). Dans ce cas, ce n'est plus une simple ordonnance qui renvoie les parties devant le vétérinaire ; déjà elles se sont présentées au Tribunal ; déjà elles ont voulu faire valoir leurs droits, et les juges, pour être éclaircis à fond, les renvoient par jugement devant une personne qu'ils chargent de les entendre, d'examiner les pièces à l'appui de leurs prétentions, souvent d'entendre les témoins présentés par elles ; enfin de les concilier, s'il est possible, sinon de faire un rapport sur le sujet de la contestation et d'émettre son opinion : on appelle cette personne un *arbitre-rapporteur*.

Dans un cas pareil, la situation du vétérinaire est un peu changée ; elle devient plus importante, ses devoirs sont plus compliqués :

---

(1) Les Tribunaux civils ne suivent pas ordinairement cette marche.

au lieu d'un simple procès-verbal, il doit rédiger un rapport détaillé, circonstancié sur tout ce qui s'est passé, de manière que les juges puissent être éclairés à fond sur l'objet de la contestation : il doit relater toutes les circonstances qui militent en faveur de la défense, et il en déduit ensuite ses conclusions. S'il est moralement sûr d'un fait et que les preuves lui manquent, il expose son opinion en disant que les preuves lui manquent, et il laisse à la sagesse des juges à infirmer ou à confirmer sa manière de voir.

J'ai joint, chap. XIX, sous les n°s 11 et 14, les rapports les plus simples que j'ai été appelé à faire comme *arbitre-rapporteur ;* ils mettront plus au fait qu'une longue dissertation le vétérinaire appelé à remplir un pareil devoir.

CHAPITRE XVII.

DE QUELQUES DEVOIRS DU VÉTÉRINAIRE CHOISI OU POUR ARBITRE, OU POUR EXPERT, OU POUR ARBITRE-RAPPORTEUR.

§ 1er. Avant la publication du Code civil,

les vices redhibitoires et la durée de la garantie pour chacun étant fixés dans chaque province d'une manière presque invariable par la coutume et les usages, les Tribunaux, pour prononcer s'il y avait lieu ou non à la résiliation du marché, n'avaient qu'à faire constater si l'animal avait réellement ou n'avait pas le vice dont on l'accusait. La fonction de l'expert nommé par le Tribunal se bornait à cette vérification : maintenant il n'en est pas ainsi : dans un grand nombre de cas, non seulement le vétérinaire doit constater l'état de l'animal, mais encore il doit estimer s'il est affecté d'un vice qu'on doive ranger parmi ceux prévus par l'article 1641 du Code civil et, par conséquent, qui donnent lieu à la redhibition ; son devoir s'est beaucoup étendu, ennobli ; mais il est plus difficile ; une plus grande responsabilité pèse sur lui, et dans les cas épineux, s'il ne prend pas sa conscience seule pour guide, il n'est plus digne de la confiance dont on voulait l'honorer.

§ 2. Le vétérinaire qui a besoin de consulter dans une affaire ou expertise ne doit pas craindre de demander un autre expert pour donner son opinion conjointement avec lui ; il n'y a jamais de déshonneur à chercher à s'éclairer par une discussion.

§ 3. Le vétérinaire peut être appelé comme expert avec d'autres personnes non vétérinaires, même avec de simples maréchaux. Dans ce cas, il ne doit pas refuser de faire l'expertise pour cause d'ignorance de la part des autres experts, ce serait faire une injure gratuite à ces personnes et aux juges qui les ont nommées.

S'il a des raisons particulières pour ne pas accepter l'expertise, il devra motiver son refus.

§ 4. Si après l'expertise il se trouve d'une opinion différente de celle de l'autre expert ou des autres experts, il émet son opinion à la suite du procès-verbal en la motivant et la signant ; le Tribunal en reste juge.

§ 5. Comme les experts et arbitres ont pour but d'éclairer les juges par leurs procès-verbaux et rapports, ils ne sont pas tenus de se servir seulement de mots scientifiques, et s'il existe des mots vulgaires bien connus qui expriment la maladie, le vice rédhibitoire ou tout autre objet qu'ils veulent désigner, il peuvent s'en servir. Ils instruisent mieux que par des termes qu'il n'est donné qu'à quelques personnes de comprendre ; il est bon cependant de joindre les mots scientifiques entre parenthèses. S'il n'y en a pas d'autres pour exprimer l'objet, il faut les traduire autant que possible, afin d'éviter aux juges des recherches et de nouvelles explications : par exemple, au lieu de se servir des termes de *gastrite*, de *métrite*, le vétérinaire fera bien de se servir des expressions *inflammation de l'estomac*, *inflammation de la matrice*, etc.

§ 6. Lors de la visite des animaux, l'expert doit prendre garde aux circonstances dans lesquelles ces animaux se trouvent placés : il est de ceux-ci sur lesquels le changement de localité produit des impressions qui agissent assez fortement pour les rendre momentanément inquiets et, jusqu'à un certain point, malades.

§ 7. Ce qui arrive le plus ordinairement, c'est que la présence du vendeur ou de l'acheteur produit sur l'animal, s'il en a éprouvé de mauvais traitements, une impression de crainte qui empêche de faire l'examen d'une manière satisfaisante. L'expert devra, en conséquence, s'efforcer de mettre l'animal dans la sécurité la plus entière en éloignant ce qui peut l'inquiéter. La crainte est un moyen qu'un vendeur ou acheteur de mauvaise foi emploie quelquefois ou pour faire changer momentanément le rhythme ordinaire des fonctions, surtout celui de la respiration, ou pour donner de la vivacité à un animal qu'une maladie ferait paraître très triste et abattu.

§ 8. On ne saurait trop, lorsqu'on fait faire l'ouverture des cadavres, mettre par écrit et à mesure tout ce qui se présente; la mémoire peut se trouver en défaut. Comme les conséquences à tirer d'un ensemble de lésions ne se présentent pas toujours clairement au premier instant, et comme alors on a besoin de méditer sur tout ce qu'on a observé, il ne faut omettre rien de ce qui pourrait paraître d'abord peu important, parce que, plus tard, cet objet pourra, en coïncidant avec d'autres lésions, éclaircir des doutes.

§ 9. On prendra garde d'attribuer à toute

autre cause des désordres qui auraient été produits par le scalpel ou le couteau et qui seraient le résultat de l'ouverture.

§ 10. Le grand point, dans ce cas, est de ne pas confondre les désordres résultant de la mort avec ceux qui résultent de l'accident ou de la maladie qui a occasionné la mort. Sous ce rapport, il sera important de s'informer si le cadavre a été remué ou transporté, et sur quel côté le corps est resté jusqu'à l'ouverture.

§ 11. Des experts croient qu'ils sont obligés de prononcer de suite leur jugement; les parties le demandent quelquefois; rien ne les y oblige, et ils peuvent remettre à prononcer au lendemain et même à quelques jours, s'ils ont besoin de faire des recherches.

§ 12. L'acquéreur d'un cheval ou d'un autre animal nouvellement acheté, s'apercevant que la bête est malade, fait sa demande introductive d'instance et présente une requête au Président d'un Tribunal pour le prier de nommer un vétérinaire, à l'effet de constater si la maladie est vice redhibitoire : l'ordonnance nomme le vétérinaire qui doit faire cette expertise ; mais dans l'intervalle, l'animal meurt, et le vétérinaire se trouve sans titre spécial pour en faire l'ouverture : il doit en faire l'observation à l'acquéreur et l'engager à demander promptement l'autorisation nécessaire ; le Président ajoute ordinairement cette autorisation à l'ancienne ordonnance, ou en rend une seconde à cet effet.

§ 13. S'il n'y avait pas lieu d'espérer que le cadavre pût se conserver assez de temps pour que cette autorisation fût ratifiée avant le commencement de la putréfaction, le vétérinaire pourrait toujours procéder à l'ouverture en vertu de la première ordonnance ; il ajouterait à son procès-verbal la *raison d'urgence*, qui forçait d'ouvrir promptement le cadavre pour avoir la possibilité de reconnaître les causes de la mort.

§ 14. Si, dans un procès-verbal ou un rapport, l'expert ne doit rien omettre de ce qui peut contribuer à établir les faits et à baser son opinion, il doit éviter également de le charger de tous les détails étrangers qui ne vont pas au but, surtout d'entrer dans des théories scientifiques. Il doit savoir que celle la plus en vogue, la plus probable au moment où il écrit, est quelquefois renversée avec la plus grande facilité : il ne doit émettre que ce que la science a de positif.

§ 15. Il ne doit même entrer dans aucune discussion devant les parties ; quelquefois elles amènent avec elles des personnes demi-savantes, savantes même, qui cherchent à sonder l'expert, à l'induire même en erreur en lui faisant émettre des principes, des axiomes favorables à la cause qu'elles défendent : il sera sur ses gardes, et il ne prononcera qu'après avoir bien terminé son opération, quand son opinion sera parfaitement établie : nous avons déjà dit qu'il n'était point obligé de le faire de suite.

§ 16. S'il ne doit pas se laisser entraîner à des discussions avec les parties, il doit écouter leurs dires, leurs explications, et il se trouvera souvent aussi éclairé par ce moyen que par son propre examen; dans la chaleur de la contestation, il échappe des vérités qui n'auraient point été émises sans elle : c'est surtout lorsque le vétérinaire est arbitre-rapporteur qu'il est important d'user de cette méthode.

§ 17. Une précaution est toujours à prendre, c'est d'empêcher, autant que possible, que la discussion ne tourne en dispute : par son caractère d'arbitre, et en s'y prenant convenablement, il peut rappeler à la décence les personnes qui s'en écartent; les injures n'éclaircissent jamais une affaire, elles la gâtent souvent, et l'arbitre ne doit pas oublier que son premier devoir est de concilier les parties, s'il lui est possible.

§ 18. Que l'arbitre évite surtout de laisser pénétrer son opinion : quelque bien fondés que puissent être ses motifs de croire à la mauvaise foi d'une des deux parties, il doit les cacher, sinon il s'ôterait tout moyen de terminer l'affaire par une conciliation.

§ 19. Il y a des personnes grossières, ou d'un caractère emporté, qui ne savent point ménager leurs expressions, qui ont toujours l'injure à la bouche, et qui ne l'épargnent point à l'expert aussitôt qu'elles croient s'apercevoir qu'il est contraire à leur cause. Jamais l'expert ne doit répondre, il doit même prendre garde à ce que ces injures ne le choquent et n'influent sur son jugement. Si des injures ou des accusations calomnieuses font plaisir à la méchanceté, l'expert doit mépriser de pareilles armes et se rappeler qu'il est l'homme des bons contre les méchants, les premiers lui rendront justice : voilà tout ce qu'il doit ambitionner.

CHAPITRE XVIII.

DE QUELQUES POINTS DE JURISPRUDENCE VÉTÉRINAIRE COMMERCIALE.

§ 1er. Quand l'action redhibitoire est intentée dans un court délai, il y a présomption que le vice constaté existait lors de la vente.

Cette présomption est d'autant mieux fondée, que beaucoup de maladies qui sont vices redhibitoires sont latentes quelque temps avant de se manifester, et que, presque dans tous les cas, dans la supposition même où elles n'existaient pas au moment de la vente, leurs causes prédisposantes et même occasionnelles étaient antérieures.

§ 2. L'ancien Parlement de Paris est entré quelquefois dans l'esprit de l'article 1648 du Code civil, et a consulté, sous le rapport de la durée de la garantie, plutôt la nature du vice que l'usage du lieu où la vente avait été faite : c'est ce qu'il a prouvé par son arrêt du 25 janvier 1731, qui a condamné un particulier qui avait vendu un cheval boiteux à reprendre ce cheval, quoique l'action redhibitoire n'eût été exercée qu'un mois après la vente, parce qu'on mettait en fait que ce cheval boitait trois mois avant cette vente, et que le vendeur s'était vanté d'avoir attrapé l'acheteur, en lui livrant son cheval dans le temps qu'il était échauffé, en sorte qu'on ne pouvait pas s'apercevoir qu'il boitait. (*Manuel des experts en ma-*

tière civile, 4ᵉ édition, in-8°. Paris, 1823, page 341.)

Malgré cet exemple, je ne conseillerais pas à une personne qui aurait laissé écouler un long temps de former une demande en résiliation d'un marché ; il faudrait des circonstances bien défavorables au vendeur pour que la demande fût admise. Il serait d'ailleurs toujours à craindre que la Cour de cassation ne sanctionnât pas une pareille jurisprudence. Son arrêt du 18 mars 1833, *Pompon Laboulaye* contre *Perrault*, doit laisser cette crainte.

§ 3. Si l'acquéreur était éloigné du lieu où la vente a été faite, et s'il ne pouvait pas se pourvoir immédiatement devant un des Tribunaux de cet endroit, il devra présenter une requête à tout autre Tribunal, afin qu'un expert vétérinaire soit nommé pour visiter l'animal dans le plus court délai ; il devra toujours faire sa demande introductive d'instance dans le délai de la garantie.

Autrefois il suffisait d'avoir fait constater légalement le vice redhibitoire dans le temps de la garantie. Le Parlement de Paris avait cette jurisprudence, ainsi qu'il résulte de son arrêt du 7 septembre 1770, qui a déclaré nulle la vente d'un cheval poussif, quoique l'action en redhibition n'eût été intentée que vingt jours après la vente; mais l'acquéreur avait fait constater *légalement* l'état du cheval dans un délai convenable. Plusieurs jugements du Tribunal de commerce de Paris venaient à l'appui de cette jurisprudence. Récemment encore, le Tribunal de commerce de Saint-Quentin, dans son audience du 10 janvier 1832, sous la présidence de M. Sarget, l'avait adoptée.

Mais la Cour de cassation, par arrêt du 18 mars 1833, a jugé, contrairement à cette jurisprudence, que *la loi qui veut que l'action en résiliation soit intentée dans un bref délai s'applique à l'action et non à la constatation du vice redhibitoire.* Le Tribunal de Rouen avait déjà jugé de même.

D'après le texte de l'arrêt de la Cour de cassation, relaté ci-devant et d'après la manière dont on a expliqué les mots, l'*action en résiliation*, il faut donc que l'action en résiliation soit intentée dans le délai de la garantie par une assignation au vendeur de comparaître à tel jour à l'audience du Tribunal compétent, pour s'y voir condamné à reprendre l'animal pour cause de vice redhibitoire (1).

---

(1) Il y a des cas cependant où l'équité serait tellement blessée par l'application rigoureuse de la jurisprudence motivée par l'arrêt de la Cour de cassation, que les Tribunaux, le Tribunal de commerce même de Paris s'est vu dans la nécessité de ne point s'y arrêter; j'en citerai deux exemples où certainement il y a eu *bien jugé suivant l'équité*. En appel, l'un des jugements a été confirmé par la Cour royale de Paris.

M. Picard avait vendu, au Marché aux chevaux de Paris, le 2 février 1834, un cheval à M. le marquis d'Anjoran; l'acheteur avait amené le cheval à sa campagne. Le 11 février, assez tard dans la journée, l'acheteur s'aperçut que l'animal avait une attaque d'épilepsie. C'était la première fois qu'un pareil accident se manifestait depuis le jour de la vente.

M. le marquis d'Anjoran, n'ayant pas sous la main un huissier pour faire la demande introductive d'instance dans le délai légal, se rendit, avec les personnes qui avaient vu l'attaque d'épilepsie, chez le maire de la commune, et fit dresser procès-verbal de leur audi-

Il faut signaler ici une erreur dans laquelle tombent souvent les acquéreurs d'a-

---

tion. On n'appela pas le vendeur à cause de l'éloignement du lieu de sa résidence. Assignation en résiliation fut lancée contre M. Picard devant le Tribunal de commerce de la Seine.

Me Gibert, agréé du défendeur, a trouvé l'assignation tardive. Il a soutenu, en outre, que le procès-verbal du maire n'était pas une preuve suffisante que la maladie se fût déclarée dans les neuf jours de la vente, et que l'épilepsie ne constituait pas un vice redhibitoire.

Me Henri Nouguier a prétendu que son client n'avait pu assigner dans les neuf jours, puisqu'on ne s'était aperçu de la maladie que le neuvième jour seulement; qu'exiger de l'acheteur contre le vendeur, qui pouvait demeurer fort loin, une assignation dans un délai si court, ce serait rendre l'exercice de la garantie impossible dans le plus grand nombre de cas; qu'il n'était pas permis d'interpréter la loi dans un sens où elle ne pouvait recevoir d'exécution. Il a pensé que l'audition des témoins oculaires avait suffi pour mettre le demandeur en droit d'exercer l'action en garantie, puisque les circonstances avaient empêché de recourir à un autre moyen. Enfin, suivant Me Henri Nouguier, l'épilepsie est un vice redhibitoire, puisqu'elle rend l'animal impropre au service auquel on le destine.

Le Tribunal ;

« Attendu que, si l'action résultant des vices redhibitoires doit être intentée dans un bref délai, il y a lieu,

nimaux : c'est de faire constater le vice redhibitoire par un expert de leur choix :

---

pour le Tribunal, d'apprécier si cette action a été réellement intentée dans le délai que comportaient la nature du vice redhibitoire et l'usage du lieu où la vente a été faite;

» Attendu, dans l'espèce, qu'il s'agit de la vente d'un cheval qui serait atteint d'épilepsie; que l'acquéreur a fait constater, aussitôt qu'il en a eu connaissance, par un procès-verbal, que l'animal était sujet à cette maladie; qu'on ne peut lui imputer aucun retard, puisqu'il a formé sa demande aussitôt qu'il a cru avoir acquis la certitude que le cheval était définitivement atteint d'un vice redhibitoire :

» Par ces motifs, déboute le défendeur de la fin de non-recevoir par lui proposée, et, avant de statuer au fond, renvoie les parties devant M Bouley jeune, artiste vétérinaire, comme arbitre-rapporteur. »

(Extrait du *Moniteur du commerce* du mardi 18 mars 1831, n° 307.)

M. Bouley *a conclu que l'épilepsie* était un vice qui rentrait tout à fait dans le cas de ceux prévus par l'article 1641 du Code civil; que, par conséquent, il y avait lieu à redhibition.

Dans l'autre affaire le jugement a été rendu par le Tribunal de Versailles.

Le sieur Brouchot avait vendu deux chevaux au sieur Remy; dix-sept jours après la vente, l'action redhibitoire fut intentée pour cause de l'affection connue

cet expert doit, au contraire, autant que possible, être nommé par un Tribunal »

---

sous le nom *de morve*. Un premier jugement, en date du 2 avril 1834, fut rendu; un second fut rendu après l'abattage des chevaux, ordonné par mesure de police municipale.

« Attendu que, des procès-verbaux dressés par les vétérinaires experts, légalement requis, il résulte que les chevaux sont atteints de morve et de farcin, maladies contagieuses, dont le germe existait antérieurement au 5 mars, époque de la vente;

» Attendu que si, d'après les dispositions de l'article 1648 du Code civil, l'acheteur doit se pourvoir contre son vendeur dans un bref délai, limité à neuf jours pour Versailles, ce même article dit aussi, suivant la nature des vices redhibitoires et l'usage du lieu où la vente a été faite, que par la première phrase, *suivant la nature des vices redhibitoires*, il est évident que le législateur a voulu, pour quelques cas particuliers et certaines maladies, laisser décider à la prudence des juges s'il ne conviendrait pas de donner une plus grande extension au délai sus-énoncé;

» Attendu que ces chevaux étaient en traitement chez un vétérinaire à Paris..., du domicile duquel les chevaux sont sortis pour être vendus; que les experts ont tous constaté qu'il existait des traces qui indiquaient qu'ils venaient d'être traités très récemment des maladies désignées;

» Attendu que ces maladies sont contagieuses et que

ou au moins, dans le cas de non-possibilité, par le maire d'une commune. Le procès-verbal dressé par un vétérinaire requis seulement par l'acquéreur peut être frappé de nullité comme pouvant être un acte de complaisance.

---

la vente en est formellement interdite sous peines sévères et prévues par les articles 459, 460 et 461 du Code pénal ; qu'il est ordonné de les faire abattre, et qu'ils ne peuvent être comparés aux autres chevaux atteints d'autres vices redhibitoires ;

« Attendu qu'il est constant que les maladies existaient avant la vente; que le vendeur en avait connaissance, etc.: par ces motifs le Tribunal déboute Brouchot de son opposition au jugement rendu le 2 avril présent mois, ordonne que le jugement sera exécuté et que le vendeur doit au sieur Remy, acquéreur, une indemnité pour les pertes résultant pour lui de l'interruption de son travail et les dépenses occasionnées par le séjour des chevaux dans les écuries et les frais de jugement, etc., etc. »

Ainsi jugé le 12 avril 1834.

LISSAJOUS, *président.*

Appel de ce jugement a été fait à la Cour royale de Paris, première Chambre, qui, adoptant les motifs des premiers juges, a, le 4 août suivant, confirmé les jugements rendus à Versailles.

§ 4. Une commune placée autrefois dans le ressort d'un parlement, où l'usage avait fixé à neuf jours le délai dans lequel devaient être intentées ces actions redhibitoires, continue à être régie par cet usage, bien que, par suite de la nouvelle division territoriale de la France qui eut lieu en 1789, cette commune se trouve incorporée à un territoire qui faisait partie du ressort d'un autre parlement où l'on suivait un usage différent.

Jugement en dernier ressort du Tribunal de Neufchâtel (Seine-Inférieure), du 12 avril 1832. Confirmation de ce jugement par arrêt de la Cour de cassation du 13 décembre 1832. (*Sueur* contre *Nourtier*.) *Recueil général des lois et des arrêts*; par SIREY, an 1833, 3ᵉ *cahier*, 1ʳᵉ *partie*, *page* 198.

§ 5. Si plusieurs animaux sont vendus *individuellement*, mais pour un prix collectif, sans qu'il y ait eu de prix particulier fixé pour chacun, et que l'un soit attaqué de vices redhibitoires, la nullité du marché a lieu pour tous. Cette clause n'est applicable qu'aux animaux qu'on vend ordinairement séparément, tels que chevaux et bœufs, elle ne peut l'être à ceux qu'on vend en troupe, comme moutons et porcs.

§ 6. Si plusieurs animaux sont vendus ensemble, mais d'après un prix particulier pour chacun, et que l'un d'eux soit affecté d'un vice redhibitoire, la nullité du marché n'a lieu que pour celui affecté du vice.

§ 7. Si de plusieurs animaux assortis, comme des *chevaux d'un attelage* par exemple, l'un se trouve avoir des défauts suffisants pour donner lieu à l'action redhibitoire, cette action ne peut être exercée que pour tous, *même quand les animaux auraient été estimés à prix séparé*, parce que leur réunion par paires ou en attelages d'animaux assortis change toute leur valeur individuelle intrinsèque, pour leur en donner une relative, et parce que, par cette raison, il est de l'intérêt de l'acheteur, souvent même de celui du vendeur, de ne pas séparer ces sortes de choses.

Ceci s'applique aussi bien à une paire de bœufs de travail qu'à un attelage de deux ou de quatre chevaux.

On devine combien serait gênée une personne qui aurait acheté un attelage de deux chevaux, estimés chacun 1,500 fr., si l'un était atteint d'un vice redhibitoire, et que le marchand, pour se venger, ne voulût reprendre que celui-là. Les deux chevaux appareillés formeraient bien un attelage de la valeur de 3,000 francs; mais séparés, ils ne valent peut-être que 1,000 fr. chacun. Dans le cas que nous venons de citer, la personne, pour avoir un autre attelage, serait donc obligée de chercher pendant longtemps un cheval pareil sans pouvoir se servir de celui qui lui resterait, ou elle serait obligée de le revendre en perdant considérablement sur le prix, puisque, pour que le marchand qui l'achèterait pût avoir un bénéfice, il faudrait qu'il l'achetât encore au dessous de sa valeur de 1,000 fr. pour le particulier.

§ 8. La garantie a lieu non seulement à l'égard de la chose qui fait le principal objet de la vente, mais aussi à l'égard de celles qui sont comprises dans le contrat de vente comme choses accessoires, pourvu qu'elles y soient spécialement comprises et non sous une universalité.

Suivant ces principes, si l'on a vendu pour un prix trois chevaux dont deux très bons et un moindre, et que le moindre soit affecté de vices redhibitoires, il y a lieu à la résiliation du marché.

Mais si l'on a vendu une, deux ou trois belles brebis, plus un lot de plusieurs autres brebis moins bonnes, il n'y a plus lieu à la redhibition, si dans les bêtes composant le lot il y en a une ou même plusieurs affectées de vices redhibitoires, parce que ces bêtes ne sont pas comprises spécialement dans le marché, mais collectivement ou sous une universalité.

Ce principe serait applicable au commerce des chevaux et des bœufs dans le cas où l'on viendrait à les vendre par lots, comme les moutons, les porcs.

§ 9. Dans le commerce des animaux, le vendeur est toujours dans le cas prévu par l'article 1645 du Code civil (1), c'est à dire censé connaître le vice des animaux qu'il a vendus, et il ne peut pas s'excuser sur son ignorance, parce qu'il ne doit mettre en vente que des marchandises qui ne puissent pas occasionner des pertes à l'acheteur ; ou, s'il n'est pas capable de juger de l'état des animaux, il faut qu'il les fasse visiter par un vétérinaire : cette précaution est d'autant plus obligatoire, relativement aux animaux, que celui affecté d'une maladie contagieuse peut compromettre non seulement la fortune d'un particulier, mais encore celle d'une commune ; c'est pour obliger les vendeurs de bestiaux à prendre cette précaution que l'article 7 de l'arrêt du conseil d'état du Roi, du 16 juillet 1784 (2), a été rédigé.

---

(1) Art. 1645. *Si le vendeur connaissait les vices de la chose, il est tenu, outre la restitution du prix qu'il en a reçu, de tous les dommages et intérêts envers l'acheteur.*

(2) « Fait Sa Majesté défenses, sous les mêmes peines (500 livres d'amende), à tous marchands de chevaux et autres, de détourner, sous quelque prétexte que ce soit,

Ainsi, un marchand qui a vendu un cheval ou un bœuf affectés d'une maladie contagieuse se trouve responsable non seulement du cheval ou du bœuf, mais encore de tous les autres bestiaux auxquels l'animal malade a communiqué la contagion.

Dans ce cas, il faut distinguer les dommages immédiats et les dommages médiats de la lésion produite à l'acquéreur; le vendeur n'est tenu que des premiers.

Le marchand de bestiaux n'est censé dans le cas de l'article 1646 du Code civil (1) que quand il a revendu les ani-

---

vendre ou exposer en vente, dans les foires et marchés et partout ailleurs, des chevaux et bestiaux atteints ou suspectés de morve ou de maladies contagieuses, et aux hôteliers, cabaretiers, laboureurs et autres, de recevoir dans leurs écuries ou étables ordinaires, aucuns chevaux ou animaux soupçonnés de semblables maladies, auquel cas ils seront tenus d'en faire aussitôt la déclaration ci-dessus prescrite. »

(1) Art. 1646. *Si le vendeur ignorait les vices de la chose, il ne sera tenu qu'à la restitution du prix, et à rembourser à l'acquéreur les frais occasionnés par la vente.*

maux presque aussitôt après les avoir achetés, sans avoir eu le temps de les bien examiner; mais alors il a son recours contre la personne qui les lui a vendus, et c'est ce premier vendeur qui se trouve responsable des dommages-intérêts.

§ 10. Il n'y a pas lieu à redhibition quand un animal employé à un autre service que celui pour lequel il avait été vendu se refuse à faire ce service.

Nous avons déjà vu que, dans les choses excédant la valeur de 150 fr., il devait en être passé acte, au moins sous signature privée. Dans le marché dont il s'agit, c'est le vendeur qui a intérêt à faire constater les clauses du marché, et il doit l'exiger de l'acquéreur pour éviter toute contestation.

§ 11. Quelques personnes ont pensé que dans une jument la plénitude non apercevable au moment de la vente devait être rangée au nombre des vices redhibitoires, parce que cet état reconnu peu après la vente devait sous peu rendre la jument impropre au service.

Cette opinion ne saurait être admise.

Quand une personne, quelle qu'elle soit, marchande une jument, elle doit savoir que la jument peut être pleine. Si donc elle ne veut pas courir la chance d'acheter une bête dans l'état de plénitude, état qui tient à la nature même de la marchandise souvent, même au bon état de cette marchandise, cette personne, disons-nous, ne doit pas acheter; ou, si elle craint que le vendeur ne dise pas la vérité en assurant que la bête n'est pas pleine, elle doit demander une garantie écrite.

§ 12. Dans le cas de garantie conventionnelle (voyez chapitre VI, page 89), si la durée de la garantie conventionnelle n'est pas spécifiée dans l'écrit, cette durée est la même que la garantie d'usage pour les autres vices redhibitoires.

§ 13. Si le vendeur garantit l'animal *sain* et *net*, la redhibition a lieu pour tous les défauts nuisibles, comme pour ceux cachés, que l'acquéreur n'aurait pas aperçus; mais il faut que cette clause soit écrite; car, en termes verbaux de marchands de chevaux et de bestiaux, *sains* et *nets* signifient seulement *exempts de vices redhibitoires*.

§ 14. Une autre fois, le vendeur garantit l'objet vendu, excepté de tels ou de tels vices redhibitoires qu'il spécifie. Ce cas rentre tout à fait dans celui prévu par l'article 1643, et le vendeur est garant de tous les vices redhibitoires, excepté de celui ou de ceux qu'il a indiqués.

Mais, dans ce cas, il doit avoir la précaution de stipuler, par écrit approuvé par son acquéreur, quels sont les vices qu'il n'entend pas garantir, car autrement il serait à la merci de ce dernier, qui pourrait, contrairement à la convention, invoquer le principe de la garantie de droit.

§ 15. Dans le contrat de vente, Code civil, article 1602 :

> Le vendeur est tenu d'expliquer clairement ce à quoi il s'oblige.
> Tout pacte obscur et ambigu s'interprète contre le vendeur.

Si un marchand ou tout autre particulier vend des animaux avec la garantie légale sans clause particulière, il n'a aucune précaution à prendre que celle d'usage ; mais si, dans le marché, il y a quelques conditions insolites, c'est à lui à prendre ses sûretés, puisque la loi est en faveur de l'acheteur : il doit donc non seulement exiger que ces conditions soient écrites, puisque nous avons déjà vu qu'il devait être passé acte de toutes choses excédant une valeur de 150 fr., mais encore l'écrit doit être rédigé de manière qu'il ne puisse y avoir aucune incertitude sur les clauses du marché; sans cela, elles s'expliqueraient à son désavantage. L'article 1602 ci-dessus est on ne peut pas plus clair à cet égard. Ainsi, dans le cas dont il vient d'être question dans le § 10, si le vendeur n'a pas reçu un écrit par lequel l'acheteur reconnaît avoir acquis l'animal comme propre à tel service seulement, ce vendeur pourra se trouver forcé de reprendre l'animal si l'acheteur de mauvaise foi accuse cet animal de n'être pas bon au service auquel il paraît propre par sa conformation.

§ 16. Quelques marchands, pour se soustraire à la garantie des nouveaux vices cachés, que l'article 1641 met au nombre de ceux redhibitoires, mais que les anciennes coutumes n'y avaient point placés, ont recours à une ruse; ils mettent sur la quittance écrite du prix, *qu'ils garantissent l'animal de tous les vices redhibitoires suivant la coutume de Paris,* par exemple, ou de *Normandie*, si c'est à Paris ou dans une ville de Normandie qu'ils font la vente : ils prétendent alors, si on les attaque en résiliation pour un vice qui n'était point redhibitoire d'après cette coutume, qu'ils n'avaient vendu leur animal que sous la garantie de l'ancienne coutume et non sous la garantie spécifiée dans l'article 1641. Les Tribunaux, il faut l'espérer, ne seront pas dupes d'un pareil subterfuge : ils n'admettront cette restriction, cette dérogation à la garantie légale que lorsque dans l'écrit le vendeur aura dit positivement qu'il ne garantissait que les vices garantis par les anciennes coutumes, et non pas par le Code;

autrement l'écrit est un *pacte obscur* et *ambigu*, *qui s'interprète contre le vendeur* (§ 54).

§ 17. Dans le cas d'échange d'un animal contre un autre sans qu'il y ait eu d'argent donné en retour par une des parties, il n'y a pas lieu à redhibition, parce que l'échange n'est pas une vente.

Dans le cas de maladie contagieuse, il y a exception à cette loi, et la redhibition est toujours de droit, par les causes que j'ai déjà indiquées, chapitre VII.

Toutes les fois qu'il y a de l'argent donné en retour par l'une ou l'autre partie, on ne doit plus considérer l'acte comme un échange, mais bien comme une vente, et alors il y a l'action en garantie pour les deux parties lorsqu'il existe un vice redhibitoire.

§ 18. Les *chevaux* sont quelquefois vendus au dessous de 50 francs : l'acquéreur doit bien présumer qu'on ne les lui donnerait pas pour ce prix s'ils n'avaient pas des défauts extrêmement préjudiciables ; il doit donc être naturellement sur ses gardes. Le Tribunal de commerce de Paris, pour éviter les discussions qui pourraient s'élever à ce sujet, est dans l'usage de ne plus admettre de garantie quand le prix pour ces animaux ne s'élève pas à 50 francs.

Les maladies contagieuses, seules, donnent toujours lieu à la garantie. (Voyez chapitre VII.)

§ 19. A dater de l'instant de la demande en garantie, l'animal ne doit plus travailler, et si son état exige qu'il lui soit donné de l'exercice, cet exercice doit être dirigé de manière à ce qu'on ne puisse pas dire que c'est un travail. En effet, dès l'instant de la demande, l'animal n'appartient plus à aucune des parties, et si l'acquéreur s'en sert, il fait un acte de propriété qui peut nuire à sa demande en garantie : aussi, dans ce cas, beaucoup d'acheteurs mettent-ils l'animal en fourrière.

Il peut y avoir cependant une exception à cette règle, dans l'intérêt même du vendeur, quand un travail ordinaire ne peut nuire. Par exemple, une personne part pour un voyage avec un cheval de cabriolet qu'elle vient d'acheter : elle s'aperçoit en route que l'animal est poussif, elle fait sa demande en résiliation dans le temps de la garantie et trouve le moyen de renvoyer le cheval dans un attelage. Dans cette circonstance, où un travail modéré est souvent plus utile que le repos, où il évite des frais de nourriture, des frais de conduite, il serait peut-être injuste de ne pas admettre la redhibition sous ce prétexte; mais alors les frais dont nous venons de parler ne doivent pas être dus par le vendeur.

§ 20. Dans tous les cas, l'animal doit être rendu dans le même état où il a été livré. S'il avait éprouvé une dépréciation, l'acquéreur en devrait compte au vendeur, à moins qu'elle ne fût arrivée par suite du vice redhibitoire.

Ou cette indemnité se règle à l'amiable par l'expert nommé par le Tribunal; ou elle se règle par un expert désigné par une nouvelle ordonnance du Tribunal sur la demande d'une des parties; ou enfin l'acquéreur garde chez lui l'animal pour le remettre, à ses frais, dans l'état où il l'a reçu : le mieux est le premier moyen.

§ 21. Si l'acquéreur a fait subir une mutilation à l'animal; par exemple, s'il lui a coupé les oreilles ou la queue, il a fait un acte de propriété définitive, qui a annulé le recours en garantie. S'il n'a que raccourci un peu les crins de la queue, suivant la jurisprudence du Tribunal de commerce de Paris, il doit une indemnité légère. S'il a *fait les crins*, suivant la jurisprudence du même Tribunal, il ne doit rien, par le précepte que *ce qui améliore ne vicie pas.*

§ 22. Les frais de fourrière et de nourriture datent du jour de la demande réelle en garantie : l'acquéreur est censé s'être servi de l'animal jusqu'à ce moment.

§ 23. Si la livraison de l'animal vendu n'a pas suivi immédiatement la vente, le temps de la garantie ne commence qu'à l'instant de la livraison.

CHAPITRE XIX.

PIÈCES JUDICIAIRES.

§ 1er. *Demande de recours en garantie.*

A monsieur le Président du Tribunal de commerce du département de la Seine.

Le sieur *Darandeau*, charretier, demeurant à Paris, rue du Faubourg-Saint-Antoine, n° 317, a l'honneur d'exposer que, le 30 août dernier, au Marché aux chevaux de Paris, il a acheté du sieur *Hourtier*, marchand de chevaux, demeurant à Paris, rue Saint-Maur, n° 100, un cheval sous poil bai châtain, à tous crins, de l'âge de huit à neuf ans et de la taille de quatre pieds dix pouces environ, moyennant la somme de cent cinquante fr., payée comptant, et que ledit cheval paraît atteint de vices redhibitoires.

Pour quoi l'exposant demande qu'il vous plaise, monsieur le Président, nommer un vétérinaire expert, à l'effet de visiter et examiner ledit cheval, constater son état, et notamment les vices redhibitoires dont il peut être atteint, et du tout dresser procès-verbal, sur le vu duquel il sera statué ce que de droit; et vous ferez justice.

Présentée à Paris, le deux septembre mil huit cent vingt-trois.

Signé DARANDEAU.

§ 2. *Ordonnance de M. le Président.*

Vu la présente requête sans préjudicier aux droits des parties, nommons le sieur *Huzard,* expert-vétérinaire, demeurant à Paris, rue de l'Éperon, n° 7, à l'effet de procéder à la visite du cheval dont il s'agit, constater son état et notamment s'il est atteint de vices redhibitoires, et ce en présence du vendeur, ou lui dûment appelé, et du tout dresser procès-verbal pour, sur icelui, être ensuite par le Tribunal statué ce qu'il appartiendra.

Fait à Paris, ce deux septembre mil huit cent vingt-trois.

Le Président du Tribunal.

Signé HACQUART.

Enregistré à Paris, le   septembre mil huit cent vingt-trois. Reçu trois francs trente centimes, folio

Signé

§ 3. *Procès-verbal fait à la suite de cette ordonnance.*

Je soussigné, *Jean-Baptiste Huzard,* médecin-vétérinaire à Paris, y demeurant, rue de l'Éperon-Saint-André-des-Arcs, n° 7, onzième arrondissement, expert nommé d'office par ordonnance de M. le Président du Tribunal de commerce du département de la Seine, séant à Paris, en date du 2 de ce mois, étant au bas de la requête ci-jointe, à lui présentée, le même jour, par le sieur *Darandeau*, charretier, demeurant à Paris, rue du Faubourg-Saint-Antoine, n° 317, à l'effet de procéder à la visite du cheval dont il s'agit, constater son état, et notamment s'il est attaqué de vices redhibitoires, et ce en présence du vendeur, ou lui dûment appelé, pour du tout dresser procès-verbal, ai visité aujourd'hui, neuf heures du matin, un cheval hongre, bidet, sous poil bai châtain, à tous crins, mais ayant eu quelques nœuds de la queue anciennement coupés; ayant une marque au front, la crinière usée au bas, mêlée de rubican à cette place; ayant aussi des taches blanches à cette partie des deux côtés; ayant des traces anciennes du torche-nez; hors d'âge, bégu; de la taille d'un mètre cinquante centimètres, mesuré sous potence; ayant des

Marginalia:
- En vertu de quel pouvoir l'expert procède.
- Ce que l'expert est chargé de faire.
- Signalement de l'animal.

traces anciennes et récentes du collier; lequel cheval le sieur *Darandeau* m'a présenté comme celui faisant l'objet de sa requête susdatée, et qu'il m'a dit qu'il avait acheté, le 30 août dernier, au sieur *Hourtier*, marchand de chevaux, demeurant à Paris, rue Saint-Maur, n° 100, et auquel il l'avait payé comptant la somme de cent cinquante francs; a ajouté qu'il croyait le cheval atteint de la pousse. Le sieur *Hourtier* a été représenté à la visite par sa femme, qui a déclaré que son mari avait acheté le cheval en bonne garantie d'un sieur *Pierre-Joseph Payen*, marchand de chevaux, demeurant à Solesmes, dans la Picardie, et qu'il demandait à mettre celui-ci en cause.

J'ai examiné ce cheval dans le repos immédiatement après l'exercice et pendant qu'il mangeait l'avoine, et j'ai reconnu *qu'il paraissait en bon état de santé*, mais qu'il avait néanmoins, en respirant, le mouvement du flanc irrégulier et entrecoupé par le contretemps ou l'espèce de soubresaut qui constitue la *pousse*, et qui met l'animal dans le cas

<small>Dires du demandeur ou acquéreur.</small>

<small>Actes de présence ou d'absence du vendeur.</small>

<small>Dires du vendeur ou de la personne qui le représente.</small>

<small>Examen de l'expert.</small>

<small>Exposé des symptômes reconnus par l'expert.</small>

prévu par l'article 1641 du Code civil (1). En foi de tout ce que dessus, j'ai dressé le présent procès-verbal de visite pour servir et valoir ce que de droit. Fait à Paris, le trois septembre mil huit cent vingt-trois.

Signé Huzard, *médecin-vétérinaire.*

§ 4. *Demande de recours en garantie.*

A monsieur le Président du Tribunal civil de la Seine.

Les sieur et dame M***, propriétaires, demeurant à Paris, rue Royale, n°

Ont l'honneur de vous exposer que, le quinze avril présent mois, le sieur G***, demeurant à Paris, rue de Vendôme, n°   , a vendu aux exposants une jument baie, avec

Conclusions de l'expert.

Si par suite des conclusions de l'expert, l'une ou l'autre des parties émet de nouveaux dires, on les insère avant la formule terminale.

---

(1) Pour être plus en rapport avec la science vétérinaire, on pourrait mettre, *par le contre-temps ou l'espèce de soubresaut qu'on appelle ordinairement* pousse, *et qui, étant chez l'animal dont est question le signe d'une maladie ancienne, mais inconnue, de quelques viscères, place cet animal dans le cas, etc.*; mais cette rédaction, qui ferait quelquefois peut-être demander de nouveaux éclaircissements par le Tribunal, pourrait retarder inutilement le jugement.

garantie de tous vices redhibitoires dont pourrait être atteint ledit animal;

Que ladite jument est réellement atteinte de vices qui eussent empêché les exposants de l'acheter, et qu'il est nécessaire de faire constater lesdits vices par un expert;

Pour quoi ils requièrent qu'il vous plaise nommer un expert, afin de constater les vices dont est atteinte ladite jument baie; et vous ferez justice.

Signé PELÉ.

§ 5. *Ordonnance de M. le Président.*

Vu la requête ci-dessus, nous, Président du Tribunal civil de la Seine, nommons M. *Huzard* fils, qui constatera les vices redhibitoires de ladite jument baie, et dressera son procès-verbal.

Fait au Palais de Justice, à Paris, le vingt-quatre avril mil huit cent trente-trois.

Signé DELAHAYE.

Enregistré à Paris, le vingt-quatre avril mil huit cent trente-trois.

§ 6. Procès-verbal fait à la suite de cette ordonnance.

En vertu de quel pouvoir l'expert procède.

Je soussigné, *Jean-Baptiste Huzard* fils, médecin-vétérinaire à Paris, y demeurant, rue de l'Éperon, n° 5, onzième arrondissement, commis d'office par ordonnance de monsieur le Président du Tribunal civil du département de la Seine, en date du vingt-quatre de ce mois, étant en suite de la requête à lui présentée par les sieur et dame M***, propriétaires, demeurant à Paris, rue Royale, n°   , à l'effet de constater les vices

Ce que l'expert est chargé de faire.

redhibitoires de la jument dont il s'agit, et dresser procès-verbal de cette opération,

Ai visité aujourd'hui, neuf heures du matin, une jument propre au carrosse, à courte queue, sous poil bai; ayant une marque blanche irrégulière en tête, une tache de ladre bordée entre les naseaux, s'étendant au na-

Signalement de l'animal, qui doit être très exact quand le vendeur est absent.

seau gauche; quelques petites taches blanches au bas du garrot; deux balzanes postérieures bordées, chaussées aux boulets, dont la gauche avec une petite tache noire au biseau de la corne du côté interne; ayant des traces de saignée à la jugulaire du côté gauche; de la taille d'un mètre cinquante-huit centimètres, mesurée sous potence; de l'âge de six à sept ans; ayant les pinces supérieures usées comme une bête tiqueuse; ayant de plus les mamelles développées, pendantes, la vulve plissée comme l'a une jument qui a pouliné depuis peu de temps; laquelle jument la dame M*** m'a présentée comme celle faisant l'objet de la requête et de l'ordonnance, et que son mari et elle ont achetée le quinze aussi du courant du sieur G***, demeurant à Paris, rue de Vendôme, n° : la dame M*** m'a ajouté qu'elle croyait la jument poussive. Dires du demandeur ou acquéreur.

Le sieur G***, sommé de se trouver à la visite, ainsi qu'il résulte de l'original de la sommation ci-joint, a fait signifier aux sieur et dame M*** qu'ils avaient laissé passer les délais de résiliation pour vices rédhibitoires à Paris, et qu'il arguait de nullité tout ce qui était et serait fait relativement à la demande formée contre lui (1). Acte de présence ou d'absence du demandeur; ses dires ou ceux de la personne qui le représente.

---

(1) M. G*** se fondait sur l'arrêt de la Cour de cassation, du 18 mars 1833, déjà cité, qui a décidé que

<small>Examen de l'expert, exposé des symptômes reconnus.</small>

J'ai examiné la jument dans le repos pendant qu'elle mangeait l'avoine et après un léger exercice au trot sous l'homme. J'ai reconnu qu'elle paraissait en fort bon état de santé, mais que dans le repos, surtout lorsqu'elle mangeait l'avoine et lorsqu'elle n'était occupée d'aucun des objets environnants, elle avait le mouvement du flanc irrégulier et entrecoupé par le contre-temps ou l'espèce de soubresaut qui constitue la *pousse*, accident qui place l'animal qui en est atteint dans le cas prévu par l'article 1641 du Code civil.

<small>Conclusions. Si, par suite des conclusions, l'une ou l'autre des parties émet de nouveaux dires, on les insère avant la formule terminale.</small>

En foi de quoi, j'ai dressé le présent procès-verbal de visite, pour servir et valoir ce que de droit. Fait à Paris, le vingt-sept avril mil huit cent trente-trois.

Signé HUZARD FILS, *médecin-vétérinaire.*

§ 7. *Autre procès-verbal.*

<small>En vertu de quel nouvoir l'expert procède.</small>

Je, soussigné, etc., expert nommé d'of-

---

l'action rédhibitoire devait être intentée dans le délai de la garantie. (*Voyez* page 301.)

fice par ordonnance de monsieur le Président du Tribunal de commerce du département de la Seine, séant à Paris, en date du 19 de ce mois, étant au bas de la requête ci-jointe, à lui présentée, la veille, par le sieur G***, propriétaire, demeurant à Paris, rue de Clichy, à l'effet de visiter le cheval dont il s'agit, et en constater l'état en présence du vendeur ou lui dûment appelé, pour du tout dresser procès-verbal, ai visité aujourd'hui, neuf heures du matin, un cheval hongre, propre au cabriolet, sous poil bai brun, à courte queue anglaisée; ayant une marque en tête; une liste commençant au milieu du chanfrein, élargie et bordée entre les naseaux; du gris à la lèvre antérieure; de l'âge de sept à huit ans et de la taille d'un mètre soixante centimètres, mesuré sous potence; que le sieur G*** m'a présenté comme celui faisant l'objet de sa requête susdatée, et qu'il m'a dit qu'il avait acheté le dix de ce mois, moyennant la somme de neuf cent cinquante francs, du sieur M***, propriétaire, demeurant à Paris, rue Gaillon, n° 3; m'a

Ce que l'expert est chargé de faire.

Signalement de l'animal.

Dires du demandeur.

ajouté que, le jour de la vente, et lors de l'essai, le cheval ne boitait pas ; qu'il ne boitait pas en rentrant après l'exercice, mais que le lendemain, en sortant de l'écurie, il boitait, et que depuis il avait toujours boité un peu plus, un peu moins, quoiqu'il eût été beaucoup reposé et très ménagé ; pour quoi il soupçonnait le cheval être affecté d'une boiterie de *vieux mal*.

Actes de présence ou d'absence du défendeur. Le sieur M***, sommé de se trouver à la visite, ainsi qu'il résulte de l'original de la sommation étant au bas de l'ordonnance, a comparu, a bien reconnu le cheval pour

Dires du défendeur ou de la personne qui le représente. être celui qu'il avait vendu au sieur G*** aux conditions précitées, a dit que son cheval était droit lorsqu'il l'avait vendu ; qu'il n'avait jamais boité chez lui, ce dont il s'offrait de faire les preuves, a ajouté que s'il boitait maintenant, ce ne pouvait être que par accident postérieur à la vente, nullement de son fait, et par conséquent dont il ne pouvait être responsable (1).

---

(1) Le défendeur était non justiciable du Tribunal

J'ai examiné ce cheval dans le repos immédiatement après une marche au pas, et ensuite dans l'exercice au pas et au trot à la main, et j'ai reconnu qu'il était en bon état de santé, mais qu'il avait les deux jarrets malades, plus gros que dans l'état ordinaire, surtout à la face interne ; que le jarret droit était plus affecté que l'autre, que les tumeurs qui s'y remarquaient étaient dures, de nature osseuse, non douloureuses, par conséquent anciennes; que l'animal se coupait aux boulets des deux côtés, et qu'enfin en marchant, et surtout au trot, il boitait fortement de l'extrémité postérieure droite; les pieds de derrière étaient vieux ferrés, et je n'ai trouvé aucune cause, autre que le mauvais état du jarret, qui pût donner lieu à cette boiterie; cependant, pour plus de sûreté dans mon jugement, je pense que le cheval doit être déposé en fourrière pour m'être représenté de nouveau après huitaine ; et les parties étant demeurées d'ac-

Visite de l'expert.

tions de l'expert.

Conclusions de l'expert ajournées.

---

de commerce dans l'affaire dont il s'agit ; mais il n'en déclina pas la compétence, et l'affaire fut plaidée.

cord de l'envoyer à l'École royale vétérinaire d'Alfort, j'ai indiqué une seconde visite et la clôture de mon procès-verbal à ladite École, où les parties sont convenues de se rendre sans sommation, le jeudi 27 du courant, à une heure après midi. En foi de quoi, j'ai commencé le présent procès-verbal de visite, pour servir et valoir ce que de droit. Fait à Paris, le vingt et un mars mil huit cent vingt-trois.

Signé, etc.

En vertu de quoi l'expert procède.

Et le jeudi vingt-sept mars mil huit cent vingt-trois, à une heure après midi, toujours au désir de l'ordonnance de monsieur le Président du Tribunal de commerce du département de la Seine, en date du dix-neuf du courant, et par suite de mon procès-verbal du vingt et un, je me suis transporté à l'École royale vétérinaire d'Alfort, où les parties se sont rendues, et où le

Acte de présence des parties.

sieur G*** m'a fait voir, dans une des écuries des hôpitaux, le cheval faisant l'objet de mon premier procès-verbal, et que le sieur M*** a bien reconnu.

J'ai examiné de nouveau le cheval, je l'ai trouvé en bon état de santé, et je n'ai point remarqué qu'aucune partie des extrémités postérieures fût sensible, douloureuse, je n'ai trouvé enfin aucune cause récente de boiterie. J'ai fait sortir l'animal au pas sur le pavé et à la main ; il avait la démarche un peu embarrassée dans le train de derrière, mais il ne boitait pas : au trot et à la main, il boitait manifestement du train de derrière sans qu'on pût dire positivement de quelle extrémité. J'ai fait atteler alors le cheval à un cabriolet, et je l'ai fait exercer au trot, ainsi attelé et avec deux personnes dans le cabriolet, pendant près d'une demi-heure, sur la grande route de Maisons et de Villeneuve. Au cabriolet et dans les brancards au trot, le cheval paraissait à peine boiter, et des yeux non exercés y auraient été facilement trompés ; mais dételé après l'exercice, et mis au trot à la main, il boitait très fortement de l'extrémité postérieure droite ; et le sieur G*** a dit que le cheval, mis à l'écurie et reposé pendant vingt-quatre heures, boite-

Nouvel examen de l'expert.

Nouveaux dires du demandeur.

rait peut-être plus encore, et a requis qu'il fût visité de nouveau après ce délai : le sieur M***, présent, a répété que son cheval n'avait jamais boité avant la vente, qu'il fallait qu'il eût été forcé pour boiter ainsi qu'il le faisait actuellement, et que ce ne pouvait être que par la faute du sieur G***; a ajouté qu'il ne s'opposait pas du reste à ce que le cheval fût visité de nouveau après un repos de vingt-quatre heures : pour quoi j'ai indiqué aux parties le lendemain, heure de midi, pour procéder à ce dernier examen. Fait à Alfort, les jour, mois et an que dessus.

Nouveaux dires du défendeur.

Second ajournement des conclusions de l'expert.

Signé, etc.

Et aujourd'hui, vingt-huit mars mil huit cent vingt-trois, à l'heure de midi, toujours en vertu de l'ordonnance de monsieur le Président du Tribunal de commerce du département de la Seine, en date du dix-neuf du courant, et par suite de mes deux procès-verbaux du vingt et un et du vingt-sept aussi du même mois, je me suis transporté de nouveau à l'École royale vétérinaire d'Alfort, là où le sieur G*** m'a

En vertu de quoi l'expert procède.

Acte de présence ou d'absence des parties.

présenté, dans la même écurie où je l'avais vu la veille, le cheval faisant l'objet de sa requête. Le sieur M*** était venu chez moi, le matin, me dire que sa présence à la visite du cheval étant inutile, et une affaire indispensable le retenant à Paris, il n'assisterait pas à ce dernier examen.

J'ai fait sortir le cheval de l'écurie : au pas sur le pavé, il boitait du train de derrière ; mis au trot sous l'homme, pendant une minute environ, il a boité comme il avait boité la veille après avoir été exercé, par conséquent beaucoup plus fort qu'avant ledit exercice. Cette boiterie était surtout prononcée lorsqu'on faisait tourner le cheval à droite, même dans un cercle très étendu ; du reste, le cheval ne manifestait aucune douleur dans un endroit du membre plutôt que dans un autre ; seulement, lorsqu'on prenait l'extrémité postérieure droite, l'animal l'élevait subitement de terre comme un cheval qui a un éparvin sec. *Nouvel examen de l'expert.*

D'après tous ces examens, j'estime que le cheval a les jarrets malades ; qu'il les avait déjà malades avant la vente ; qu'il pouvait ne *Conclusions de l'expert.*

15

pas boiter au moment de la vente, et que la boiterie dont il est affecté maintenant provient de ce mauvais état des jarrets. En foi de quoi, et sans rien préjudicier aux droits respectifs des parties, j'ai terminé le présen procès-verbal de visite, pour servir et valoir ce que de droit. Fait à Paris, les jours, mois et an que dessus.

Signé, etc.

N. B. On voit que, dans mon procès-verbal, je n'ai fait qu'exposer ce que j'avais observé, sans prononcer s'il y avait vice redhibitoire ou non, parce qu'il résultait de la visite une question de droit que je n'étais pas appelé à juger (voyez plus haut ce que l'expert est chargé de faire), et que voici :

« Un défaut apercevable au moment de la vente, et qui ne faisait pas boiter le cheval dans ce moment, mais qui a occasionné une boiterie grave lorsque l'animal a été soumis au travail pour lequel il paraissait propre, est-il vice redhibitoire ? »

§ 8. *Autre procès-verbal.*

Je, soussigné, etc., expert nommé d'office par ordonnance de M. le président du Tribunal de commerce du département de la Seine, séant à Paris, en date du vingt-neuf de ce mois, étant au bas de la requête ci-jointe, à lui présentée, le même jour par le sieur *Nicolas Collet*, marchand de chevaux, demeurant à Paris, rue de Charenton, n° 133, à l'effet de procéder à l'ouverture du cheval dont il s'agit, et de constater le genre de maladie qui a causé sa mort, et ce en présence du sieur *Barthélemy*, aussi expert-vétérinaire, nommé d'office pour représenter le vendeur, et du tout dresser procès-verbal; sur ce qui m'a été dit aujourd'hui par le sieur *Collet*, que le cheval dont il s'agit était mort dans les écuries de l'École royale vétérinaire d'Alfort, où un de ses garçons me le présenterait, parce qu'il ne pouvait pas se trouver lui-même à la visite, me suis transporté à ladite École, où un garçon du sieur *Collet* m'a fait voir dans la cour dite *des Forges*, mort et couché sur le côté gauche, un cheval de trait, hongre, sous poil alezan, ayant les pieds un peu moins foncés, la queue en balai et anciennement écourtée, une marque en tête ; une liste étroite commençant sur le chanfrein, prolongée sur le naseau gauche ; du blanc sur le nez et la lèvre antérieure ; de l'âge de quatre ans, et de la taille d'un mètre cinquante-quatre à soixante centimètres ; ayant deux sétons au poitrail, des marques de vésicatoires sous la poitrine, le rectum renversé, le corps extrêmement météorisé, et exhalant déjà une mauvaise odeur ; que le garçon du sieur *Collet* m'a dit être celui faisant l'objet de la requête et de l'ordonnance susdatées, et que son maître avait acheté, le vingt de ce mois, du sieur *Mazard*, marchand de chevaux, et aubergiste à Catiaux, près Mons, auquel il l'avait payé dans un lot de cinq chevaux, sur l'estimation de trois cents francs ; a ajouté que son maître s'était bientôt aperçu que le cheval était malade, et que, le vingt-six de ce mois, voyant que la maladie empirait, il l'avait envoyé à l'École royale vétérinaire d'Alfort, pour y être traité convenablement, et où il était mort le vingt-huit, à quatre heures après midi. Le sieur *Barthélemy*, susnommé et qualifié présent, a demandé la réserve de tous les droits de la personne qu'il représentait.

J'ai fait procéder à l'ouverture par un garçon du sieur *Dusaussoy*, équarrisseur de l'École, et j'ai trouvé que tous les tissus étaient rouges, infiltrés de sang; les mailles du tissu cellulaire déjà soulevées par des gaz; à l'ouverture de la poitrine, les cavités des plèvres contenaient un liquide sanguinolent, rouge, couleur de lie de vin; les plèvres, dans toute leur étendue, étaient rouges, couvertes, sur presque toute leur surface, de fausses membranes jaunâtres, peu épaisses, presque point adhérentes et de consistance molle, sans résistance; les vaisseaux qui rampent sur leurs faces étaient apparents, injectés; le tissu des poumons était plus rouge que dans l'état naturel, et d'un rouge jaunâtre; de plus, ces organes étaient mous, sans consistance, se déchirant facilement; la portion antérieure du poumon droit était seule beaucoup plus consistante que dans l'état naturel; elle résistait sous les doigts, elle se cassait lorsqu'on appuyait sur elle un peu fortement ; elle présentait de petits points blancs, dont les uns étaient mous et les autres durs sous les doigts ; elle était tuberculeuse et *hépatisée* ; le péricarde était un peu rouge, ainsi que la face interne des ventricules du cœur. Dans l'abdomen, les intestins étaient rouges par places, mais par suite de la mort et du temps écoulé avant l'ouverture ; les reins étaient désorganisés, réduits en bouillie, comme on les trouve presque toujours après l'inflammation violente de quelque autre organe, surtout quand il s'est écoulé du temps avant l'ouverture des cadavres, mais, du reste, sans altération extraordinaire ; tous les autres viscères ne m'ont présenté rien de particulier : pour quoi j'estime que ce cheval est mort d'une pleurésie aiguë intense, mais de plus qu'il avait une partie du poumon droit, la partie antérieure de ce lobe, affectée d'une maladie ancienne antérieure à la vente, nullement du fait de l'acheteur, qui peut même avoir été la cause de l'affection récente, et qui mettait l'animal dans le cas prévu par l'art 1641 du Code civil. En foi de quoi et de ce qui précède, j'ai dressé le présent procès-verbal d'ouverture pour servir et valoir ce que de droit, et que le sieur *Barthélemy*, ci-dessus qualifié, a signé avec moi. Fait à Paris, le trente mai mil huit cent vingt-trois.

Signé Huzard,   Barthélemy,
médecin-vétérinaire.   *médecin-vétérinaire.*

§ 9. *Autre procès-verbal.*

Je, soussigné, etc., expert nommé d'office par ordonnance de M. le président du Tribunal de commerce du département de la Seine, séant à Paris, en date du seize de ce mois, étant au bas de la requête ci-jointe, à lui présentée, le même jour, par le sieur *Gérard*, aubergiste, demeurant marché Beauveau, à Paris, à l'effet de procéder à la visite du cheval dont il s'agit, constater son état notamment s'il est attaqué de vices redhibitoires, et en cas de mort de procéder à l'ouverture du corps et de désigner les causes de sa mort, et ce en présence du vendeur ou lui dûment appelé, pour du tout dresser procès-verbal, ai visité aujourd'hui, dix heures du matin, un cheval de trait, entier, sous robe bai-marron foncé; ayant la queue anciennement écourtée et en balai, le bas de la crinière usé et fortement rubican, et avec du blanc; ayant une pelote bordée en tête, se prolongeant par une liste étroite sur le chanfrein; ayant une très petite tache blanche sur le garrot, à gauche; de l'âge de sept ans environ et de la taille d'un mètre cinquante-cinq centimètres, mesuré sous potence; qu'un garçon du sieur *Gérard*, ainsi qu'il m'a dit être, m'a présenté comme celui acheté par son maître, le onze du courant, du sieur *Frezier*, marchand de chevaux, demeurant aussi à Paris, rue de Charenton, n° 106; lequel sieur *Frezier*, présent à la visite, a bien reconnu le cheval signalé ci-dessus pour être celui par lui vendu au sieur *Gérard*; a dit qu'il ne lui connaissait aucun vice redhibitoire; que dans tous les cas il s'en rapportait à la Justice, et qu'il demandait à mettre son garant en cause.

J'ai examiné ce cheval, et j'ai reconnu qu'il portait la tête basse ; qu'il jetait par les naseaux une matière limpide, peu abondante, mais adhérente ; qu'il avait la membrane muqueuse nasale rouge ; que les yeux étaient ternes, enfoncés dans l'orbite, chassieux ; que l'air expiré était chaud, que les flancs étaient retroussés, agités, la respiration accélérée et le mouvement d'expiration plus prolongé cependant que celui de l'inspiration ; que l'animal paraissait ressentir de la douleur quand on pressait les côtes du côté droit ; tous lesquels symptômes dénotent un animal attaqué d'une affection très grave, qui le met en danger de périr, et ne permettent pas de prononcer maintenant sur la nature de l'affection ; pour quoi je pense que le cheval doit être déposé en fourrière, à l'École royale vétérinaire d'Alfort, ou partout ailleurs, où il plaira au Tribunal d'ordonner, pour y être traité convenablement, et m'être représenté de nouveau, ou après guérison, ou, dans le cas de mort, pour en faire faire l'ouverture, et statuer définitivement sur le genre de la maladie. En foi de tout ce que dessus, j'ai commencé le présent procès-verbal de visite, pour servir et valoir ce que de droit. Fait à Paris, le dix-sept novembre mil huit cent dix-neuf.

Signé, etc.

Et cejourd'hui, dix-huit novembre mil huit cent dix-neuf, dix heures du matin, en continuant mon procès-verbal du dix-sept, toujours au désir de M. le président du Tribunal de commerce du département de la Seine, en date du seize du courant, étant au bas de la requête, à lui présentée, le même jour, par le sieur *Gérard*, aubergiste, demeurant au marché Beauveau ; sur ce qu'il m'a fait connaître que le cheval faisant l'objet de sa requête, et par moi visité la veille, était mort dans la nuit, je me suis transporté au domicile dudit sieur *Gérard*, où étant, il m'a fait voir mort et couché sur le côté droit, dans une grande écurie au fond de sa cour, un cheval que j'ai bien reconnu pour être celui que j'avais visité la veille, et signalé dans mon commencement de procès-verbal dudit jour. Le sieur *Frezier*, présent, sans sommation, pour éviter les frais, a bien reconnu le cheval pour être celui qu'il avait vendu, a persisté dans ses dires, en continuant de demander son recours contre son garant.

J'ai fait procéder à l'ouverture du corps de l'animal par un garçon du sieur *Dusaussoy*, équarrisseur, demeurant rue du Vert-Bois, et j'ai reconnu que le tissu cellulaire sous-cutané, celui du pourtour de la poitrine surtout, était injecté et rouge; à l'ouverture de cette cavité, j'ai trouvé les deux sacs des plèvres remplis d'un fluide roussâtre, dont la quantité pouvait être évaluée à vingt litres au moins; ce liquide contenait des portions de fausses membranes blanches, sans consistance, et très abondantes dans le sac droit; les plèvres étaient recouvertes, dans la plus grande partie de leur étendue, de ces fausses membranes, qui étaient peu adhérentes et qui, quand on les enlevait, laissaient voir les plèvres extrêmement rouges et injectées; quelques adhérences peu solides existaient entre quelques points des surfaces libres des plèvres; le sac du cœur, ouvert, laissait voir sa membrane interne un peu rouge et injectée; le tissu des poumons était bien sain, seulement un peu rouge; dans l'abdomen, quelques parties du péritoine et des intestins présentaient aussi quelques légères traces d'inflammation; les autres viscères ne montraient rien de remarquable : tous lesquels symptômes indiquent l'affection de poitrine *aiguë, récente,* appelée *pleurésie,* et portée à un degré extrême d'intensité. En foi de quoi, j'ai dressé et clos définitivement mon procès-verbal de visite et d'ouverture. Fait à Paris, les heure, jour, mois et an ci-dessus spécifiés.

Signé, etc.

§ 10. *Compromis pour nommer un expert à l'amiable, sans réserve d'appel.*

Nous, soussignés (*noms, prénoms, qualités et demeures*), convenons, relativement au marché de trois vaches que nous avons fait, le 14 novembre 1823, au Marché aux vaches laitières de la Maison-Blanche, et à la contestation qui s'est élevée à la suite de ce marché, de prendre le sieur *Huzard*, médecin-vétérinaire à Paris, pour arbitre, et renonçons à appeler de son jugement, nous en rapportant complètement à sa décision, qui devra être donnée dans un délai de dix jours, à dater d'aujourd'hui.

Fait à Paris, le dix-huit novembre mil huit cent vingt-trois.

Lu et approuvé l'écriture ci-dessus. (*Ceci doit être écrit de la main du signataire qui n'a pas écrit le compromis, ou de l'une et de l'autre partie, si c'est l'arbitre ou toute autre personne qui a fait le compromis.*)

Signé, etc.

§ 11. *Rapport d'arbitre.*

A messieurs les président et juges composant le Tribunal de commerce du département de la Seine, séant à Paris.

Messieurs,

Par votre jugement du quatre mars de cette année, rendu contradictoirement dans la contestation qui divise le sieur *Charles Bouché*, marchand de chevaux, demeurant à

Paris, rue du Faubourg-Saint-Martin, n° 233, demandeur d'une part, et le sieur *Michel Élie*, voiturier, demeurant aussi à Paris, rue du Faubourg-Saint-Martin, n° 25, défendeur d'autre part, il vous a paru utile à l'éclaircissement des faits de la cause, avant faire droit, de nommer M. *Desplas* arbitre-rapporteur entre les parties, à l'effet par elles de représenter les titres et pièces à l'appui de leurs prétentions respectives, dûment en règle, et à l'effet par ledit arbitre d'entendre les parties et qui il jugerait à propos, les régler et accorder, si faire se pouvait, sinon en faire son rapport en la manière accoutumée.

Par jugement du vingt-un du même mois, vous m'avez substitué à M. *Desplas*, récemment décédé : au désir de ces deux jugements, j'ai entendu les parties plusieurs fois séparément et contradictoirement ; j'ai aussi entendu une personne pour le défendeur et deux pour le demandeur : je n'ai pu accorder lesdites parties.

Point de fait..

Le vingt-un février de cette année, à huit

heures environ du matin, le demandeur a rencontré le défendeur et lui a dit qu'il avait un cheval à lui vendre. Les deux parties sont convenues de se réunir dans la journée, pour terminer l'affaire, chez M. *Pelé*, marchand de vins, demeurant rue du Faubourg-Saint-Martin, n° 2.

Le rendez-vous a eu lieu : la femme du demandeur et celle du défendeur s'y sont trouvées.

Le demandeur a vendu au défendeur un cheval pour la somme de quatre cent trente francs, et il a exigé un billet par lequel ledit défendeur reconnaissait acheter le cheval sans aucune garantie. Les parties ne sachant pas écrire, le demandeur a fait faire le billet par une tierce personne, et le défendeur y a mis sa croix.

Le défendeur s'est livré du cheval aussitôt le marché.

Le lendemain, vingt-deux février, le défendeur a reconduit le cheval au demandeur, en lui disant que l'animal ne lui convenait pas, et il l'a abandonné dans la cour du demandeur.

Celui-ci a mis le cheval en fourrière et a fait ses diligences contre le défendeur.

La demande tend à ce que le marché soit déclaré valable, et à ce que le défendeur soit tenu de payer la somme de quatre cent trente francs, prix du cheval, plus les frais et dépens.

La défense tend à ce que le demandeur soit déclaré non recevable en sa demande, attendu que lui, défendeur, dit qu'il était ivre lorsqu'il a fait le marché; attendu qu'il ne sait pas lire, et qu'à la lecture du billet on a énoncé que le cheval était garanti, au lieu d'énoncer qu'il n'était pas garanti, comme le billet le comporte. Le défendeur reconnaît, au surplus, que le marché a été fait; il reconnaît le billet pour celui écrit en sa présence, et la croix qu'il y a mise.

Le demandeur, à l'appui de sa demande, a apporté le billet de non-garantie qu'il a exigé du défendeur, et de plus m'a fait entendre, en présence du défendeur et de sa femme, deux témoins du marché.

1°. Le sieur *François-Henri Labbey*, loueur de cabriolets, demeurant rue du Faubourg-Saint-Martin, n° 270, qui a écrit le billet de non-garantie; ce témoin m'a déclaré que le cheval avait bien été vendu sans garantie, parce qu'il toussait un peu; il m'a ajouté qu'après avoir écrit le billet il l'avait lu lui-même deux ou trois fois au défendeur, tel qu'il était conçu, sans rien changer ni ajouter, et enfin qu'il n'était pas vrai que le défendeur fût ivre.

2°. La dame *Pelé*, femme du marchand de vins chez lequel le marché s'est conclu, m'a dit qu'elle était présente à l'affaire, qu'elle se ressouvenait bien avoir entendu dire que le cheval était vendu sans garantie; qu'elle avait aussi entendu lire le billet, et qu'on avait bien lu que le cheval était acheté sans aucune garantie; elle a ajouté que le défendeur n'était pas ivre.

Le défendeur, à l'appui de sa défense, m'a dit qu'il n'avait pas essayé le cheval avant le marché, et qu'on n'achetait pas un cheval sans garantie la somme de quatre cent trente francs sans l'essayer préalablement; il a dit qu'il l'avait non seulement acheté avec garantie, mais encore sous la condition verbale que le marchand le lui reprendrait s'il ne lui convenait pas ; il a ajouté qu'il persistait à dire qu'il était ivre lorsqu'il avait mis sa croix sur le billet, et pour preuve de la supercherie qu'on a, dit-il, employée à son égard, il m'a fait entendre que le sieur *Jean-Louis Morland*, ouvrier-imprimeur en taille-douce, demeurait rue du Faubourg-Saint-Martin, n° 25, même maison que le défendeur. Ce témoin m'a dit que s'étant trouvé par hasard chez le marchand de vins à la conclusion du marché, il avait entendu lire le billet dont il s'agit, et qu'à la lecture, le billet spécifiait bien que le cheval était vendu avec garantie.

Le demandeur s'est bien rappelé qu'il y ayait une personne chez le marchand de vins lorsque le marché s'était conclu, seulement il n'y a pas fait attention ; il ne récuse pas le sieur *Jean-Louis Morland*, mais il dit qu'il se trompe ou qu'il ment. Il a ajouté que si, le cheval avait été vendu avec garantie, il l'aurait vendu plus cher, et il m'a requis de voir le cheval, afin d'estimer s'il ne valait pas plus de quatre cent trente francs, dans le cas où il aurait été vendu avec garantie. Il n'a pas nié qu'il eût promis de le changer plus tard, si le défendeur voulait le changer; mais il a ajouté que cette promesse était indépendante du marché.

Point de droit.

Le demandeur est-il fondé à demander que le marché soit déclaré valable, et que le défendeur soit condamné à payer le prix du cheval et à rembourser les frais et dépens?

Le défendeur peut-il demander la résiliation du marché, parce que, dit-il, il était ivre, et parce qu'on a abusé de ce qu'il ne savait pas lire pour lui faire en quelque sorte approuver un écrit en lui lisant tout le contraire de ce qu'il contenait.

Éclaircissements.

En considérant, d'un côté,

1°. Que le marché a été bien conclu, puisque le défendeur en convient;

2°. Que le défendeur reconnaît aussi le billet et convient d'y avoir apposé une croix d'adhésion :

D'un autre côté,

1°. Que si le défendeur était ivre lors du marché, sa femme, qui était présente, ne l'était pas ; qu'elle m'a ajouté que c'était elle qui faisait les marchés ; enfin qu'elle n'a laissé comparaître son mari devant moi que sur mes invitations réitérées et expresses ;

2°. Qu'il n'est pas prouvé qu'on ait lu au défendeur et à sa femme le billet insidieusement comme ils l'avancent, en leur énonçant que la vente était avec garantie, au lieu d'énoncer qu'elle était sans garantie, puisqu'ils n'ont pour preuve de ce dire qu'un seul témoin, demeurant dans la même maison; témoin qu'ils connaissaient bien, qui sait lire et écrire, et auquel ils pouvaient faire lire le billet dans le cas de doute de leur part ;

3°. Que, dans tout marché de chevaux, l'acheteur n'a jamais de signature à donner que lorsqu'il reconnaît acheter le cheval sans garantie ;

4°. Que le cheval vaudrait davantage s'il était vendu avec garantie ;

5°. Enfin, que le défendeur ne lui reproche d'autre défaut que d'être mauvais travailleur :

J'estime

Que le marché est valable ; par conséquent que le sieur *Charles Bouché* est fondé dans sa demande, et que le sieur *Michel Élie*, défendeur, doit être condamné à payer la somme de quatre cent trente francs, prix du cheval, plus les frais et dépens.

Telles sont, Messieurs, les conclusions que j'ai l'honneur de soumettre à la sagesse de vos délibérations ultérieures.

Paris, le quinze avril mil huit cent vingt-trois.

Signé Huzard.

§ 12. *Autre rapport d'arbitre.*

A messieurs les président et juges composant le Tribunal de commerce du département de la Seine.

Messieurs,

Par votre jugement du 11 novembre 1831, rendu dans la contestation qui divise M. *Charles L****, demeurant à Paris, rue Laffitte, n° 36, demandeur, et madame veuve C***, demeurant au haras de Madrid, bois de Boulogne, défenderesse, il vous a paru utile de me nommer arbitre-rapporteur à l'effet d'entendre les parties, les concilier si faire se peut, et dans le cas contraire, en faire mon rapport et donner mon avis.

Au désir de ce jugement, j'ai entendu contradictoirement M. *M****, demeurant au haras de Madrid, fondé de pouvoir par madame veuve C***, et M. *Charles L**** ; j'ai aussi entendu M. *Félix W****, secrétaire de M. Jean-George *S****. Je n'ai pu accorder les parties.

En point de fait, le 16 août 1831, le demandeur a acheté à la défenderesse, moyennant la somme de 3,000 francs, une pouliche de trois ans, de pur sang anglais, garantie comme fille de l'étalon *Merlin*.

Cette pouliche subissait avant la vente la préparation nécessaire aux chevaux qui doivent lutter dans les courses : passée entre les mains de M. *L****, elle a continué d'être soumise à l'entraînement.

Au moment même d'engager sa pouliche dans les courses, M. *L**** apprit, au Champ-de-Mars, d'un nommé *C****, au service de lord *S****, que sa pouliche n'était pas fille de *Merlin*.

Malgré cet avis, la pouliche a couru au Champ-de-Mars.

Les parties conviennent de ces faits.

La demande tend à ce que la défenderesse soit tenue de reprendre la pouliche, de restituer la somme de 3,000 fr., avec frais et dépens.

Le demandeur se fonde sur ce que la pouliche vendue comme fille de *Merlin*, et qu'il a achetée comme telle, ne provient pas de cet étalon.

A l'appui de cette assertion, M. *Félix W**** exhibe le registre de haras de M. *S****, où il se trouve constaté que la pouliche vendue à M. *L**** est fille d'un cheval appelé *Morisco*.

M. *M**** convient que les saillies de ce dernier étalon, quoique ayant été payées parfois au prix de celles de *Merlin*, ont été quelquefois payées un moindre prix, ce qui explique la supériorité reconnue de *Merlin*.

La défense tend cependant à ce que la demande soit déclarée non recevable, attendu : 1° que la déclaration de naissance délivrée au moment de la vente, et certifiée par le sieur *W****, autrefois chef du haras de M. *S****, n'est pas mentionnée dans le reçu de madame *C**** ; 2° que ladite déclaration avait seulement pour objet de certifier que la pouliche était de pur sang, et devait être admise comme telle aux courses du Champ-de-Mars, ce qui est vrai, puisque *Morisco* est, comme

Merlin, étalon de pur sang; 3° que le sieur L***, en faisant courir la pouliche, a fait acte de propriété.

Considérant : 1° que la déclaration de naissance délivrée au sieur L*** est fausse; 2° qu'il n'est pas indifférent que la pouliche vendue soit fille de *Morisco* ou de *Merlin,* puisque ce dernier étalon passe pour préférable au premier; 3° que dans la vente d'un cheval ou d'une jument de pur sang destiné aux courses ou à la reproduction, il est d'usage de délivrer un certificat de généalogie, lequel donne à l'animal vendu une valeur plus ou moins élevée; et que si, dans cet usage, on n'était pas tenu de dire la vérité, le commerce des chevaux de grand prix donnerait lieu à beaucoup de fraudes; 4° que si M. L*** n'avait pas été abusé par le certificat, il n'aurait pas acheté la pouliche, ou n'en aurait donné qu'un moindre prix; 5° qu'au moment de faire courir la pouliche, le sieur L*** n'avait pas la preuve complète de la fausseté du certificat délivré; 6° que l'occasion de présenter aux courses la pouliche, déjà préparée en partie par les soins de la dame C***, devant être saisie, le sieur L*** a été, malgré l'avertissement à lui donné par le nommé C***, dans l'obligation de faire acte de propriété;

Considérant en outre qu'en pareille matière la seule question qui peut être résolue différemment, celle qui concerne l'acte de propriété, doit être plutôt expliquée en faveur de l'acheteur que du vendeur;

J'estime que la demande est fondée, que la défenderesse doit être tenue à la restitution de la somme de 3,000 francs, plus les frais et dépens, sauf à elle à faire valoir son recours contre son garant, s'il y a lieu.

Telles sont, messieurs, les conclusions que j'ai l'honneur de soumettre à la sagesse de vos délibérations ultérieures.

Fait à l'École d'Alfort, le 25 novembre 1831.

Signé YVART.

§ 13. *Autre rapport d'expert.*

A messieurs les Président et Juges du Tribunal de commerce du département de la Seine.

Messieurs,

Par votre jugement du 26 juillet dernier, rendu contradictoirement dans la contestation qui divise le sieur *Rivière*, marchand de chevaux, rue du Faubourg-Saint-Martin, demandeur, d'une part; et la dame *Rouleau*, marchande de pierres et de moellons, demeurant à la Maison-Blanche, commune de Gentilly, défenderesse, d'autre part; il vous a paru utile à l'éclaircissement des faits de la cause, avant de faire droit, de me nommer arbitre-rapporteur dans cette affaire; et vous m'avez chargé, en cette qualité, d'entendre les parties; de les concilier, si faire se pouvait; sinon, de vous faire mon rapport en la manière accoutumée.

Au désir de votre jugement, j'ai entendu

plusieurs fois les parties, séparément et contradictoirement, et je n'ai pu les concilier. Je vais en conséquence, messieurs, vous faire connaître les renseignements que j'ai obtenus, et le résultat de la visite que j'ai faite du cheval qui fait le sujet de la contestation : j'aurai ensuite l'honneur de vous soumettre mon avis touchant cette affaire.

Le sieur *Rivière* a déclaré que, le 4 juillet dernier, il avait vendu à la dame *Rouleau* un cheval bai, âgé de huit à neuf ans, moyennant 800 fr.; que, quelques jours après la livraison, ce cheval n'ayant pas convenu à l'acquéreur, il s'était engagé à le reprendre, à condition qu'il lui en fournirait un autre; qu'effectivement, le 13 juillet, il avait repris cet animal, et que, le même jour, il avait vendu un autre cheval à la dame *Rouleau*, pour le prix de 1,124 fr.; lequel fait aujourd'hui le sujet de la contestation. Il a ajouté que, deux heures après avoir pris livraison de ce dernier animal, la dame *Rouleau* s'était présentée chez lui, en lui observant que ce cheval était malade; que, d'ailleurs, elle l'avait acheté comme *entier*, qu'il était *hongre*, et que, par conséquent, il ne pouvait lui convenir sous aucun rapport. Que lui, *Rivière*, avait répondu qu'il avouait que le cheval était malade, mais que son affection n'était pas grave; qu'il s'engageait à le faire traiter à ses frais et à le livrer en bon état de santé. Que quant aux craintes qu'avait la dame *Rouleau* que ce cheval fût *hongre*, elles n'étaient nullement fondées; qu'il garantirait par écrit que ce cheval était *entier*, bien que ses testicules ne fussent pas apparents.

Le sieur *Rivière* a dit, en outre, que ces propositions avaient satisfait la dame *Rouleau*; qu'elle avait consenti par écrit à reprendre ce cheval, quand il serait rétabli, et que, de son côté, il lui avait donné un billet attestant que le cheval était *entier*. Qu'au bout de huit jours, cet animal lui paraissant guéri, il en avait prévenu la dame *Rouleau*, et que, cette dame ne lui ayant pas répondu, il lui avait fait faire sommation, le 20 juillet, de prendre livraison de ce cheval. Enfin il a dit, en terminant, qu'il demandait que le cheval fût visité, son état constaté, et que, dans le cas où la dame *Rouleau* ne serait pas tenue de le prendre; elle fût au moins forcée de garder le premier cheval qu'il lui avait vendu, attendu que cet animal n'avait aucun vice redhibitoire, qu'il ne l'avait repris que par pure complaisance et à la condition expresse qu'il en vendrait un autre.

La dame *Rouleau* a répondu que les faits allégués par le sieur *Rivière* étaient exacts ; elle a seulement dit qu'elle prétendait que, dans aucune circonstance, elle ne pouvait être tenue de prendre le cheval que le sieur *Rivière* lui avait primitivement vendu; qu'elle considérait le premier marché comme nul, et que le second seul subsistait. Elle a ajouté qu'elle était prête à payer les 1,124 fr., si le cheval en litige était reconnu *entier* et *bien portant* ; mais que, dans le cas contraire, elle croyait être libérée de tout engagement envers son vendeur.

Le sieur *Petit*, demeurant rue des Fossés-Saint-Marcel, vétérinaire de la dame *Rouleau*, et appelé par elle, déclare avoir visité le cheval une heure après la livraison. Il a observé que le cheval était malade, qu'il ne portait point de testicules apparents, et qu'il paraissait hongre : il n'était point présent à l'acquisition, et ne rapporte d'ailleurs aucun fait qui puisse éclairer la cause.

Ces renseignements étant recueillis, j'ai procédé, le 31 juillet dernier, à la visite *d'un cheval sous poil gris clair, légèrement vineux, liste en tête ; ladre sur la partie inférieure gauche du chanfrein, aux ailes du naseau gauche et aux lèvres ; œil droit vairon, queue en balai, âgé de quatre ans, taille d'un mètre soixante-sept centimètres*, que les parties présentes m'ont dit être celui faisant le sujet de leur contestation. J'ai remarqué que cet animal, qui avait le poil piqué et les flancs retroussés, jetait par les deux naseaux, toussait de temps à autre et portait sous la ganache, du côté gauche, une tumeur inflammatoire, qui paraissait disposée à s'abcéder. Ces symptômes caractérisant l'affection catarrhale que l'on désigne sous le nom de *gourme*, et cet état maladif, aux termes des conditions précitées, ne permettant pas, quant à présent, de livrer cet animal (dans la supposition où il serait reconnu entier), il a été décidé que le sieur *Rivière* le placerait à ses frais dans l'infirmerie du sieur *Collas*, vétérinaire, rue du Ponceau, jusqu'à son rétablissement ; et qu'à cette époque il serait visité de nouveau, et déposé alors en fourrière aux frais de qui il appartiendrait.

Ce premier examen terminé, j'ai ensuite visité avec la plus grande attention les organes de la génération, afin de déterminer si le cheval était *entier*. J'ai d'abord remarqué qu'il n'existait à l'extérieur aucune apparence de testicules, et que le scrotum n'offrait aucune cicatrice. La main droite, introduite dans le rectum et dirigée attentivement vers les anneaux inguinaux, ne m'ayant pas décelé la présence des testicules dans l'abdomen, j'ai alors exploré les parties supérieures et latérales du fourreau, et j'ai reconnu que l'animal portait, du côté droit, à l'extrémité d'un cordon très court, un testicule du volume d'un petit œuf de poule ; et que la même disposition existait du côté gauche, que seulement le testicule était encore moins développé que celui du côté opposé. J'ai aussi observé que ce cheval était triste, que son hennissement était voilé, et qu'il n'y avait point, dans l'expression de sa physionomie, ces signes de vigueur et de fierté qui sont l'apanage du cheval entier. Toutefois, il est juste de faire remarquer que, cet animal n'étant point en santé, il est présumable que son état maladif contribuait à lui donner l'air de tristesse que je viens de signaler.

Il résulte, messieurs, de l'examen scrupuleux que j'ai fait, que ce cheval n'est point *hongre*, puisqu'il ne porte aucune cicatrice sur le scrotum, et que rien n'indique qu'on ait jamais pratiqué aucune opération sur les organes essentiels à la reproduction. Voyons maintenant si cet animal, dont les testicules sont à peine développés, et qui, sous ce rapport, présente une espèce de monstruosité, doit être considéré comme *entier*. Telle est la question qu'il importe de résoudre, puisqu'elle seule fait le sujet de la contestation.

Permettez-moi, messieurs, dans l'intérêt de la justice, d'entrer ici dans quelques considérations générales qui, peut-être, pourront éclairer votre religion et vous mettre à même de prononcer dans l'affaire qui vous est soumise.

Dans tous les travaux pénibles qui exigent de violents efforts, un grand développement de forces, on emploie toujours de préférence les chevaux entiers, parce qu'il est bien prouvé qu'on trouve chez ces animaux une énergie, une vigueur qu'on ne rencontre qu'à des degrés inférieurs chez les juments et surtout chez les chevaux hongres. A quelle cause faut-il attribuer la force et l'énergie qui caractérisent les chevaux entiers ? C'est assurément à la présence des testicules *dans leur état normal* et à l'influence qu'ils exercent sur l'organisation générale. Ce fait, qu'on ne peut révoquer en doute, est démontré jusqu'à l'évidence par les effets que produit la castration sur les animaux.

Recherchons à présent quel a été le but de la dame *Rouleau* en achetant le cheval du sieur *Rivière*, et surtout en se faisant garantir que cet animal est *entier*. La dame *Rouleau* exploite une carrière à pierres, et elle n'emploie à ce pénible service que des chevaux entiers. Une heure après avoir acheté le cheval du sieur *Rivière*, elle charge M. *Petit* de le visiter. Ce vétérinaire lui fait remarquer que cet animal n'a pas de testicules apparents, et il ajoute qu'il le croit hongre. Effrayée par ces observations, la dame *Rouleau* s'empresse de retourner chez son vendeur, qui la tranquillise en lui attestant *par écrit* que le cheval *est entier*, et en lui affirmant que, si les testicules ne sont pas apparents, *ils n'en existent pas moins*. Voyons maintenant si l'intention de la dame *Rouleau* est remplie, et si l'animal qu'elle a acheté réunit, comme elle le supposait, les qualités du cheval entier. Est-il présumable qu'un cheval chez lequel les testicules ont à peine acquis le cinquième du développement normal ait jamais la force, la vigueur et l'énergie qu'il aurait eues, si ces organes avaient pris leur accroissement naturel? Nous ne le pensons pas, et nous n'hésitons pas à vous affirmer, au contraire, que ce vice d'organisation, cette espèce d'anomalie, influe d'une manière nuisible sur l'organisation générale de cet animal, qu'elle le rend moins propre à supporter de grandes fatigues et qu'elle en diminue par conséquent la valeur.

En résumé, messieurs, considérant, d'une part :

1°. Que, de l'aveu commun des parties et des pièces qu'elles ont présentées, il résulte que, le 13 juillet dernier, le sieur *Rivière* a vendu un cheval à la dame *Rouleau*, moyennant la somme de 1,124 fr.;

2°. Que le sieur *Rivière* a garanti *par écrit* que ce cheval était *entier;*

3°. Qu'il résulte de l'examen qui a été fait que ce cheval porte *deux testicules*, et que, par conséquent, il n'est point *hongre;*

Considérant, d'autre part :

1°. Que ces organes (les testicules) n'ont acquis que le cinquième environ de leur développement normal, qu'ils sont atrophiés, et qu'ils ne peuvent, par conséquent, remplir qu'imparfaitement les fonctions qui leur sont dévolues par la nature;

2°. Que, dans cette circonstance, la dame *Rouleau* a été trompée en achetant comme cheval entier un animal imparfait, atteint d'un vice d'organisation dont elle n'a pu se convaincre, qui diminue la valeur de ce che val et le rend moins propre au service auquel elle le destinait;

J'estime qu'il serait juste d'annuler le dernier marché qui a été conclu entre le sieur *Rivière* et la dame *Rouleau*.

Quant aux prétentions du sieur *Rivière* touchant la validité du premier marché, dans le cas où le second serait annulé, elles ne me paraissent nullement fondées, attendu qu'aucune réserve n'a été établie à cet égard dans les engagements réciproques que les parties ont contractés lors du dernier marché.

Tel est, messieurs, l'avis que j'ai l'honneur de soumettre à la sagesse de vos délibérations ultérieures.

J'ai l'honneur d'être avec respect, etc.

Signé BOULEY.

§ 14. *Autre rapport d'arbitre.*

A messieurs les Président et Juges composant le Tribunal de commerce du département de la Seine.

Messieurs,

Par votre jugement en date du 21 février

dernier, rendu contradictoirement dans la contestation qui divise le sieur *Jullemier*, marchand-boucher, demeurant à la Chapelle-Saint-Denis, n° 34, demandeur, d'une part, et d'autre part le sieur *Potier-Legendre*, marchand de vins à la Grande-Pinte de Bercy, défendeur, vous m'avez nommé arbitre à l'effet d'entendre les parties, les concilier si faire se pouvait, sinon vous faire mon rapport en la manière accoutumée.

Au désir de ce jugement, j'ai entendu les parties contradictoirement, et je n'ai pu les concilier.

Point de fait.

Le 8 janvier de cette année, le demandeur a conduit chez le défendeur une jument de cabriolet qu'un courtier de chevaux lui avait dit devoir convenir pour le service du défendeur.

Celui-ci était en voyage; mais, en son absence, son épouse et quelques uns de ses parents sont convenus que la jument serait gardée à l'essai pendant un mois, temps pendant lequel on croyait que le défendeur serait absent; que si la jument faisait bien l'essai et convenait au mari, elle serait payée, à la fin du mois, la somme de 500 francs; que pour le temps que la jument serait gardée à l'essai, il serait donné 50 francs (et l'épouse du défendeur a donné de suite les 50 francs); enfin que si, à la fin du mois, le défendeur n'était point de retour, la jument resterait quelques jours de plus à l'essai; *ce délai n'a point été fixé d'une manière précise.*

Les parties sont d'accord de ces faits.

Le défendeur est revenu à peu près à l'époque où on l'attendait : le demandeur est allé chez lui, lui demander ou le prix de la jument, ou de lui rendre ladite jument.

Enfin, le 5 février, sur la réponse du défendeur, que ses affaires présentes ne lui avaient pas encore permis de s'occuper de la jument, il a été fixé un nouveau rendez-vous au vendredi 8, jour où la jument devait être payée ou rendue.

Ce sont ces convent'ens nouvelles qui seules font le sujet de la contestation entre les parties.

Point de discussion.

Le défendeur prétend que le demandeur était convenu de se rendre chez lui défendeur pour terminer l'affaire, et que c'est parce qu'il n'est pas venu à ce rendez-vous que l'affaire n'a pas été terminée le 8.

Le demandeur ne nie pas qu'il n'eût fait cette promesse, mais il prétend que, ne l'ayant pas remplie dans la crainte de faire un voyage inutile, comme il en avait déjà fait, et de recevoir des mauvaises raisons, comme cela lui était arrivé dans la dernière entrevue, le défendeur, dans ce même jour 8 février, aurait dû lui renvoyer ou la jument ou l'argent. Il part de là pour exiger maintenant le prix de la jument.

Le défendeur s'appuie, pour ne pas garder la jument, et refuser le paiement, d'abord de la promesse faite par le demandeur de venir au rendez-vous fixé, et ensuite de ce que, n'ayant pas vu le demandeur dans la journée du lendemain 9, et n'en ayant reçu aucune nouvelle, il lui avait fait dire, le 10, qu'il ne voulait pas garder la jument, et enfin que, le 11, il avait fait reconduire la jument au demandeur.

Il a résulté évidemment pour moi de la discussion :

Que le demandeur avait donné sa jument à l'essai, sans avoir fixé un délai de rigueur;

Que ce n'est que par suite d'une altercation survenue entre les parties, le 5 février, que, le 8, le demandeur ne s'est pas rendu chez le défendeur pour terminer l'affaire, comme cela était convenu;

Que, par conséquent, ce n'est pas tout à fait la faute du défendeur si l'affaire n'a pas été terminée complètement le 8 février.

Pour quoi, en considérant :

Que la jument a été donnée à l'essai moyennant une somme de cinquante francs;

Qu'il n'y a point eu réellement un délai de rigueur fixé pour l'essai ;

Que le défendeur ne veut point garder la jument;

Que la contestation s'est élevée faute d'avoir, de la part des parties, bien fixé les clauses du marché;

J'estime qu'il y a lieu, par le Tribunal :

1°. A condamner le demandeur à reprendre sa jument, en lui allouant les 50 francs d'indemnité convenus pour le temps d'essai, 50 francs qu'il a déjà reçus ;

2°. A condamner le défendeur à payer d'abord les frais et dépens provenant du premier jugement rendu par défaut contre lui, par conséquent les frais de fourrière, à partir du jour de ce jugement jusqu'au jour du jugement qui a renvoyé les parties devant arbitre, et ensuite huit autres jours de fourrière, pendant lesquels, à partir du deuxième jugement, ledit défendeur a demandé à ne pas se rendre devant l'arbitre à cause d'affaires à lui particulières qui exigeaient sa présence autre part ;

3°. Enfin à condamner les parties à payer par portion égale les autres frais et dépens.

Telles sont les conclusions que j'ai l'honneur de soumettre à la sagesse de vos délibérations.

Signé HUZARD.

NOTE ADDITIONNELLE

SUR L'OUVERTURE DES ANIMAUX MORTS.

Je terminerai cet ouvrage par quelques notions relatives aux désordres qui sont la suite de la mort, et relatives à l'ouverture des cadavres; notions dont les vétérinaires sortis des Écoles n'auront pas besoin, mais qui pourront être utiles aux personnes peu accoutumées à faire ou à faire faire l'ouverture du corps des animaux.

Lorsqu'on est appelé à pratiquer cette opération, presque toujours il y a quelque temps que l'animal est mort, un jour, souvent deux, et quelquefois plus : souvent aussi le cadavre a été changé de place ; il est resté gisant sur un côté beaucoup plus longtemps que sur l'autre ; enfin il est gonflé et météorisé : ce sont autant de circonstances dont il faut prendre note, parce qu'elles peuvent produire des désordres intérieurs que l'on confondrait avec les lésions qui ont causé la mort.

Ainsi le ballonnement ou la météorisation du ventre est produit par des gaz qui se développent dans l'intestin par la fermentation putride; ainsi le gonflement ou le soulèvement de la peau et la distension du tissu cellulaire par des fluides gazeux sont encore le produit de la fermentation putride; ainsi l'on trouve dans le tissu cellulaire sous-cutané et intermusculaire, du côté du corps sur lequel le cadavre est resté longtemps, des endroits rouges dont les vaisseaux sont injectés comme s'il y avait eu une inflammation récente réelle dans la partie; quelquefois ces endroits sont noirâtres et ressemblent assez à ces taches noires qu'on observe sur un animal mort du charbon; ainsi, presque toujours après la météorisation, les intestins sont changés de position; presque toujours encore, les tissus ont pris une teinte rougeâtre qu'ils n'ont pas lorsque l'on ouvre le cadavre immédiatement après la mort.

Si le corps a été transporté, surtout longtemps après la mort, on trouve quelquefois l'estomac ou les gros intestins déchirés; le diaphragme crevé, et l'estomac, ou quelque partie de l'intestin, passé dans la poitrine. S'il y a quelques jours que la mort est arrivée, les reins, au lieu d'être fermes, sont flasques, gonflés, se déchirant assez facilement. Cet état est plus remarquable quand la mort a été occasionnée par une inflammation violente de quelques viscères du ventre, même de la poitrine : les reins sont quelquefois alors en une espèce de bouillie rougeâtre. Cette altération est presque toujours plus marquée dans le rein du côté où le corps était gisant ; le pancréas est aussi plus mou qu'à l'ordinaire ; au contraire, ces organes n'ont point éprouvé d'altération quand l'ouverture a été faite immédiatement après la mort. Quelquefois les intestins, aux endroits où ils reposent sur les parois abdominales du côté où le corps gisait, et ces parois elles-mêmes, ont pris une couleur plus foncée, rouge par espèce de plaques : le poumon du même côté est gorgé d'un sang plus noir ; son tissu, dans quelques cas, est même noirâtre : les portions de l'intestin ou de l'estomac qui touchaient le foie ont pris une teinte grise, rougeâtre, noirâtre même quelquefois, particulièrement quand le foie a été le siége d'une inflammation ; enfin, si le corps est resté longtemps sans être ouvert, les membranes séreuses sont détachées des organes qu'elles recouvrent par les gaz qui résultent d'un commencement de putréfaction.

Ces renseignements préliminaires aideront à

reconnaître si ces lésions sont le résultat d'une maladie ou les suites de la mort.

Il est important encore de savoir si l'animal a eu des convulsions avant de mourir; s'il s'est frappé la tête contre les corps environnants : il est essentiel d'examiner dans ce but la tête, afin de voir s'il n'y a point de traces de contusions autour des yeux et du crâne : on pourrait trouver dans ce cas, sur quelques parties de l'encéphale, des ecchymoses, des épanchements sanguins, qu'on regarderait comme la maladie principale, tandis que ces lésions ne seraient réellement que des accidents, mortels peut-être, mais arrivés seulement à la suite d'une autre maladie.

Tous ces renseignements pris, on enlève la peau en la ménageant, à cause de l'emploi économique qu'on en fait, et ensuite parce qu'il est utile quelquefois de la conserver intacte pour la représenter au vendeur absent. On met l'animal sur le dos; on incise la peau depuis le menton jusqu'à l'anus dans la ligne médiane du corps; une autre incision cruciale est pratiquée à la face interne de chaque membre, et s'étend jusqu'à la couronne; on détache alors la peau des parties qu'elle recouvre.

Lorsqu'elle est suffisamment séparée, on désarticule les extrémités postérieures dans l'articulation coxo-fémorale, et on abat les extrémités antérieures en détachant les épaules du thorax, et le tronc se trouve ainsi sur le dos et dans une position commode pour l'examen.

Si le ventre est fortement météorisé, toujours même autant que possible, il faut ouvrir d'abord cette cavité, parce que si l'on ouvrait la poitrine, la pression qu'exercerait alors le diaphragme empêcherait d'examiner convenablement les organes qui y sont contenus, et dans le cas de lésions pourrait déranger leur position respective; le diaphragme pourrait même se déchirer; enfin il serait difficile d'introduire le scalpel entre les côtes pour les détacher, sans léser les parties qui sont immédiatement appliquées sur la face costale.

En ouvrant le ventre ou l'abdomen, il ne faut pas percer les intestins; dans quelques cas, cela peut être très important. Dans ce but, la peau étant enlevée, on incise d'un côté les plans musculeux inférieurs de l'abdomen, sur le cercle même cartilagineux des côtes, à 2 pouces environ de son bord; on met le bord à découvert en détachant les muscles qui le recouvrent; on détruit alors dans un point, avec les doigts, les fibres qui empêchent de parvenir dans l'abdomen, et on perce le péritoine avec les doigts ou avec l'instrument, en prenant garde de percer les intestins ; on donne aux gaz, qui souvent sont dans l'abdomen, le temps de sortir : on introduit alors la main dans l'ouverture, en repoussant les intestins ; on fait passer le scalpel, le bistouri, ou le couteau entre les parois du ventre et la main, le dos de la lame reposant sur la main et le tranchant portant sur les parois : alors, avec la main introduite dans l'abdomen, on prolonge l'incision en conduisant, le long de l'hypochondre, le scalpel ; le dos de la main repousse les intestins et les empêche d'être lésés par l'instrument. Les intestins comprimés se font jour à travers l'ouverture derrière la main ; bientôt la pression cesse, et l'on peut inciser à son aise le reste des parois de l'abdomen ou ventre.

Il ne faut pas se presser de porter l'instrument au milieu des viscères ; ce n'est que quand on croira avoir bien vu tout ce qu'il est possible de voir sans le scalpel, qu'on s'en servira pour découvrir les parties qu'on désirera examiner particulièrement : si même l'abdomen ainsi ouvert ne présentait rien de particulier, on passerait à l'examen des autres cavités, et l'on terminerait plus tard l'examen des viscères du ventre.

Celui-ci étant exploré, on peut faire l'ouverture de la poitrine presque sans crainte de léser les organes qu'elle contient : on peut la faire, ou en détachant le diaphragme, ou, mieux, en détachant les côtes ; il sera bon, dans ce dernier cas, même avant de commencer, de faire une petite ouverture au diaphragme, pour laisser sortir les gaz qui pourraient être contenus dans l'une et l'autre cavité des plèvres, ou pour y laisser pénétrer l'air.

Pour détacher les côtes, on débarrasse ces os et leur prolongement cartilagineux des chairs qui les recouvrent, et on coupe les cartilages à l'endroit de leur jonction avec les côtes ; on isole ensuite les côtes les unes des autres en coupant les muscles intercostaux jusqu'auprès du rachis ; ensuite en inclinant doucement les côtes de derrière en avant et un peu en dehors, on les désarticule sans les fracturer, afin qu'il n'y ait point d'éclat qui puisse blesser la main de l'opérateur et même déchirer les poumons dans les recherches ultérieures.

En introduisant le scalpel dans la poitrine, il faut avoir soin de ne point léser le poumon et le sac du cœur ; il se trouve des cas où il serait possible de prendre une coupure peu nette pour une lésion ; quelquefois il suffit, pour explorer la poitrine, d'en ouvrir seulement un côté, il vaut mieux toujours les ouvrir successivement tous les deux : on a ainsi la facilité d'examiner d'une manière convenable, avant d'y toucher, le médiastin, et ensuite la cavité qui renferme le cœur.

L'ouverture du canal du rachis est plus difficile : pour la bien faire, il faut d'abord isoler la colonne vertébrale, en prenant garde de donner des secousses trop fortes à quelques vertèbres en particulier, secousses qui produiraient sur la moelle des lésions qu'on pourrait attribuer à d'autres causes ; les côtes doivent être désarticulées et non brisées : l'enlèvement soigneusement fait de toutes les parties musculaires qui entourent le rachis sera donc une opération préparatoire indispensable.

Cette première opération étant terminée, et la colonne vertébrale étant séparée du corps, on peut, avec un rogne-pied bien tranchant et un brochoir, ou avec un ciseau et un petit marteau, couper et enlever la partie supérieure des vertèbres, et mettre ainsi le canal vertébral à découvert : toujours doit-on prendre garde de comprimer la moelle de l'épine. L'opération est plus facile aux vertèbres lombaires, dont l'apophyse supérieure est liée au corps de la vertèbre par une lame osseuse peu épaisse.

L'ouverture de la cavité crânienne exige les mêmes précautions, c'est à dire celles de ne point produire sur le cerveau de commotions violentes; pour cela, il sera bon de séparer la tête du rachis, en notant s'il sort de la sérosité du canal dans l'endroit où on fera la section; on désarticulera ensuite la mâchoire inférieure; on nettoiera le crâne des parties musculaires qui l'entourent, et on procédera à son ouverture de la manière suivante, dans le cheval : cette description donnera des notions sur la manière de l'ouvrir dans les autres animaux.

Avec un rogne-pied et un brochoir, on abat la protubérance occipitale; on abat aussi les apophyses styloïdes, afin de faire porter la tête sur les condyles de l'occipital; ensuite, avec une petite scie d'abord, qui est toujours préférable, et ensuite, avec le rogne-pied et le brochoir, on fait une ouverture longitudinale au crâne, à sa face supérieure, sur le côté de la crête médiane du pariétal, de manière à pénétrer jusque dans la cavité, et cela depuis les sinus frontaux jusqu'au trou occipital, en ayant soin de ne prendre avec le rogne-pied que l'épaisseur de la lame osseuse, et de ménager les membranes qui enveloppent l'encéphale; on fait une seconde ouverture, transversale à la première, à l'endroit où elle commence sur le frontal, et qui va d'un côté à l'autre du front jusque dans l'orbite; enfin on pratique, de chaque côté, dans l'orbite, une nouvelle ouverture qui tourne sur le côté du crâne, et qui se réunit, dans le trou occipital, avec la première; quelques personnes, avant de faire ces trois divisions, enlèvent l'arcade zygomatique.

Quand ces trois coupes ont été bien faites, la paroi supérieure du crâne se trouve divisée en deux parties, dont l'une, un peu plus large que l'autre, porte la crête médiane du pariétal; c'est la portion la plus étroite qu'il faut enlever la première; elle ne tient plus que légèrement à la dure-mère; on l'en séparera facilement par de légères tractions et avec le manche ou la lame du scalpel, en détruisant les fibres qui se rendent à l'os : l'autre portion y est beaucoup plus adhérente dans le plan médian; mais il est alors facile de l'en détacher sans léser le cerveau, puisque l'œil peut conduire la main.

Quelquefois la section du crâne sur le frontal ne pénètre que dans les derniers sinus frontaux, et la portion du crâne que l'on veut enlever tient encore par les lames osseuses qui séparent les sinus de la cavité du crâne; il faut faire pénétrer la coupe à travers ces lames jusque dans la cavité. Cet accident arrive quand la coupe transversale antérieure a été faite trop en avant sur le frontal. Dans un cas pareil, il vaut mieux faire une nouvelle coupe un peu plus haut, le détachement des os en est toujours rendu plus facile.

L'ouverture des cavités nasales n'exige pas autant de précautions, mais elle offre aussi quelques difficultés; elle se pratique dans le cheval au moyen de trois coupes des os qui recouvrent ces cavités. La première coupe doit se faire de haut en bas sur les os nasaux, mais non dans le plan médian; elle doit être plus à droite ou plus à gauche, afin qu'elle ne porte pas sur la cloison médiane cartilagineuse du nez; l'instrument ne doit pas, autant que possible, percer la membrane muqueuse nasale. La seconde coupe doit être faite transversalement à la partie supérieure des os nasaux, à l'endroit où ils s'articulent avec le frontal, et d'un os lacrymal à l'autre; enfin la troisième doit être faite de chaque côté à peu près le long de la jonction du nasal avec le lacrymal et avec le grand susmaxillaire. Le rognepied et le brochoir sont les instruments les plus convenables pour cette opération; un ciseau peut aider avantageusement. Les trois sections des os étant terminées, on enlève d'abord le côté sur lequel on a fait la coupe longitudinale, ou en détachant l'os de dessus la membrane interne, ou en incisant cette membrane et en l'emportant avec l'os; on coupe ensuite la cloison cartilagineuse du nez dans sa longueur à sa partie supérieure, et on enlève le côté opposé. Dans cette opération, il est difficile de ne pas léser la membrane muqueuse dans plusieurs points. Il faut ne pas confondre ces lésions avec celles qui résultent de l'état maladif, quand cet état existe.

Lorsque la peau doit être conservée pour être représentée au vendeur, on doit y laisser annexés les sabots, ce que l'on fait en coupant le membre dans l'articulation du boulet ou, mieux, dans celle du paturon avec la couronne sans couper la peau. On doit conserver en même temps, dans ce cas, les dents des deux mâchoires. Pour cela, on scie les mâchoires au dessus des crochets ou près des dents molaires, et on laisse les deux morceaux qui portent les dents et les lèvres attachés à la peau. De cette manière, les dents incisives et les sabots conservés avec la peau permettent de confronter le signalement de l'animal.

Les équarrisseurs sont ordinairement chargés de garder les peaux : dans ces sortes de cas, ils doivent, après les avoir bien salés, les développer et les étendre sur des claies ou sur des bâtons, dans un lieu sec et bien aéré, pour en faciliter la dessiccation et la conservation.

APPENDIX

Sur un projet de loi sur la garantie et les vices redhibitoires.

—

Les demandes de plus en plus vives d'une législation nouvelle qui diminuerait les inconvénients des anciens usages relatifs aux vices redhibitoires et à la durée de la garantie, dans le commerce des animaux, ayant, en 1834, attiré l'attention de l'administration, le ministre du commerce, dans les attributions duquel se trouve l'agriculture, adressa à MM. les préfets des demandes à ce sujet. MM. les préfets consultèrent les corps judiciaires et les Sociétés d'agriculture, et une série de réponses parvint au ministère, entre autres, une de la Société royale et centrale d'agriculture.

Aux réponses de cette Société était jointe une base d'une nouvelle législation; j'étais membre de la Commission; on voudra me pardonner l'amour-propre de joindre à cette nouvelle édition les réponses de la commission approuvées par la Société; elles pourront être utiles aux personnes qui seraient appelées à s'occuper de cet objet ; car, il faut l'espérer, la bonne volonté de l'administration ne restera pas toujours sans effet. J'ajouterai quelques très courtes notes à ce rapport.

RAPPORT

En réponse aux questions relatives aux vices redhibitoires des animaux domestiques, adressées à la Société par M. le Préfet de la Seine.

Commissaires,

MM. Tessier, inspecteur des bergeries royales ; Dailly, maître de la Poste aux chevaux de Paris ; J. Girard, ex-directeur de l'Ecole vétérinaire d'Alfort ; Yvart, directeur de ladite école ; et Huzard fils.

Messieurs,

La Commission que vous avez chargée des

réponses à faire à M. le préfet de la Seine, relativement aux vices redhibitoires des animaux domestiques, a l'honneur de vous soumettre le rapport suivant.

Les demandes que vous a adressées M. le préfet ont été faites à ce magistrat par M. le ministre du commerce.

Elles sont au nombre de cinq. Les réponses aux quatre premières n'étaient point difficiles : il ne s'agissait que de faits aisés à constater ; aussi elles ont à peine arrêté un instant vos Commissaires ; mais la cinquième avait une tout autre portée : elle a donné lieu à une controverse fort animée, et a soulevé des questions accessoires qu'il a fallu résoudre avant de formuler la réponse. Ce sera donc pour vos Commissaires une nécessité de vous donner les raisons qui ont motivé leur réponse. Quant aux autres demandes, il suffira de les mettre en regard des réponses.

1re D. *Quel est, dans l'usage de votre département (ou de ses diverses parties, si l'usage n'y est pas uniforme), le délai dans lequel l'acheteur, soit de chevaux, soit d'autres animaux, est regardé comme recevable à exercer la garantie pour vices redhibitoires?*

R. L'usage, pour le délai de la garantie des

vices redhibitoires des animaux, dans le département de la Seine, est de neuf jours.

Le tic des chevaux non apercevable à l'usure des dents, qui, autrefois, n'était garanti que pendant vingt-quatre heures, est placé, depuis plus de trente ans peut-être, dans la même position que les autres vices redhibitoires.

Le délai de neuf jours est uniforme dans tout le département.

2e D. *Cet usage est-il simplement d'opinion ou d'habitude, ou les Tribunaux du pays le regardent-ils comme légal et le sanctionnent-ils par leurs jugements?*

R. Cet usage est autant d'opinion que d'habitude : les Tribunaux le regardent comme légal, et le sanctionnent tous les jours par leurs jugements.

3e D. *Y a-t-il des usages qui déterminent certaines maladies comme vices redhibitoires (la morve des chevaux, le cornage, etc.)? Quelles sont ces maladies?*

R. Autrefois, avant la publication du *Code civil*, l'usage admettait comme vices redhibitoires certaines affections : c'étaient, pour le cheval, l'âne et le mulet, la morve, la pousse, la courbature, l'immobilité, la claudication de vieux mal intermittente et le tic non apercevable à l'usure des dents ; pour les bœufs et les vaches, l'épilepsie et la pommelière ou phthisie pulmonaire ; pour les cochons, la ladrerie.

Mais, après la publication du *Code civil*, les Tribunaux, faisant l'application de l'art. 1641, si clair, si positif, si bien basé sur ce qui est juste, ont admis généralement, sans distinction, comme vices redhibitoires,

« Tous défauts cachés de la chose vendue,
» qui la rendaient impropre à l'usage auquel
» on la destinait, ou qui diminuaient telle-
» ment cet usage, que l'acheteur ne l'aurait pas
» acquise, ou n'en aurait donné qu'un moindre
» prix, s'il les avait connus. »

Cependant le Tribunal de commerce, dans le premier instant du renouvellement des juges, a quelquefois, mais très rarement, admis les anciens usages par rapport aux vices redhibitoires. Vos commissaires n'ont pas connaissance que cela ait eu lieu au Tribunal civil.

4e. D. *Comme à la question n°. 2, les Tribunaux admettent-ils ces usages pour règle légale de leurs jugements ?*

R. La réponse à la troisième demande a fait voir que les Tribunaux n'admettaient généralement pas ces usages pour règle de leurs jugements.

5e. D. *Croirait-on utile que la loi fixât, soit les cas redhibitoires, soit le délai pour réclamer la garantie? En ce cas, quelles fixations voudrait-on proposer?*

C'est ici, messieurs, que la réponse est devenue plus difficile, d'une portée grave, et qu'avant de la formuler vos commissaires ont cru devoir vous exposer les difficultés qui se sont présentées et les motifs qui les ont décidés dans la réponse à faire.

Jusqu'à présent, dans les demandes, l'on avait séparé la question des *cas redhibitoires* de la question de la *durée de garantie*; dans cette cinquième demande, les deux questions sont comprises, nous les séparerons.

Première partie de la demande.

1°. *Croirait-on utile que la loi fixât les cas redhibitoires?*

Si, d'une part, la science vétérinaire avait fait assez de progrès pour que les vétérinaires appelés comme experts pussent ne pas se tromper dans l'appréciation du vice reproché à l'animal, et surtout dans le jugement à porter de l'existence du vice avant la vente; si, d'autre part, dans toute la France comme à Paris, et comme dans quelques autres grandes villes, les

Tribunaux trouvaient beaucoup de vétérinaires dont les actes pussent être facilement contrôlés sans que le cours de la justice en souffrît, et sans que les frais dussent être augmentés, il n'y aurait pas de raisons de désigner nominativement les vices redhibitoires. L'article 1641 suffirait pour indiquer, d'une manière extrêmement juste, quels doivent être ces vices.

Mais la science vétérinaire n'est pas encore assez avancée pour qu'elle soit infaillible; mais il s'en faut que le nombre des vétérinaires instruits soit assez grand pour qu'on puisse en trouver partout suffisamment, de manière à ce qu'ils puissent être contrôlés les uns par les autres.

Ces deux premières raisons ont fait penser à vos commissaires qu'il fallait, dans l'état actuel des choses, que les vices redhibitoires fussent désignés nominativement.

Mais ils ont pensé qu'après les avoir désignés il était indispensable qu'un article supplémentaire laissât à l'article 1641 du *Code civil* toute sa portée pour les vices et maladies non désignés, qui, *accidentellement et plus rarement*, pouvaient entrer dans le cas prévu par ledit article.

Deuxième partie de la demande.

2°. *Croirait-on utile que la loi fixât la durée de la garantie? et, en ce cas, quelles fixations voudrait-on proposer?*

Les mêmes raisons avancées pour qu'on désigne nominativement les vices redhibitoires deviennent bien plus puissantes encore pour qu'on fixe une durée de garantie, et vos commissaires qui, avant la discussion, étaient partagés sur le premier point, se sont trouvés aussitôt d'accord sur le second.

Seulement, dans la fixation de la durée de cette garantie, les nombreuses difficultés qui se présentaient les ont longtemps occupés et tenus indécis sur la fixation de la durée.

En effet, *suivant leur nature*, quelques vices peuvent être reconnus facilement peu après la vente; d'autres, au contraire, certaines maladies entre autres, qui se manifestent par accès plus ou moins rares, et qui, dans l'intervalle des accès, ne se font reconnaître par aucun dérangement extérieur dans la santé, ne peuvent être reconnus qu'à des intervalles très éloignés.

Il y avait alors à craindre, en fixant une courte durée, que les maladies du second genre ne pussent être reconnues dans le temps prescrit. Il y avait à craindre, en fixant une longue durée, que l'acheteur, après avoir reconnu un vice redhibitoire, n'abusât de l'animal avant de se servir du droit de garantie ; il y avait, dans ce cas, à redouter surtout que les maladies redhibitoires du premier genre se développassent pendant le temps de la garantie, et ne donnassent à l'acquéreur la possibilité de faire reprendre un animal devenu d'une moins grande valeur postérieurement à la vente.

Ces diverses considérations forçaient donc, en cherchant à fixer une durée de garantie propre à conserver à l'acquéreur, autant que possible, tous ses droits, à restreindre aussi, dans l'intérêt du vendeur, autant que possible, cette durée de la garantie.

Vos commissaires ont pensé, dans ce cas, qu'il était facile de concilier ces deux intérêts, en fixant deux délais pour la durée de la garantie : l'un, court, pour les vices redhibitoires qui peuvent être reconnus en peu de jours; l'autre, plus long, pour les vices dont l'apparition peut ne se manifester que longtemps après la cause de leur production, et pour ceux dont les symptômes ne se produisent que par accès, n'ayant lieu assez souvent qu'à des intervalles éloignés.

Les vices redhibitoires, ceux désignés s'entend, seront, par conséquent, suivant leur nature, rangés en deux catégories, l'une à courte durée, l'autre à longue durée de garantie.

Après une discussion, dans laquelle la nature des vices les plus généralement admis comme redhibitoires a été la considération principale, vos commissaires sont tombés d'accord que

La durée de la garantie la plus courte devait être de neuf jours ;

Et la durée de la garantie la plus longue, de trente jours.

Ils ont pensé qu'une garantie de neuf jours était suffisante pour que l'acheteur pût reconnaître les vices redhibitoires de la première catégorie et se mettre en mesure légale de faire reprendre l'animal. Cette durée de garantie réunissait, en outre, à ce premier avantage, celui d'être la durée de la garantie la plus généralement admise par les usages des anciennes provinces.

Quant à la plus longue durée de garantie, *celle de trente jours,* vos commissaires ont été longtemps indécis s'ils ne devaient pas proposer de la porter à quarante jours; mais enfin une considération qui va suivre les a réunis dans l'opinion que la durée de trente jours, comme règle générale, était celle qui balançait le plus également les intérêts de l'acheteur et ceux du vendeur.

En effet, comme l'une et l'autre durée de garantie, en supposant même la plus longue portée à quarante jours, pouvaient, pour les vices désignés, n'être pas toujours suffisantes pour protéger l'acheteur; comme il pouvait aussi arriver qu'un vice non prévu, non rangé dans la liste des vices redhibitoires, donnât lieu à une demande en garantie, ils ont pensé que la loi, en fixant d'une manière générale ces durées de garantie, *devait encore laisser aux Tribunaux la faculté de prolonger cette durée de garantie, ou l'abréger même*, comme elle devait leur laisser *la faculté d'admettre d'autres vices redhibitoires* que ceux désignés nominativement.

Enfin, comme les deux durées de garantie sont aussi courtes que possible, et comme, dans beaucoup de cas, l'acheteur de bestiaux emmène ceux-ci dans un lieu éloigné du lieu de la vente, et comme alors il lui serait difficile, s'il s'apercevait tardivement d'un vice redhibitoire, de signifier à son vendeur, dans ce délai, qu'il veut jouir du bénéfice de la garantie, il faut, pour une bonne justice distributive, que, dans ce cas, la loi n'exige pas que la signification de la mise en demeure soit faite dans le délai même de la garantie, mais dans ce délai de la garantie, augmenté d'une durée de temps en rapport avec la distance à laquelle les animaux auront été conduits.

En conséquence, vos Commissaires vous proposent de répondre à la cinquième demande de la manière suivante :

5e D. *Croirait-on utile que la loi fixât soit les vices redhibitoires, soit le délai pour réclamer la garantie ? En ce cas, quelles fixations voudrait-on proposer ?*

R. Il serait utile que la loi fixât les cas redhibitoires les plus communs en les désignant nominativement.

Il serait également utile que la loi fixât la durée de la garantie pour les vices désignés.

La loi devrait alors être formulée à peu près de la manière suivante :

VICES REDHIBITOIRES DES ANIMAUX.

Article 1er. — Sont vices redhibitoires, dans le commerce des animaux, tous les défauts cachés qui rendent ces animaux impropres à l'usage auquel on les destinait, ou qui diminuent tellement cet usage, que l'acheteur ne les aurait pas acquis, ou n'en aurait donné qu'un moindre prix, s'il avait connu ces défauts. (Art. 1641 du *Code civil*.)

Art. 2. — Pour les vices désignés ci-après, la durée de la garantie est de neuf jours :

1°. Dans le cheval, l'âne et le mulet,

La morve, ⎫
Le farcin, ⎬ (1)
L'immobilité,

L'habitude vicieuse de mordre et de frapper l'homme (2),

Le tic non apercevable à l'usure des dents,

La mauvaise denture qui empêche l'animal de broyer ses aliments,

---

(1) Des vétérinaires ont pensé que la *morve* et le *farcin* devaient être placés dans la catégorie des vices rédhibitoires pour lesquels la durée de la garantie serait de 30 jours; je ne puis partager cette opinion, surtout si, comme il est proposé dans ce projet (art. 5), on laisse aux Tribunaux, pour les cas exceptionnels, la faculté de prolonger la durée de la garantie. (Voir le jugement du Tribunal de commerce de Versailles, pages 302 et 304.)

(2) Je crois qu'il serait mieux de changer les mots l'habitude vicieuse, par ceux le *défaut*, ou le *vice*. On m'a demandé, en effet, si l'acheteur serait obligé de prouver qu'il y avait habitude de mordre ou de frapper.

Le cornage,

L'amaurose,

La pousse,

Les boiteries intermittentes dites de vieux mal;

2°. Dans l'espèce bovine,

Les boiteries intermittentes dites de vieux mal, dans l'animal vendu comme bête de travail,

Les suites fâcheuses du part (1),

La phthisie pulmonaire;

3°. Dans l'espèce ovine,

Le claveau,

La maladie du sang (2),

---

(1) Il serait bon d'ajouter, *antérieur à la vente, mais indépendantes de causes postérieures à cette vente.* (Voyez ce que nous avons dit, pages 225 et 226.)

(2) Des vétérinaires voudraient qu'on ôtât cette désignation qui peut s'interpréter encore diversement, et qu'on fît rentrer les affections auxquelles elle s'applique dans le cas prévu par l'article 4 suivant. Cette remarque est bien basée. Quelques uns voudraient qu'on y substituât la *pourriture*; la question de la pourriture a été agitée au sein de la Commission; le peu de fréquence des demandes en garantie pour cette maladie et la considération que, quelquefois, la durée de la garantie de neuf jours serait trop courte, et que celle de quarante jours serait trop longue, l'ont fait ranger dans

Le piétain;

4°. Dans le porc,

La ladrerie.

Art. 3. Pour les vices désignés ci-après, la durée de la garantie est de trente jours :

1°. Dans le cheval, l'âne et le mulet,

La fluxion périodique,

L'épilepsie;

2°. Dans l'espèce bovine,

L'épilepsie.

Art. 4. Outre les vices désignés ci-devant, seront encore vices redhibitoires tous ceux qui rentreront dans le cas prévu par l'art. 1er (art. 1641 du *Code civil*), pourvu que l'acquéreur se soit mis en mesure de faire reprendre l'animal dans un bref délai, en rapport avec la nature du vice. Dans l'espèce, les Tribunaux seront juges si l'acheteur s'est mis en mesure dans un délai suffisamment bref.

Art. 5. Pour les vices placés nominativement, soit sur la liste de ceux à durée de garantie de neuf jours, soit sur la liste de ceux à durée de garantie de trente jours, les Tribunaux pour-

---

la catégorie des cas exceptionnels; les articles 4 et 5 du projet laissent, du reste, tant de marge pour les cas exceptionnels, que l'addition ou la suppression d'un vice quelconque n'est pas chose très importante.

ront néanmoins prolonger ou restreindre la durée de la garantie, quand, dans l'espèce, l'intérêt de la justice le réclamera.

Art. 6. Quand l'acheteur n'aura point emmené l'animal loin du lieu de la vente, il devra intenter légalement l'action redhibitoire, dans le délai de la garantie relativement au vice désigné. Quand il aura emmené l'animal loin du lieu de la vente, la mise en demeure devra toujours être faite dans le délai de la garantie; mais il jouira, pour la signifier légalement au vendeur, d'un délai d'autant de jours qu'il y aura de fois trois myriamètres de distance du lieu de la vente au lieu où aura été conduit l'animal acheté.

Art. 7. L'art. 7 de la loi du 30 ventose an XII, promulguée le 10 germinal suivant, ainsi conçu : *A compter du jour où ces lois sont exécutoires, les lois romaines, les ordonnances, les coutumes générales ou locales, les statuts, les réglements cessent d'avoir force de loi générale ou particulière dans les matières qui sont l'objet desdites lois composant le présent Code*, recevra sa pleine et entière exécution relativement aux vices redhibitoires des animaux et à la durée de la garantie de ces vices (1).

_____

(1) L'art. 7 de la Commission était ainsi conçu :

Telle est la réponse qu'il a paru convenable de faire à la cinquième demande. Vous avez entendu les circonstances qui avaient obligé vos Commissaires à la faire de cette teneur ; ils vous indiqueront les avantages que cette législation présenterait.

Pour *l'immense majorité* des demandes en résiliation de marchés pour cause de vices redhibitoires des animaux, la loi aurait déterminé d'avance les cas où la redhibition devrait avoir lieu et la durée de la garantie ; les Tribunaux n'auraient qu'à prononcer l'exécution de la loi. Les experts nommés par les Tribunaux, ne seraient plus appelés à décider si tel vice doit être redhibitoire ou ne pas l'être, ils ne seraient plus appelés qu'à décider si le vice existe ou n'existe pas ; et les erreurs d'ignorance ou de mauvaise foi de leur part deviendraient presque impossibles.

Les mêmes vices, quand ils se présenteraient

Art. 7. Tous les anciens usages locaux et toutes les anciennes coutumes des provinces, relatifs aux vices redhibitoires et à la durée de la garantie dans le commerce des animaux, sont abolis. (Art. 7 de la loi du 30 ventose an XII, promulguée le 10 germinal suivant.)

Il a été modifié par la Société ainsi qu'il est ci-dessus.

d'une manière extraordinaire, inaccoutumée, et ceux qui ne sont pas désignés nominativement, rentreraient dans les généralités relatives aux vices redhibitoires et à la durée de la garantie (*art.* 4 et 5), et pour chacun d'eux, suivant la manière dont ils se présenteraient, les Tribunaux pourraient juger, sans être astreints à suivre tel usage ancien que ce soit. La conscience d'une bonne justice distributive serait leur seul guide.

Par cette législation, tous les anciens usages tomberaient, et avec eux cette jurisprudence des divers Tribunaux, si contradictoire, presque toujours injuste, dont la dernière phrase de l'art. 1648 du *Code civil* est la cause, et contre laquelle se sont élevés tant d'écrits et de réclamations.

Vos commissaires sont loin, messieurs, de regarder les articles du projet de loi qu'ils vous soumettent comme devant faire cesser toute espèce d'inconvénients et toute cause d'erreurs; ils ne craignent même pas de vous dire que les seuls art. 1641 et 1648 du *Code civil*, en retranchant de l'art 1648 le dernier membre de phrase ainsi conçu, *et l'usage du lieu où la vente a été faite,* n'eussent été bien plus simples, bien plus en rapport avec les règles d'une bonne justice, par cela seul qu'ils auraient laissé aux Tribunaux, pour chaque cas qui se présenterait, la facilité de juger si le vice reproché devait être redhibitoire ou non, et si l'action avait été intentée dans un délai en rapport avec la nature du vice.

Mais c'est une responsabilité que les Tribunaux pouvaient prendre, et qu'excepté ceux de Paris, de Versailles et de Lyon, les autres n'ont jamais voulu encourir, probablement par la crainte, de leur part, de changer une législation ancienne, toute mauvaise qu'elle est, contre une législation nouvelle, d'une application toujours un peu difficile dans les commencements ; ensuite, et peut-être principalement dans la crainte d'être obligés d'avoir recours à des experts peu instruits ou pas assez indépendants, ainsi que cela, comme nous l'avons dit, est malheureusement pour quelques localités.

Quelques personnes pourront penser qu'il serait mieux d'en finir de suite avec l'ancienne législation, en obligeant explicitement (art. 7 ci-devant), par la loi, les Tribunaux à abandonner les anciens usages locaux ; mais vos commissaires ont pensé qu'une loi qui souleverait la répugnance des Tribunaux, relativement à de si petits intérêts sociaux, pourrait bien rester sans exécution, comme a été sans application jusqu'à présent, presque partout, l'art. 1641 du *Code civil*, quand il s'est agi de ces mêmes intérêts.

Vos commissaires vous répéteront qu'au reste cette répugnance des Tribunaux à prendre l'art. 1641 du *Code civil* en considération est assez bien fondée là où les vétérinaires ne leur offrent pas assez de garantie d'instruction et d'indépendance.

Parmi toutes les questions que la discussion a soulevées, il en est une qui a dû se présenter une des premières, celle de savoir si les articles de loi proposés diminueraient ou augmenteraient le nombre des procès. Vos commissaires ont pensé que la nouvelle loi, en augmentant le nombre des vices redhibitoires pour beaucoup de localités en France, devait, dans les commencements, susciter un plus grand nombre de demandes en garantie ; mais ils ne craignent pas de dire que vendeurs et acheteurs connaîtraient bientôt leurs droits respectifs, et que consécutivement, selon toutes les probabilités, le nombre des contestations redeviendrait, à très peu près, ce qu'il était avant la promulgation de la loi. Sous le rapport de la complication des procès, au contraire, l'avantage qu'elle présenterait serait de diminuer cette complication, de rendre les jugements plus faciles, plus justes surtout; ce qui, vos commissaires ne craignent pas de vous le dire, est très rare sous la législation des anciens usages locaux.

En résumé,

La législation ancienne, dans la matière qui nous occupe, législation suivie par la plupart des Tribunaux des provinces, est *absurde*, en ce qu'elle donne lieu, pour le très grand nombre des procès, à des jugements injustes.

Une nouvelle sanction législative de l'art. 1641 du *Code civil* et de l'art. 1648 du même code modifié ainsi que vos Commissaires ont dit que ce dernier article devrait l'être soulèverait la répugnance des Tribunaux, laisserait probablement les choses dans l'état actuel; tandis que le projet que vous soumettent vos commissaires, quoique moins simple, moins concis, mais d'une application infiniment plus facile pour la grande majorité des cas qui se présenteront, aura l'avantage, sans augmenter le nombre des contestations, de donner lieu à des jugements basés sur ce qui est juste.

Il resterait, pour éviter toute difficulté, le moyen de détruire entièrement le droit de recours en garantie ; mais jamais pareille idée ne viendra à l'esprit de celui qui aura été témoin, ainsi que vos commissaires l'ont été quelquefois, du désespoir de la famille du petit cultivateur et du journalier, qui avait acquis soit une tête de gros bétail, soit un cheval incapable de rendre les services pour lesquels il avait été acheté (1).

---

(1) Quelques vétérinaires, pour rendre la loi plus simple, auraient voulu qu'on supprimât les articles 4 et 5, et que tous les cas qui pouvaient être redhibitoires fussent nominativement désignés ; mais, je le répète, cette nomenclature est très difficile, et il peut arriver, suivant les circonstances de la vente, que tel cas doive être une fois redhibitoire et une autre fois non redhibitoire : par conséquent, il me paraît nécessaire que les Tribunaux aient de la latitude à cet égard.

Quelques vétérinaires m'ont paru bien d'avis de laisser aux Tribunaux la faculté d'augmenter la durée de la garantie, mais ils pensaient qu'il était inutile de leur laisser celle de diminuer cette durée ; il est des cas cependant où cette faculté pourra leur être utile pour une bonne justice distributive; elle sera toujours utile pour empêcher un acheteur qui aura reconnu, peu après l'achat, que l'animal acheté est épileptique par exemple, d'en mésuser pendant tout le temps que la longue durée de la garantie pour cette maladie peut lui donner.

Je le répète, une loi sur la garantie et les vices redhibitoires des animaux domestiques est difficile et ne peut, suivant moi, prévoir tous les cas qui se présenteront; il faut donc laisser aux Tribunaux une latitude qui, *dans l'espèce*, leur permette de juger suivant ce qui est juste; or, les articles 4 et 5 du projet de la Société royale et centrale d'agriculture me paraissent devoir remplir ce but.

Ils donnent la facilité de borner à un petit nombre les vices redhibitoires désignés nominativement, à ceux qui, en particulier, se présentent le plus souvent; à ceux qui, sur un nombre déterminé de demandes en résiliation, se présentent peut-être pour les 98 centièmes des demandes. Les autres cas se présentant presque toujours dans des circonstances peu ordinaires, exceptionnels pour ainsi dire, rentreront dans les cas prévus par les articles 4 et 5, et les Tribunaux pourront sortir facilement du labyrinthe inextricable où les laissent les anciens usages.

TABLE DES MATIÈRES.

Dédicace. . . . . Page   5
Introduction.   7

PREMIÈRE PARTIE.

Chapitre Ier. Généralités sur la garantie et les vices redhibitoires   17
Chapitre II. Usages anciens qui avaient force de loi, relativement aux vices redhibitoires des animaux domestiques et à la durée de la garantie de ces vices. . .   21
Chapitre III. Loi nouvelle sur la garantie et les vices redhibitoires   35
— Des vices redhibitoires d'après le Code civil.   40
— De la durée de la garantie d'après le Code civil.   48
— La garantie n'a pas lieu dans les ventes faites par autorité de justice   64

Chapitre IV. Abolition des coutumes. Page 65
Chapitre V. Conclusions des chapitres II, III et IV. 87
Chapitre VI. Circonstances où la garantie accordée par la loi peut être étendue, ou de la garantie conventionnelle 89
Chapitre VII. La garantie a toujours lieu pour les animaux attaqués de maladies contagieuses, quelles que soient les conditions de la vente. 96

DEUXIÈME PARTIE.

Chapitre VIII. Des défauts et des maladies des animaux domestiques qui peuvent être vices redhibitoires, et des précautions à prendre dans l'examen des animaux qu'on en soupçonne attaqués 100
Chapitre IX. Vices redhibitoires dans l'espèce chevaline. 106
— Immobilité. . . . . *ib.*
— Tic. 116
— Animal rétif, ombrageux ou méchant. 123
— Boiteries 128
— — Première espèce de boiterie . . . . *ib.*
— — Deuxième espèce de boiterie 135
— — Troisième espèce de boiterie 139
— — Quatrième espèce de boiterie 141

— — Cinquième espèce de boiterie. Page 143
— Morve 146
— Farcin. 152
— Cornage, sifflage. 154
— Fluxion périodique 164
— Amaurose ou goutte sereine 171
— Mauvaise denture. 175
— Pousse. . . . . , ... 177
— Maladies de poitrine appelées, dans le cheval, *vieilles courbatures*. 190
— Autres causes de mort qui doivent être vices redhibitoires. 203
— Polype des cavités nasales. 216
Chapitre X. Vices redhibitoires dans l'espèce bovine. 222
Chapitre XI. Vices redhibitoires dans l'espèce ovine. 229
Chapitre XII. Vices redhibitoires dans l'espèce du porc. 243
Chapitre XIII. Vices redhibitoires dans les autres espèces. 245
Chapitre XIV. Maladies communes aux diverses espèces d'animaux domestiques qui peuvent donner lieu à la redhibition. 246
— Épilepsie. 247
— Rage. 251
— Charbon. — Fièvre charbonneuse. . . . 255

TROISIÈME PARTIE.

Chapitre XV. Manière de procéder dans le cas d'existence de vices redhibitoires. P. 268
— 1°. Devant un vétérinaire à l'amiable. . *ib.*
— 2°. Devant le Tribunal de paix. 273
— 3°. Devant un Tribunal de commerce. 276
— 4°. Devant un Tribunal civil. 284
Chapitre XVI. Arbitres-rapporteurs. . . . 287
Chapitre XVII. De quelques devoirs du vétérinaire choisi ou pour arbitre, ou pour expert, ou pour arbitre-rapporteur. . . 289
Chapitre XVIII. De quelques points de jurisprudence vétérinaire commerciale. . 298
Chapitre XIX. Pièces judiciaires. 321
— § 1. Demande de recours en garantie. . *ib.*
— § 2. Ordonnance de M. le Président. . 323
— § 3. Procès-verbal fait à la suite de cette ordonnance. . . . . *ib.*
— § 4. Demande de recours en garantie par-devant le Tribunal de première instance. 326
— § 5. Ordonnance de M. le Président. . 327
— § 6. Procès-verbal fait à la suite de cette ordonnance. 328
— § 7. Autre procès-verbal. 330
— § 8. Autre procès-verbal. 338

— § 9. Autre procès-verbal. . . . . Page 343
— § 10. Compromis pour nommer un expert à l'amiable. 348
— § 11. Rapport d'arbitre. 349
— § 12. Autre rapport d'arbitre. 358
— § 13. Autre rapport d'expert. 363
— § 14. Autre rapport d'arbitre. 373
Note additionnelle sur l'ouverture des animaux morts. 379

Appendix sur un projet de loi sur la garantie et les vices redhibitoires. . . . 391
— Rapport en réponse aux questions relatives aux vices redhibitoires des animaux domestiques, adressées à la Société royale et centrale d'Agriculture par M. le Préfet de la Seine. 392

FIN DE LA TABLE DES MATIÈRES.

Ouvrages qui se trouvent dans la même librairie.

COURS D'HYGIÈNE vétérinaire ; par M. *Grognier*, professeur à l'École royale vétérinaire de Lyon, etc. 2ᵉ édition revue et augmentée. Paris, 1837, in-8. 7 fr. 50 c. et 9 fr.

COURS DE MULTIPLICATION et de perfectionnement des principaux animaux domestiques, où l'on traite de leurs services et de leurs produits ; par M. Grognier, professeur à l'École vétérinaire de Lyon, 1834, in-8. 7 fr. et 8 fr. 75 c.

COURS DE ZOOLOGIE vétérinaire ; par M. *Grognier*, professeur à l'École vétérinaire de Lyon ; 2ᵉ édition revue et augmentée. Paris, 1837, in-8. 4 f. et 5 f.

MANUEL DU BOUVIER, ou Traité de la médecine pratique des bêtes à cornes ; par *Robinet*, vétérinaire. Troisième édition revue, corrigée et augmentée de notes traduites de l'anglais, par M. *Huzard* fils ; des formes à préférer dans les races du gros bétail, et de quelques questions relatives au métissage dans les races d'animaux domestiques, par le même : suivie d'un Mémoire sur la cachexie aqueuse (pourriture) des bêtes à cornes, par M. *Mangin*, d'un Traité de l'engraissement des veaux, des bœufs et des vaches, par M. *Grognier*, professeur à l'École royale vétérinaire de Lyon ; et de l'engraissement des bêtes à cornes, traduit de l'allemand de *Pabst* par *Moll*, professeur de culture. Paris, 1837, 2 vol. in-12. 6 fr. et 8 fr.

TRAITÉ DU PIED, considéré dans les animaux domestiques; par M. *Girard*, ancien directeur et professeur à l'École royale vétérinaire d'Alfort. 3ᵉ édition revue, corrigée et augmentée. Paris, 1836, 1 vol. in-8, fig. 6 f. et 7 f. 50 c.

BOURGELAT. ESSAI SUR LES APPAREILS ET SUR LES BANDAGES propres aux quadrupèdes; nouvelle édition. Paris, 1813, in-8, avec 21 pl. 7 fr. et 8 f. 25 c.

BOURGELAT. ESSAI THÉORIQUE ET PRATIQUE SUR LA FERRURE. 3ᵉ édition. Paris, 1813, in-8. 3 f. 50 c. et 4 f. 25 c.

BOURGELAT. PRÉCIS ANATOMIQUE DU CORPS DU CHEVAL comparé avec celui du bœuf et du mouton, à l'usage des élèves des Écoles vétérinaires. 4e édition augmentée. Paris, 1807, 2 vol. in-8. 10 fr. et 13 fr.

BOURGELAT. TRAITÉ DE LA CONFORMATION EXTÉRIEURE DU CHEVAL, de sa beauté, de ses défauts, et des considérations auxquelles il importe de s'arrêter dans le choix qu'on doit en faire; des soins qu'il exige, de sa multiplication, ou des haras, etc.; à l'usage des élèves des Écoles vétérinaires. 8e édition publiée avec des notes par *J.-B. Huzard*. Paris, 1832, in-8, fig. 7 f. et 9 f.

COURS D'HIPPIATRIQUE, contenant des notions sur la charpente osseuse du cheval, la description de toutes ses parties extérieures, suivies des précautions que cet animal exige pour la conservation de sa santé, et sur la ferrure; par M. *Valois*. 2ᵉ édition revue et augmentée. Paris, 1825, in-12. 3 fr. 50 c. et 4 fr. 25 c.

IMPRIMERIE DE MADAME HUZARD (née Vallat la Chapelle) rue de l'Éperon, n. 7.

OUVRAGES

QUI SE TROUVENT CHEZ MADAME HUZARD,

Rue de l'Éperon, n° 7, à Paris.

COURS d'hippiatrique; notions sur la charpente osseuse du cheval, description de ses parties extérieures, conservation de sa santé; par M. Valois. Deuxième édition. Paris, 1825, in-12.   3 f. 50 c. et 4 f. 25 c. *franc de port.*

L'ÉLEVEUR de poulains, et le parfait amateur de chevaux; par M. de Puibusque. Paris, 1834, in-8.   1 f. et 1 f. 15 c.

NOTIONS élémentaires de médecine vétérinaire militaire, choix et qualités des chevaux de troupe, etc.; par J.-B.-C. Rodet. Paris, 1825, in-12.   3 f. 50 c. et 4 f. 50 c.

STUCTURE du sabot du cheval, et expériences sur les effets de la ferrure; par M. Bracy-Clarke. 2ᵉ édition, in-8, fig.   4 f. et 4 f. 75 c.

TRAITÉ analytique de médecine légale vétérinaire; par Rodet. 1827, in-12.   4 f. et 5 f.

TRAITÉ de l'embouchure du cheval, ou moyen de lui adapter le meilleur mors, etc.; par A. de Santeuil. Paris, 1829, in-8, fig.   2 f. et 2 f. 50 c.

www.ingramcontent.com/pod-product-compliance
Lightning Source LLC
Chambersburg PA
CBHW060546230426
43670CB00011B/1700